CIVILIZAÇÃO E LIBERDADE

Flavio de Lemos Carsalade (Org.)

CIVILIZAÇÃO E LIBERDADE

Diálogos entre França e Minas Gerais na arquitetura e no urbanismo

AMBASSADE DE FRANCE AU BRÉSIL
Liberté
Égalité
Fraternité

autêntica

Obra realizada com apoio da Embaixada Francesa no Brasil

AMBASSADE DE FRANCE AU BRÉSIL
Liberté
Égalité
Fraternité

EDITORAS RESPONSÁVEIS
Rejane Dias
Cecília Martins

REVISÃO
Aline Sobreira

CAPA
Diogo Droschi
(sobre foto de Flávio de Lemos Carsalade)

DIAGRAMAÇÃO
Guilherme Fagundes

Dados Internacionais de Catalogação na Publicação (CIP)
(Câmara Brasileira do Livro, SP, Brasil)

Civilização e liberdade : diálogos entre França e Minas Gerais na arquitetura e no urbanismo / organização Flavio de Lemos Carsalade. -- 1. ed. -- Belo Horizonte : Autêntica, 2024.

Vários autores.
Bibliografia.
ISBN 978-65-5928-406-1

1. Arquitetura 2. Civilização 3. Cultura 4. França 5. Minas Gerais (MG) 6. Urbanismo I. Carsalade, Flavio de Lemos.

24-198970 CDD-720.103

Índices para catálogo sistemático:
1. Arquitetura e sociedade 720.103

Eliane de Freitas Leite - Bibliotecária - CRB 8/8415

GRUPO **AUTÊNTICA**

Belo Horizonte
Rua Carlos Turner, 420
Silveira . 31140-520
Belo Horizonte . MG
Tel.: (55 31) 3465 4500

São Paulo
Av. Paulista, 2.073 . Conjunto Nacional
Horsa I . Sala 309 . Bela Vista
01311-940 . São Paulo . SP
Tel.: (55 11) 3034 4468

www.grupoautentica.com.br
SAC: atendimentoleitor@grupoautentica.com.br

À memória de J. W. Carsalade.

Agradecimentos à Embaixada na França no Brasil,
a Vincent Nédélec e a Manoel Bernardes, do Consulado
Honorário da França em Belo Horizonte, pela iniciativa.

Apresentação

A importância da cultura francesa nos rumos da arquitetura e urbanismo em Minas Gerais é notória e decisiva para os caminhos desenvolvidos por essa arte e ciência no estado e que, a partir deles, e por sua vez, influenciaram não apenas o Brasil, mas, em alguns casos, se refletiram até mesmo na própria França.

Apesar dessa importância e da riqueza que essas relações geraram, não há obras que se debrucem de maneira mais focada na sistematização historiográfica dessas trocas nem em considerações mais aprofundadas sobre elas em Minas Gerais. Há, por certo, várias obras que se referem a momentos específicos nos quais a influência francesa se deu, mas não há uma reflexão abrangente e de largo espectro como a que se pretende realizar neste livro.

A presente proposta bibliográfica – ancorada na celebração dos 300 anos de criação da capitania de Minas Gerais, marco simbólico de criação do estado – tem por objetivo o resgate histórico da produção arquitetônica e urbanística de influência francesa em Minas Gerais nesse período. O livro não pretende apenas registar essa produção, mas também propor uma reflexão sobre a inserção dessas obras no universo cultural em que elas foram produzidas, conectando a materialidade aos aspectos imateriais que as tornaram possíveis e aos novos rumos que elas passaram a propiciar. Considerando a amplitude e diversidade de temas, a concepção editorial aqui foi a de se convidar notórios pesquisadores mineiros sobre cada um dos temas, de maneira a lhes garantir a profundidade necessária.

Apresentam-se vários enfoques. Alguns se referem a diálogos que ocorreram ao longo dos 300 anos de Minas Gerais, buscando mostrar como as duas culturas realizaram trocas fundamentais para a constituição do estado de Minas Gerais, a partir de um resgate histórico. "Civilização e liberdade: trocas culturais na arquitetura e no urbanismo Minas-França em 300 anos de História", de Flavio de Lemos Carsalade, traça um resumo dessas trocas no período temporal em foco, mostrando como essas relações aconteceram de forma clara e profícua desde o século XVIII e como elas têm sua especificidade em cada um desses três séculos de relações. "O galo na livraria do arquiteto: impressos franceses de arquitetura em Minas Gerais no período colonial", de Danilo Matoso Macedo, é fruto de uma minuciosa e inédita pesquisa de documentos que circularam nas Minas Gerais durante o século XVIII e que revela como pesquisadores franceses se relacionaram com a cultura e a circulação de ideias em nosso território. Angelo Oswaldo de Araújo Santos trata da importante visita de Blaise Cendrars para o reconhecimento internacional de nossa cultura barroca em "Os modernistas na terra do ouro". Jean-Pierre Blay expõe as trocas entre França e Minas Gerais do ponto de vista de um intelectual francês que estuda o Brasil em suas pesquisas, mostrando a riqueza desse intercâmbio em "Os modelos arquiteturais e urbanísticos como diálogo entre as culturas franco-brasileiras, da Missão Artística a Oscar Niemeyer".

Os séculos XIX e XX estão representados nos textos de Celina Borges Lemos e Esther Aparecida Cervini de Melo. O primeiro, "Belo Horizonte e seu lendário Centro antigo: vivências e narrativas da paisagem", nos leva até a *belle époque* belo-horizontina de seus primeiros tempos, plena de referências civilizatórias francesas, na nova capital moldada a partir de estudos que nossos engenheiros e arquitetos realizaram na França e que por aqui se materializaram. Por sua vez, "Um sonho com Vichy: a paisagem termal na região Sul de Minas Gerais" estende a reflexão até outras plagas dessa grande Minas Gerais, apresentando as relações entre as termas hidrominerais do Sul de Minas e suas correspondentes francesas. A atmosfera de sonho está presente nos dois capítulos, mas a materialização deles é que revela a face potente daqueles e daquelas que os realizaram em terras mineiras.

Falando em sonhos, o texto de Carlos Alberto Maciel, "Crônicas sobre a utopia do chão público", vem ilustrar um traço comum entre as duas civilizações: a utopia e as ações que executamos na busca de sua realização. Ele ilustra um dos mais profícuos diálogos recentes da historiografia arquitetônica, aqueles que empreenderam os arquitetos modernistas de cá e de lá, notadamente Le Corbusier e Oscar Niemeyer, tendo a Pampulha como referência e a busca de um *esprit nouveau* marcado pela liberação do chão para uso coletivo.

No entremeio dos sonhos e utopias, uma referência que se faz necessária: "França e Minas Gerais na construção do patrimônio cultural brasileiro", de Flavio de Lemos Carsalade, resgatando as trocas entre os dois países na gênese de nossa política de preservação. As duas culturas, na sua busca de resgate de memória e identidade, construíram referências fundamentais para todo o mundo na construção de mecanismos e conceitos de preservação do patrimônio cultural.

Questões contemporâneas também estão presentes, ou de como França e Minas Gerais continuam suas parcerias na contemporaneidade. É assim que Roberto Luís Monte-Mór une um dos principais pensadores do urbanismo contemporâneo, Henri Lefebvre, de grande presença entre os pesquisadores brasileiros, com o planejamento urbano e regional da Região Metropolitana de Belo Horizonte, por meio da trama verde e azul: "Da Trama Verde e Azul ao tecido urbano-natural" nos traz um método de trabalho inspirador e avançado, capaz de oferecer alternativas importantes ao planejamento contemporâneo.

O livro se encerra em um belo texto poético de Carlos Antônio Leite Brandão, que funde Belo Horizonte e Paris em um único canto, o canto que habitamos de maneira ubíqua e fraterna.

Espera-se, assim, contribuir para superar uma lacuna que não faz jus à importância que a contribuição da França teve para com a arquitetura e o urbanismo em Minas Gerais. Cada uma de nossas culturas, à sua maneira, mas com muitas confluências e identidades, ousa transformar o mundo e propor utopias, irmanadas pelos ideais de civilização e liberdade, desde trezentos anos atrás e, parece, ininterruptamente em direção ao futuro.

O organizador

Civilização e liberdade

Trocas culturais na arquitetura e no urbanismo Minas-França em 300 anos de História

Flavio de Lemos Carsalade

Libertas quae sera tamen

O dístico da bandeira mineira, que celebra a liberdade, traz subliminarmente consigo uma promessa civilizatória, apoiando-se na ideia de que através da liberdade se construiria um futuro, uma nação moderna, plena, republicana. Se é que seja possível falarmos de um espírito de Minas, talvez os seus fundamentos estejam aí, explicitamente colocados: *liberdade e civilização*. Os princípios dos inconfidentes mineiros, claramente inspirados no iluminismo francês, marcaram profundamente a capitania de Minas do Ouro, fundada oficialmente a 2 de dezembro de 1720, berço do futuro estado de Minas Gerais. Liberdade se apresentava à França, em sua Revolução de 1789, como uma das três bases sobre as quais se constituiriam os novos tempos. Como um dos países líderes da Europa, *civilização* também é um conceito profundamente ligado à França, estudado por seus intelectuais e colocado em prática em seu desdobramento histórico. Minas e França se ligam, portanto, em suas bases, em seus princípios.

Para melhor compreendemos como esses dois princípios ligam França e Minas Gerais – e, mais adiante, como eles se rebatem em nosso campo específico, a arquitetura e o urbanismo –, convém estudarmos um pouco sobre eles e associá-los a outro conceito fundante dessas relações, o de cultura, todos inseridos na Modernidade, período em que se realizaram as trocas culturais entre os dois territórios.

Civilização

O conceito de civilização pode ser compreendido como um "estado ou condição consumada de vida social organizada" (Williams, 2007, p. 82). Está profundamente ligado à modernidade, às luzes trazidas pelo iluminismo, e se ancora em uma ideia de progresso advindo de um processo histórico, de desenvolvimento, englobando refinamento e ordem. Trata-se, portanto, de uma ordem social ou um modo de vida *adquirido*. Nesse sentido, opõe-se à ideia de barbárie e selvageria, oposição que viria, muitas vezes, justificar a ação colonizadora que vem perdurando por tantos séculos. Assim sendo, o conceito de civilização minimizaria as diferenças nacionais entre os povos, como se houvesse um modelo comum a todos os seres humanos e a que todos deveriam chegar, ditado, é claro, por aqueles que se consideram civilizados (Elias, 2020, p. 24).

Sendo um conceito moderno e ocidental, com berço europeu, traz consigo "a concepção que o Ocidente tem de si mesmo como progressista, civil, moderno" (Bhabha, 2013, p. 309). Com raízes positivistas de desenvolvimento ligadas a uma vontade de criação e transformação da nação, de certa maneira desconsidera as contribuições dos povos originários e, no caso brasileiro, a contribuição africana, como se isso fosse possível. No Brasil, a mirada da civilização francesa se repetiu, ainda que por maneiras próprias, com o passar do tempo. No século XVIII, a aspiração do que seria uma república tropical era tributária das ideias francesas, como já dissemos, desconsiderando os povos originários e os escravizados, já que essa não era uma questão interna na França (não consideradas aqui as questões ligadas aos movimentos colonizadores franceses). No século XIX, os modelos franceses de civilidade influenciavam a corte brasileira que aportou por aqui e, por extensão, toda a sociedade que nela se inspirava, atingindo inclusive nossos modelos de urbanização e nossa primeira República. No século XX, apesar da reação de nossos modernistas ligados ao movimento de 1922 contra modelos importados, a ideia da alta cultura, de tradição francesa, acabou prevalecendo e se estendeu por quase todo o período, sob diferentes formas.

Cabe aqui, para buscar uma melhor compreensão do que se sucedeu, partirmos das distinções entre a civilização francesa e a alemã, notadamente quanto às ideias de *alta cultura* e *Kultur*, que as caracterizavam. Essa questão foi particularmente estudada por Norbert Elias (*O processo civilizatório*, de 1939), que entendia o conceito de civilização como uma forma de autoconsciência nacional, ou seja, uma construção cultural, advinda de uma *vontade* das comunidades nacionais. Assim, para ingleses e franceses, havia certo "orgulho pela importância de suas nações para o progresso do Ocidente e da humanidade". No entanto, enquanto os franceses se voltavam para as mais brilhantes conquistas civilizatórias (a *alta cultura*), para os alemães, a civilização era "algo de fato útil, mas apesar disso, apenas um valor de segunda classe, compreendendo apenas a aparência externa de seres humanos, a superfície da existência humana" (Elias, 2020, p. 23). No entanto, na própria França, houve também críticas quanto a uma ideia de "civilização como moralidade", combatida pela postura alemã. Para Mirabeau (*apud* Elias, 2020, p. 57), "a verdadeira civilização, pensa, situa-se em um ciclo entre a barbárie e a falsa civilização, 'decadente', gerada pela superabundância de dinheiro". Mas, apesar dessa desconfiança quanto a uma suposta contaminação da sociedade por valores mercantilistas, o próprio Mirabeau não conseguia se distanciar da ideia desenvolvimentista que se ligava a ela, compreendendo-a como um conceito político que incorporaria o progresso como um governo esclarecido "com pessoas certas nos postos certos" (Elias, 2020, p. 57).

Assim, embora o conceito tenha nascido a partir da aspiração de como as pessoas deveriam viver juntas (controle das emoções individuais por limitações internas e externas: neutralidade afetiva) e de evolução da sociedade em oposição à barbárie, ligado à *politesse* e à civilidade (valores aristocráticos como norte, diga-se de passagem), ele se desloca para a questão moral e é rapidamente apropriado pela burguesia. Caracteriza-se assim o duplo berço civilizatório: burguês e aristocrático. A esse berço deve-se acrescentar outra fonte detectada também por Norbert Elias: a centralidade. Quando o sociólogo alemão realiza seu estudo das diferenças entre as civilizações francesa e alemã, ele detecta que, no primeiro caso, a *intelligentsia* se concentrava em um único lugar, unificada e central, enquanto, no segundo, ela se dispersava por várias cidades. Na França, a oralidade e os debates são um importante meio de comunicação e troca, enquanto, na Alemanha, o livro seria o principal instrumento delas (Elias, 2020, p. 43).

Por razões históricas, sejam aquelas que alimentaram os inconfidentes, sejam aquelas ligadas à corte portuguesa que aportou no Brasil no século XIX, altamente influenciada pela França, o modelo desse país naturalmente foi se implantando por aqui, também fortemente centralizado, dominado pelas elites (corte, senhores de terras e burguesia), com o livro restrito a estas e com o desprezo às classes menos favorecidas e àquelas etnias consideradas bárbaras. Soma-se a isso a grande influência do filósofo francês Auguste Comte no nosso século XIX, cujos ideais de progresso, ordem e ênfase no conhecimento racional justificavam por aqui uma civilização baseada na *alta cultura*, distante dos valores da *Kultur* alemã, baseada no dia a dia, no cotidiano de seus habitantes.

Um dos aspectos que melhor materializam uma dada civilização é o fenômeno urbano – que especialmente nos interessa no âmbito desta publicação. Identificamos aqui a questão do aburguesamento da civilização aristocrática e como esta passa a ser o parâmetro de atualização do conceito a partir do século XVIII. As cidades tornam-se o lócus privilegiado do exercício civilizatório: é nelas que há a necessidade de aprimoramento das relações e dos limites da sociedade, é nelas que se exercem a *civitas* e a urbanidade, palavra esta ligada exatamente às boas relações que deveriam ocorrer na *urbis*. O processo civilizatório em Minas Gerais se caracteriza pela expansão de cidades, tendo se formado como estado a partir da antiga província mineral e da necessidade de apoio às bandeiras representadas pelo abastecimento (agricultura e pecuária) e por comércio e serviços.

> Por outro lado, as cidades coloniais das Minas de 1700 podem ser vistas como marcadoras do início da modernidade do Brasil. É a

> partir de Minas Gerais que se impõe a afirmação de uma cultura de pretensões autóctones, de forte base urbana, onde vicejou um projeto nacional autônomo. A república sonhada pelos inconfidentes, contemporânea das revoluções burguesas em Paris e Filadélfia, foi gestada nas vilas do ouro, onde uma distribuição mais equitativa da riqueza garantia uma urbanidade inexistente nas vilas e cidades agropecuárias do estado (e mesmo do país), onde poucos proprietários concentravam as terras. Nas Minas, pela própria natureza da produção mineradora garimpeira, onde os investimentos eram menores e o acesso aos meios de produção mais horizontalmente distribuído, surgiu uma sociedade de caráter marcadamente urbano, onde o espaço da produção e o espaço do poder coexistiam no mesmo território, dando origem a centralidades urbanas onde a cidadania era menos restritiva e o sentido de participação mais presente, através da Igreja Católica e das ordens laicas, fortalecendo a organização da população, inclusive negra e mestiça, na produção de monumentos, igrejas, serviços e espaços públicos (Carsalade; Monte-Mór, 2020, p. 377-378).

De fato, a urbanização em Minas Gerais se diferencia daquela da corte, especialmente pelo cadinho cultural inclusivo, que resultou em obras de arte, arquitetura, música e literatura de caráter abrangente. Podemos dizer que o processo civilizatório em Minas se distinguiu, nesse aspecto, do restante do país, indo ao encontro do que nos aponta Homi Bhabha ao dizer que é nas cidades ("finitude da nação") que se encontra a liminaridade da identidade cultural, e que elas oferecem "o espaço no qual identificações emergentes e novos movimentos sociais do povo são encenados. É lá que, em nosso tempo, a perplexidade dos vivos é mais intensamente experimentada" (Bhabha, 2013, p. 272) e que se produz "o discurso de dois gumes de territórios e temporalidades sociais". A civilização testada nas urbanidades mineiras prenuncia, de certa maneira, o fenômeno das cidades contemporâneas citado por Bhabha, de onde emergem as diferentes forças sociais que testam os limites de nossa própria civilização. As raízes francesas que alimentaram o sonho dos inconfidentes são aqui mineirizadas pela temporalidade social e pelas condições históricas e geográficas.

FIGURA 1 - Ouro Preto

Fonte: Laboratório de Fotodocumentação Sylvio de Vasconcellos.

Liberdade

Liberdade, por sua vez, é um conceito profundamente relacionado ao de *vontade*. O desejo seria o motor do exercício da liberdade. Quando os inconfidentes materializam seu desejo no lema "*libertas quae sera tamen*", eles estão exprimindo um desejo e uma meta a alcançar. André Comte-Sponville, em seu *Dicionário filosófico* (2003), entende a liberdade através de três eixos: liberdade de espírito e da razão (fazer é pensar), liberdade da vontade (fazer é querer) e liberdade de ação (fazer é agir) (Comte-Sponville, 2003).

Como valor absoluto, a contribuição francesa e o seu comprometimento com a liberdade são exemplos para o mundo. Minas Gerais compartilha desse valor, não apenas em sua formação histórica, mas também como vetor mobilizador de suas ações, um pouco na comunhão que nos aponta Comte-Sponville quanto às relações que tece entre liberdade e fazer. A liberdade de espírito e da razão nos abre o imenso leque das possibilidades do pensar, do criar e do recriar.

Em seu célebre artigo na revista *O Cruzeiro*, em 25 de agosto de 1957, Guimarães Rosa tenta precisar o que seria uma possível mineiridade, a qual, se nos aprece imprecisa do ponto de vista científico, é válida como exercício poético. Nele, o escritor identifica o mineiro como "amante da liberdade, idem da ordem" (novamente o traço civilizatório aparece na palavra *ordem*), mas nos aponta a singularidade do que seria essa liberdade para ele:

> Essa – tradicional, pessimista talvez ainda, às vezes casmurra, ascética, reconcentrada, professa em sedições – a Minas geratriz, a do ouro, que evoca e informa, e que lhe tinge o nome; a primeira a povoar-se e a ter nacional e universal presença, surgida dos arraiais de acampar dos bandeirantes e dos arruados de fixação do reinol, em capitania e província que, de golpe, no Setecentos, se proveu de gente vinda em multidão de todas as regiões vivas do país, mas que, por conta do ouro e dos diamantes, por prolongado tempo se ligou diretamente à Metrópole de além-mar, como que através de especial tubuladura, fluindo apartada do Brasil restante. Aí, plasmado dos paulistas pioneiros, de lusos aferrados, de baianos trazedores de bois, de numerosíssimos judeus manipuladores de ouro, de africanos das estirpes mais finas, negros reais, aproveitados na rica indústria, se fez a criatura que é o mineiro inveterado, o mineiro mineirão, mineiro da gema, com seus males e bens. Sua feição pensativa e parca, a seriedade e interiorização que a montanha induz – compartimentadora, distanciadora, isolante, dificultosa. Seu gosto do dinheiro em abstrato. Sua desconfiança e cautela – de vez que de Portugal vinham par ali chusmas de policiais, agentes secretos, burocratas, tributeiros, tropas e escoltas, beleguias, fiscais e espiões, para esmerilhar, devassar, arrecadar, intrigar, punir, taxar, achar sonegações, desleixos, contrabandos ou extravios do ouro e os diamantes, e que intimavam sombriamente o poder do Estado, o permanente perigo, àquela gente vigiadíssima, que cedo teve de aprender a esconder-se. Sua honesta astúcia meandrosa, de regato serrano, de mestres na resistência passiva. Seu vezo inibido, de homens aprisionados nas manhãs nebulosas e noites nevoentas de cidades tristes, entre a religião e a regra coletiva, austeras, homens de alma encapotada, posto que urbanos e polidos. Sua carta de menos. Seu fio de barba. Sua arte de firmeza (Rosa, 1957, [s.p.]).

Se combinarmos a poesia roseana com a filosofia de Comte-Sponville, perceberemos que o mineiro gosta de criar e recriar (liberdade de ação), cismador que é; sonha – que é o querer livre –, e em seus sonhos imagina futuros e possibilidades, determina-se a si mesmo, dialeticamente interagindo com o querer condicionado pela cultura e pela história; mas não apenas pensa e sonha, mas também age em direção às suas ideias. "É uma gente imaginosa, pois que muito resistente à monotonia [...]. Não tolera tiranias, sabe deslizar para fora delas. Se precisar, briga" (Rosa, 1957, [s.p.]).

Essa liberdade de criação está presente no trabalho dos artistas e arquitetos mineiros que nos deixaram obras marcantes no século XVIII, muitas delas hoje patrimônios da humanidade:

> Analisando os pilares da cultura arquitetônica que se construía em Minas na primeira metade do século XVIII, verificamos também que ela já é nascida mais livre, mais ligada à improvisação e à criatividade herdada dos paulistas, e por isso estava por natureza menos propensa a seguir modelos pré-existentes e regulamentados por uma tradição de pouco significado dentro daquele novo ambiente em formação. Assim, acreditamos que houve maior propensão em assimilar as novas possibilidades estéticas, tanto pela presença de uma condicionante de maior liberdade criativa, que possibilitou uma cultura arquitetônica mais experimental, como pela necessidade de transparecer distinção através da arquitetura, como já havia defendido Sylvio de Vasconcellos no seu estudo clássico "Vila Rica", de 1957, e também intuído Lourival Gomes Machado em alguns textos da sua coletânea "Barroco Mineiro" (1973) (Dangelo, 2022, p. 28).

A tradição libertária através da criatividade também está presente nas ações empreendidas no século XIX que, a par de espalhadas por todo o território mineiro, culminaram na criação da Cidade de Minas, Belo Horizonte. Finalmente, está presente ainda na inovadora arquitetura moderna ou pós-moderna que aqui floresceu. Todas elas como expressões muito características e singulares de uma civilização forjada na *diversidade*, na *liberdade* e na *vontade*: "Sobre o que, em seu território, ela ajunta de tudo, os extremos, delimita, aproxima, propõe transição, une ou mistura: no clima, na flora, na fauna, nos costumes, na geografia, lá se dão encontro, concordemente, as diferentes partes do Brasil. Seu orbe é uma pequena síntese, uma encruzilhada; pois Minas Gerais é muitas. São, pelo menos, várias Minas" (Rosa, 1957, [s.p.]).

As modulações dessa liberdade, no entanto, são interessantes de se observar mais de perto. Havia grande circulação de tratados na Minas Gerais do século XVIII, e, se eles foram objeto de reinterpretações locais, também serviram como uma certa régua a disciplinar uma arquitetura inspirada nos países dito civilizados: antropofagia considerada tão salutar pelos modernistas de 1922 que deveria ser considerada modelo para a arquitetura brasileira do século XX, ou, como diria Mário de Andrade, "igrejas devem ser barrocas". Por sua vez, a arquitetura do século XIX, contaminada pelo sistema *Beaux-Arts* e pelo ecletismo, também apresentava uma face de liberdade de certa forma regulada. O ecletismo se jactava de ser um estilo "livre", na medida em que propiciava ao projetista, ao construtor e ao proprietário a combinação de elementos desejada por eles. Heliana Angotti-Salgueiro (2020, p. 173-178) ainda nos chama a atenção para o fato de que a liberdade da Revolução Francesa seria diferente da "liberdade com ordem" promovida na conservadora República brasileira e cita como exemplo disso o fato de, em Belo Horizonte, o Palácio da Justiça na "República desigual brasileira" ter menor importância que o Palácio do Governo, distanciando-se dos ideais de Natureza, Razão, Justiça e Humanidade. A tradição de liberdade a partir dos modelos é retomada na arquitetura do século XX, pela influência de Le Corbusier, com quem Niemeyer dialoga e do qual se liberta na Pampulha, passando, mais tarde, a influenciar o mestre. Mesmo nosso pós-moderno, apresentado como um grito de liberdade em reação aos estritos cânones modernistas, retoma certo ecletismo e certa citação de modelos. Liberdade ainda que tarde.

Modernidade

Minas Gerais, como a conhecemos hoje, é um fruto da modernidade. Lembremo-nos da imbricação entre civilização e modernidade e da ideia de globalidade que se liga a elas: o mundo civilizado é uma ideia globalista típica da modernidade, marcada pela expansão, pelo desenvolvimento e pelo progresso. Como parece ser consenso entre grande parte dos autores, a modernidade emerge no Ocidente e tem raízes claras no iluminismo francês e na sua Revolução de 1789. No entanto, talvez não seja correto falar de "uma" modernidade:

> Quando se expandiu e conquistou ou seduziu outras sociedades, ela incorporou outros ingredientes civilizacionais e, portanto, se reconfigurou. Estabelecer fronteiras bem definidas é incorreto e nada útil nesse caso. Além disso, onde se deteriam essas fronteiras nos muros civilizacionais, nas bordas nacionais, em circunscrições municipais? Porque em uma ou outra, quando se define as "modernidades múltiplas"? (Domingues, 2013, p. 47).

A modernidade de Minas Gerais é resultado, claro, de condições históricas e geográficas que aqui se mesclaram para a constituição do estado. O isolamento geográfico das Minas por suas montanhas e o isolamento imposto pela Coroa Portuguesa na época colonial, ambos associados ao fluxo migratório diversificado que às minas acorreu, criaram uma modernidade bastante típica. Entre os vários elementos que caracterizam essa singularidade:

> Teríamos assim duas fases distintas da civilização e, portanto, da arquitetura mineira: uma de acomodação aos imigrantes, outra de expansão dos naturais da região. Esta última, situada na segunda metade do Século XVIII, apresenta realizações bastante características, marcadas principalmente pelas influências orientais e mesmo "goticistas" que nela se revelam fortemente acentuadas, influências que não se encontram, com essa intensidade, no resto da colônia (Vasconcellos, 1983, p. 39).

Essa espécie de modernidade às avessas, em que o globalismo adquire feições locais, foi a característica que tanto sensibilizou o movimento moderno de 1922, que, em sua busca de definir uma cultura eminentemente brasileira, aqui encontrou a materialização de suas ideias, a comprovação de sua tese antropofágica, de que nossa cultura nacional seria resultado da assimilação combinada de nossas raízes europeias, africanas e indígenas, digeridas e misturadas em uma expressão tipicamente brasileira. Na volta do pêndulo das contradições que caracterizam a história, o movimento globalista gera também o desejo de formação das nações, e a nação brasileira necessitava de uma definição de sua própria cultura. Assim é que os modernos, vislumbrando um futuro a partir de nossas próprias raízes e a transformação que aqui se produzia, uniram as pontas da história, combinado o modernismo de vanguarda com a proteção de nosso patrimônio histórico.

Trocas culturais

Na realidade, toda cultura é dinâmica e está em constante mutação, renovando-se não só internamente, mas também pelas trocas que realiza com outras culturas, o que, de certa maneira, faz com que todas elas sejam antropofágicas. De fato, existem trocas culturais que, pela imposição agressiva de uma sobre a outra, resultam no fenômeno da aculturação. O pensamento antropológico trabalha com a palavra "transculturação" para se referir a um processo no qual se dá e se recebe, gerando uma nova realidade, original e independente, ainda que essas trocas não se deem de forma bilateralmente sincrônica. Exemplo de como essas trocas podem ocorrer a longo termo, temos que a riqueza da arte colonial brasileira só veio a influenciar a França no século XX, enquanto as influências recíprocas na economia, por exemplo, parecem ter sido mais simultâneas. Importante lembrar que estamos partindo do momento dos 330 anos de Minas, e não da fase colonial brasileira anterior ao século XVIII. Partimos de uma cultura local arrasada, onde os indígenas eram considerados bárbaros, e não de uma colonização como a inglesa na Índia, onde houve um choque entre duas culturas. Esses intercâmbios se dão, portanto, através de metamorfoses locais e de influências recíprocas.

Assim, as diferenças culturais acabam por produzir híbridos e se singularizam na diversidade, conceito que Homi Bhabha entende como sendo "uma categoria da ética, estética ou etnologia comparativas". Em contraste, ele entende que "a diferença cultural é um processo de significação através do qual afirmações da cultura ou sobre a cultura diferenciam, discriminam e autorizam a produção de campos de força, referência, aplicabilidade e capacidade" (Bhabha, 2013, p. 69). Ou seja, uma metabolização que Minas Gerais soube realizar com propriedade.

No caso brasileiro, em que pese a indiferença europeia pela cultura indígena, esta não foi, de fato, omitida na formação do povo brasileiro, o que não quer dizer, no entanto, que aqui não houvesse uma construção cultural baseada em certos modelos. Um desses modelos é exatamente o modelo francês, como uma imagem civilizacional a ser perseguida, uma espécie de espelho onde se projeta *o que se quer ser*, e não *o que se é* efetivamente. No dizer de Bhabha (2013, p. 92), "a imagem é a um só tempo uma substituição metafórica, uma ilusão de presença, e, justamente por isso, uma metonímia, um signo de ausência e perda". Dessa maneira, o espelho nunca vai refletir a imagem original, na medida em que a sociedade imaginada sofre transformações locais. Essas transformações também resultam da vontade-liberdade perseguida pela imagem especular desejada. Assim é que a nação que vimos construindo é também o resultado deliberado de uma vontade de uma "comunidade imaginada". Esse argumento encontra guarida em E. Renan (*apud* Bhabha, 2013, p. 258), quando argumenta "que o princípio não naturalista da nação moderna está representado na *vontade* de uma nacionalidade – não nas identidades anteriores de raça, língua ou território. É a vontade que unifica a memória histórica e assegura o consentimento de cada dia. A vontade é, de fato, a articulação do povo-nação". De certa maneira, convivemos com uma colonização material portuguesa e uma imaterial (ideias) de origem francesa.

Como veremos a seguir, é possível verificar pelo menos duas formas de troca cultural: a metamorfose local e a influência recíproca. As modas francesas surgem no Brasil "nas massas por meio, por intermédio dos nativos e não dos estrangeiros. Por isso mesmo, os elementos que são adotados no país não são impostos, mas selecionados [...], transformados pela inteligência brasileira que os pensa, metamorfoseados pela sensibilidade de quem os vive" (Bastide *apud* Fléchet; Compagnon; Almeida, 2017, p. 11). Assim, as trocas não tiveram um só sentido, especialmente na segunda metade do século XX:

> [...] nossos escritores e nossos músicos [franceses] vão buscar no Brasil novas músicas e cores. O próprio Sainte-Beuve já observava a influência da literatura de Minas nas origens do romantismo francês

> [...] Blaise Cendrars descobre a violência imóvel nas estradas do sertão. Claudel escreve no Rio *La messe là-bas*, em que os trópicos dão uma réplica a Verdun, e encontramos referências à macumba carioca até no *Le Soulier de Satin* (Bastide *apud* Fléchet; Compagnon; Almeida, 2017, p. 11).

Não há também como desvincular essas trocas culturais dos acontecimentos históricos que as moldam, atenuando ou reforçando alguns de seus aspectos. Exemplo disso pode ser dado pela aversão à influência alemã causada pelas duas guerras mundiais. Se a noção de *alta cultura* já vicejava por aqui, a de *Kultur* alemã é excluída por um tempo bastante longo, até sua redescoberta no final do século XX: "Contra o militarismo alemão, busca-se exaltar o Iluminismo e a memória de 1789, o republicanismo, as virtudes da cidadania e os valores combinados de liberdade e igualdade. Para evitar que a *Kultur* imponha sua hegemonia ao mundo, é à França, berço das artes e das letras, que se apela" (Compagnon, 2017, p. 94).

Os reflexos disso são bastante amplos e com inúmeros cruzamentos, não só com relação à ampla disseminação, por nossas terras, do sistema *Beaux-Arts* e do ecletismo francês (do qual trataremos mais adiante), mas também de estereótipos que passam a se tornar metas civilizacionais.

> Nesse redimensionamento, é importante considerar as ações dos estereótipos que frequentemente atuam como esclarecedores na reestruturação de imaginários. Estereótipos possibilitam retirar do passado traços de "verdade", fazendo-os aparecer como a verdade de um povo. Funcionam por epítetos, convertendo fragmentos em valores categóricos. Repetindo-se no tempo, eles impõem uma imagem simplificadora e estável que, interiorizada, adquire dimensão social e coletiva (Velloso, 2017, p. 205).

Como resultado dessas trocas, imaginamos que surja daí a tendência da arquitetura brasileira para as belas-artes, apesar do fascínio que aqui mais tarde viria a ter a Bauhaus de Weimar, com sua aproximação entre arquitetura e indústria. Entendemos que os ideais da Bauhaus nunca foram completamente assimilados pela arquitetura brasileira, enquanto a discussão mais próxima dela, o debate entre a politécnica e as belas-artes, também seja, sobretudo, de origem francesa.

Relações culturais Brasil-França

Não há como situar as relações Minas-França sem contextualizá-las em uma escala mais ampla das relações Brasil-França. Ainda que os ideais iluministas tenham influenciado nossa República e os movimentos libertários, ainda que a presença dos franceses no Maranhão e no Rio de Janeiro tenha representado momentos intensos de trocas entre esses dois países, interessam-nos, para o tema da arquitetura e do urbanismo em Minas Gerais, especialmente os séculos XIX e XX:

> Da filosofia das Luzes como ingrediente da Inconfidência Mineira de 1789 até o sucesso da *french theory* (Foucault, Derrida, Deleuze, Lyotard, Guattari e outros) nos meios tupiniquins acadêmicos a partir dos anos 1970, passando pela apropriação do lema "Ordem e Progresso" de Augusto Comte, na bandeira da República ou pela renovação urbanística do Rio de Janeiro conforme as regras e preceitos do barão de Haussmann sob o impulso de Pereira Passos, poderíamos tranquilamente ser levados a deduzir que o Brasil contemporâneo – da mesma forma, aliás, que os outros países da América Latina – seria um herdeiro tropical de uma França concebida como a matriz de todas as liberdades, a mãe das letras e das artes, o coração da civilização por excelência (Fléchet; Compagnon; Almeida, 2017, p. 9).

Marco importante no século XIX foi a Missão Francesa, de 1816, com seu caráter missionário como medida de modernização da colônia após a chegada da corte portuguesa ao Brasil, em decorrência da invasão de Napoleão, em 1807. O Decreto da Corte Imperial datado de 12 de agosto de 1816 (*apud* Schwarcz, 2017, p. 117) entendia, como objetivo importante da missão, "promover a civilização dos povos mormente neste continente cuja extensão, não tendo ainda o devido e correspondente número de braços indispensáveis ao tamanho e aproveitamento do terreno, precisa de grandes socorros da estatística para aproveitar os produtos, cujo valor e preciosidade podem vir a formar o Brasil o mais rico e opulento dos Reinos conhecidos [...]".

Ou seja, a mentalidade missionária, como o próprio nome indica, era eminentemente colonizadora. Na interface artística, trazia em seu bojo o estilo neoclássico como propaganda da Terceira República Francesa, grandiosa e revolucionária. Trazia ainda a concepção de civilização e cultura como *alta cultura*, a monumentalização como estratégia de projeto para instituições públicas e o positivismo como paradigma de progresso. Imbuídos de uma certeza da civilização francesa como o ápice de desenvolvimento civilizacional e da missão cultural universalista de propagar a civilização, os integrantes da missão não se importaram muito com o que aqui se produziu e produzia. Havia então uma arte brasileira naturalista e barroca que foi quebrada pela Missão Francesa. Esse sentimento de substituição e progresso, tão característico também da modernidade, passou, a partir da missão, a ser uma espécie de *leitmotiv* do país, tendo como exemplo típico dessa mentalidade o ecletismo republicano implantado em Belo Horizonte, primeira capital planejada da República, com sua ação deliberada de apagar a herança barroca e imperial que existia no sítio escolhido para a nova cidade.

Os desdobramentos da missão e da influência francesa no século XIX são notórios. As ideias de Saint-Simon e do positivismo encontraram no Brasil de então um campo fértil para seu avanço e influenciaram não só o período imperial, mas também a nascente República elitista e conservadora brasileira. Os reformadores do século XIX, convencidos de que o governo pertence por direito aos que detêm o saber, viam o progresso como uma "sociedade racionalmente administrada por uma comunidade modelo, segundo os princípios da ordem e inovação" (Angotti-Salgueiro, 2020, p. 102), enquanto os positivistas, com seu ideal progressista e evolucionista, viam o Brasil como um país em sua infância que deveria ser tutelado por esses ideais para chegar a termo, no futuro, a uma sociedade mais avançada baseada nas luzes, na ciência e na razão. Aarão Reis, o engenheiro-chefe do projeto urbanístico da Cidade de Minas (futura Belo Horizonte), proclamava, por exemplo, a predominância das belas-artes e da engenharia sobre as crenças religiosas e as ideias políticas. Acreditava-se que a sociedade deveria se submeter, quando menos, a uma educação do olhar, e, tecnicamente, a um aprendizado adequado nos moldes positivistas.

FIGURA 2 - Planta de Aarão Reis para a nova capital de Minas Gerais

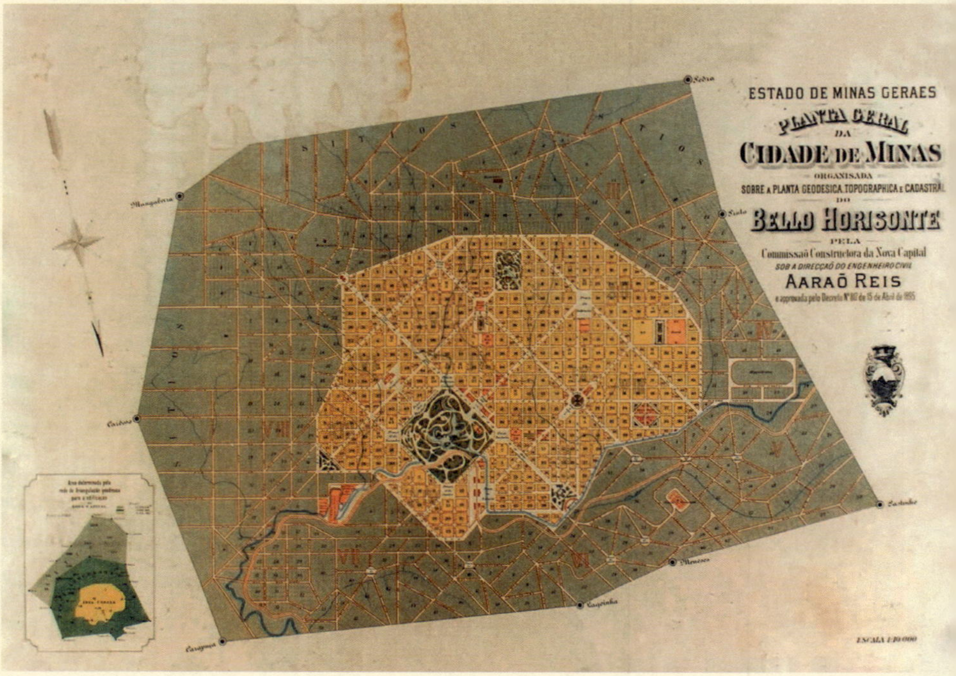

Fonte: Arquivo Público da Cidade de Belo Horizonte.

A experiência francesa com relação às cidades, especialmente a haussmanniana, paradigma da modernidade adotado por várias outras cidades no mundo, como La Plata e Washington, marcou profundamente Minas Gerais, o que é notório em Belo Horizonte. Como era característico do pensamento moderno, a ordem era demolir para reconstruir: no caso da capital das Minas, o traçado novo se impôs sobre a antiga Curral del Rey, que, por ser antiga e fora dos novos padrões, deveria ser arrasada. Os novos espaços urbanos deveriam ser compostos por uma rede de eixos de estruturação (entre ruas, praças, monumentos e espaços verdes) com monumentos em pontos focais das avenidas, infraestrutura adequada às funções urbanas, boa aeração e higiene, setorização. De Haussmann também herdamos a ideia das intervenções no espaço sob a caução do Estado.

FIGURA 3 - Vista da Avenida Afonso Pena (c. 1960)

Fonte: Laboratório de Fotodocumentação Sylvio de Vasconcellos.

No entanto, a simbologia francesa se submeteu aos maneirismos brasileiros e mesmo às realidades contextuais diversas, sejam físicas, sejam de ordem imaterial. Nossa iconografia preferiu as imagens da Terceira República Francesa em detrimento daquelas de origem mais revolucionária, como o barrete frígio, por razões de conservadorismo. A regularidade clássica de composição simétrica estruturada em base, corpo e coroamento foi utilizada tanto nos palácios como nas casas. Elementos típicos de nossa arquitetura colonial, como os balcões em muxarabis, foram usados na composição de fachadas. Na ausência de recursos financeiros, a diversidade de materiais construtivos usados na ornamentação de fachadas aqui foi substituída por uma diferenciação dos relevos em cores mais claras para ornamentos e frisos e mais escuras para os fundos. Em Belo Horizonte, a implantação do traçado haussmanniano teve de se adaptar a uma topografia mais ondulada (embora isso tenha auxiliado as visadas notáveis de monumentos em situação de destaque) e a um "desacordo tridimensional" causado pela desproporção entre a largura das vias e a escala dos edifícios, muito mais modestos que em Paris, cidade inspiradora (Angotti-Salgueiro, 2020). Essa repulsa à natureza, a ideia de que a paisagem natural deveria ser substituída por uma paisagem trabalhada pela mão humana e de que a beleza de uma cidade estava antes em seu casario, resultou em várias situações diferenciadas pelo interior de Minas Gerais.

FIGURA 4 - Ornamentos em prédio público em Belo Horizonte

Foto: Flavio Carsalade.

Na falta de uma competência edilícia local, por aqui aportaram vários técnicos estrangeiros ou mesmo brasileiros que estudaram na França e que influenciariam nossa arquitetura, nosso urbanismo e nossa engenharia. No Nordeste brasileiro, destaca-se Louis-Léger Vauthier (1815-1901), engenheiro francês que se instalou em Recife um século antes e coordenou a construção de vários edifícios, descrito por Gilberto Freyre como um expoente que homenageava a "alta cultura francesa – a arte, a literatura, a ciência, a filosofia, sem a qual algumas das melhores obras brasileiras não teriam sido escritas nem teriam se realizado algumas das nossas maiores vocações de artistas e de homens da ciência" (Fléchet; Compagnon; Almeida, 2017, p. 7). Não tivemos um francês emblemático desses em Minas Gerais, mas tivemos Aarão Reis, de influência francesa, além de outros mestres de ofício. No caso daqueles que foram fundamentais para o projeto de Belo Horizonte, podemos citar, além do próprio Aarão Reis, o arquiteto José de Magalhães, ambos tendo estudado na França. Em 1885, a maioria dos brasileiros considerava a França na "vanguarda do progresso e do bom gosto a que todos deveriam se submeter, seguir e imitar. Paris era a nova Roma, a Atenas renascente, onde os poetas e artistas vinham se inspirar nos belos modelos a aprender com os grandes mestres" (Felix Ferreira, 1885 *apud* Angotti-Salgueiro, 2020, p. 228). Mas, ainda que fosse com a presença desses *experts*, a sociedade carecia de técnicos e instruções construtivas, tendo se tornado comum, ao final do século XIX, a circulação de manuais que apresentavam princípios básicos de construção e catálogos de elementos arquiteturais, como *A architectura clássica no Brasil: novo Vignola brasileiro ao alcance de todos*, a *Revista dos Construtores* (Angotti-Salgueiro, 2020) e guias como os de Ledray e Labeyrie, de origem francesa, e de Henry Baudin, sobre escolas suíças, entre outros.

Caracterizavam esse momento também dois impulsos importantes para os desdobramentos que ocorreram na arquitetura e no urbanismo. O primeiro, nascido dentro do próprio ecletismo, subvertia, de certa forma e até certo ponto, os cânones da *Beaux-Arts*, ao entender que

> [...] estamos num tempo em que se referir a normas é quase um equívoco. Exemplo de variações ou "liberdades" são frequentes em todos os países. Não se trata aqui de transgressões. [...] A definição rígida e universal de normas tipológicas já havia sido questionada na França. Vaudremer convidara a uma reação contra a centralização absolutista de Paris (que distribui modelos e orienta a educação artística), pois ela apaga os traços da originalidade regional (Angotti-Salgueiro, 2020, p. 314).

Assim, o ecletismo, até mesmo por sua lógica combinatória e aberta, defendia o uso de materiais locais e de relações com o lugar específico onde a obra se instalava.

O segundo impulso, também dentro da lógica do ecletismo, nasceu da necessidade de os países se compreenderem como *nações*, na medida em que os movimentos de independência e república se tornaram realidades na América Latina. Uma nação digna desse nome deveria apresentar em suas artes, expressão maior de um povo, uma personalidade própria que a distinguisse. No Brasil, a arquitetura de nossos povos originários era efêmera e não apresentava os traços grandiosos das civilizações inca, asteca ou maia, que serviram de referência para os povos andinos e caribenhos, por exemplo. Voltamos nossos olhos, então, para o nosso passado colonial, notadamente para a região de Minas Gerais, onde, segundo os modernistas, realizou-se um colonial "mais genuíno" – guardadas as contradições da expressão –, posto que mais livre da contaminação da corte que se observava nas nossas edificações e cidades litorâneas. Assim, a busca de um estilo nacional pela via eclética, ou "ecletismo autóctone", a importância da díade ecletismo-cosmopolitismo na procura de um estilo nacional está no centro dos debates da segunda metade do século XIX, que tenta aprender a organizar o estoque de referências (Angotti-Salgueiro, 2020, p. 338-411). O *neocolonial* surge, então, como uma resposta à busca de criação de um estilo brasileiro inspirado nas nossas tradições artísticas abrasileiradas em nome de uma continuidade histórica rompida pelo ecletismo – que também o modernismo considerava uma cópia, uma volta ao passado.

As primeiras décadas do século XX assistiram, então, a uma forte defesa de uma arquitetura nacional, calcada no estilo neocolonial:

> Em setembro de 1923, o médico José Marianno Filho, presidente da Sociedade Brasileira de Belas Artes publicava "Os dez Mandamentos do estylo neocolonial", conclamando os jovens arquitetos a abandonarem os paradigmas estrangeiros e a deixarem de se extasiar com as "redondilhas de ornato do Luís XV", a seu ver pouco condizentes com a alma brasileira (Malta, 2017, p. 177).

> [...] os artistas brasileiros em vez de procurarem nas galas e esplendores da nossa natureza as tintas para suas palhetas, os coloridos para seus quadros, a harmonia para suas óperas e o fogo para suas inspirações, vão buscá-los nos modelos estrangeiros, em cujas cópias aprendem a

educar o gosto, tolhendo os voos da imaginação que procura tornar-se original [...] (Aarão Reis, 1875 *apud* Angotti-Salgueiro, 2020, p. 72).

Até mesmo os modernistas da Semana de 1922, absolutamente críticos à importação de modelos exógenos, especialmente o academicismo, defendiam o neocolonial como um processo de modernização estranhamente associado a um conservadorismo arquitetural. Mário de Andrade questionava o neogótico e defendia a arquitetura religiosa em feições barrocas e "aplicou à cultura o determinismo geográfico-ambiental afirmando que a topografia, a fauna e a flora influíam na definição das escolas artísticas. E citou como exemplos a arquitetura egípcia, os aquedutos romanos, o mar na poesia de Camões, os fiordes nas peças de Ibsen. Uma arte brasileira teria que ser também 'como nosso caráter e nossa natureza'" (Tercio, 2019, p. 162).

Mesmo Lucio Costa, arauto da arquitetura modernista no Brasil, no início de sua carreira trafegou pelo neocolonial como resposta eminentemente brasileira ao problema de uma arquitetura autóctone, dela se arrependendo depois, ao tomar contato com Le Corbusier, mas ainda tentando justificar as relações do passado com o presente: "Comecei a perceber o equívoco do chamado neocolonial, lamentável mistura de arquitetura religiosa e civil, de pormenores próprios de épocas e técnicas diferentes, quando teria sido tão fácil aproveitar a experiência tradicional no que ela tem de válido para hoje e para sempre" (Costa, 2018, p. 116).

A partir da reação ao neocolonial, agora por meio de uma grande admiração às ideias de Le Corbusier, a arquitetura brasileira ingressaria em uma nova era, mas, no momento, convém voltarmos a Minas Gerais para uma retrospectiva histórica das relações Minas-França.

Relações culturais Minas-França na arquitetura e no urbanismo

Procuraremos a seguir traçar cronologicamente alguns momentos de relações e trocas culturais entre Minas Gerais e a França no âmbito da arquitetura e do urbanismo, mais na tentativa de registrar esses momentos do que de realizar um estudo exaustivo sobre eles.

Quando nos referimos ao período colonial, especialmente à segunda metade do século XVIII e aos primeiros anos do século XIX, a literatura especializada nos revela como a França se apresenta em nossa arquitetura, especialmente a religiosa. É uma hipótese forte que por aqui correram diversos tratados franceses de arquitetura dos séculos XVII e XVIII, como os de Françoise Blondel e Jacques Blondel, Daviler e Perrault (sobre barroco e rococó, mas também sobre o neoclassicismo).

> Esse caminho, dentro de um bom-senso, nos leva a aceitar a hipótese da circulação dos modelos vinculados à tratadística do Barroco italiano, pois começavam a circular impressos no final do século XVII e início do XVIII por Portugal, além da presença já documentada naquele país de um grande repertório internacional de gravuras como as de Augsburg e de livros de decoração e ornamentação franceses, como o de Juste-Aurèle Meissonier (1693-1750), conforme demonstraram os estudos de Marie-Thérèse Mandroux-França (1973; 1986) e, mais recentemente, de Myriam Andrade Ribeiro de Oliveira (2003). A defesa desse raciocínio – que, aliás, não é nova, mas que teve anteriormente pouca ressonância, por contrariar as teses modernistas dos intelectuais do IPHAN –, corrobora com os argumentos defendidos no Brasil pioneiramente por John Bury (1991), que acreditava numa abrangência do fenômeno tardio do Barroco durante o século XVIII nos países periféricos como algo muito mais universal e menos paroquial do que queriam fazer crer, na década de 50 do século passado, os modernistas do IPHAN, na sua visão mítica da obra do Aleijadinho (Dangelo, 2022, p. 26).

André Dangelo entende que o tardobarroco internacional fincado em Minas na segunda metade do século XVIII com o nome de barroco mineiro é um híbrido entre releituras de linguagens do barroco italianas e o rococó francês sobre uma base funcional e espacial de tradição portuguesa. O pesquisador justifica essa tese pela ampla divulgação do rococó francês a partir da segunda metade da década de 1760, com o novo gosto ornamental que substituíra as curvas e contracurvas pelo *rocaille*:

> O rococó como estilo tem suas origens ligadas à corte francesa de Luiz XV e XVI, tendo rapidamente migrado para a arquitetura religiosa como uma alternativa menos dolorosa para o embalar da fé católica, espremida por um mundo já não governado pelo espírito da Contra-Reforma. Aclimatado mais adequadamente do ponto de vista das monarquias católicas da Europa Central, rapidamente

se espalhou pelos países da Península Ibérica e atravessou o oceano Atlântico até o Brasil, onde desembarcou por volta dos primeiros anos da segunda metade do Século XVIII e se firmou a partir de 1760 (Dangelo, 2008, p. 150).

FIGURA 5 - Detalhe de igreja barroca em Ouro Preto

Fonte: Laboratório de Fotodocumentação Sylvio de Vasconcellos.

Posteriormente, o barroco mineiro começa a sofrer influência do neoclassicismo através da arquitetura portuguesa implementada pelo marquês de Pombal, por sua vez também influenciada pela França. Sem querer aprofundar muito nesse tema, que, por si só, demandaria muito mais espaço de reflexão, podemos citar o exemplo do frontão da Igreja do Rosário em Ouro Preto, traçado em 1789 pelo arquiteto e entalhador português Manuel Francisco de Araújo, como uma releitura de temas da arquitetura borromínica, que também foi utilizado em Lisboa pelos arquitetos pombalinos e no Rio de Janeiro.

A presença neoclássica também pode ser notada, no final do século XIX, nas fazendas cafeeiras que se estenderam pelo Vale do Paraíba do Sul, no Rio, em São Paulo e em Minas Gerais. No Sul de Minas, as fazendas assumiram "a função de uma pequena corte campestre, e a sede da fazenda se revestiu de características arquitetônicas condizentes com essa estrutura de poder" (Rocha-Peixoto, 2008, p. 216). Sua linguagem arquitetônica se caracterizava, assim por "horizontalidade, brancura, ritmo constante de fenestração, solidez de construção e de aspecto, simplicidade majestosa e imponente, austeridade ornamental classicizante, amplo domínio visual sobre o entorno para controle de acesso e das etapas de produção e para visibilidade universal da sede desde os diferentes domínios do terreno" (Rocha-Peixoto, 2008, p. 217).

Mas outra grande relação que podemos estabelecer entre o nosso passado colonial e a cultura francesa teria ocorrido já no século XX, com a presença de Blaise Cendrars, na célebre visita que ele fez ao interior de Minas Gerais, na viagem conhecida como "caravana modernista" de 1924, e com os estudos de Germain Bazin sobre a obra de Aleijadinho.

Blaise Cendrars (1887-1961) foi um intelectual e poeta franco-suíço que viveu intensa e criticamente as transformações e as vanguardas de seu tempo, de um ponto de vista cosmopolita obtido graças às suas inúmeras viagens. Suas reportagens e seus escritos influenciaram o modo como os franceses viam o mundo para além da imagem fantasiosa que faziam de outros sítios, inclusive do Brasil. Alguns autores acreditam que Cendrars revelou o Brasil aos próprios brasileiros, ao mostrar, por exemplo, o grande artista que era Aleijadinho, considerado como tosco por uma boa parte de nossos historiadores de arte. A viagem de 1924 ao interior de Minas pode ser considerada como um momento "brasilianizante" do Movimento Moderno de 1922, quando, paradoxalmente, um francês mostra aos brasileiros a força do Brasil.

Germain Bazin (1901-1990) era historiador da arte e restaurador, foi curador-chefe do Museu do Louvre e esteve em Minas Gerais em viagem de estudos sobre nossa arte colonial, sobre a qual publicou duas obras notáveis: *Arquitetura religiosa barroca no Brasil* (1955) e *Aleijadinho e a escultura barroca no Brasil* (1963). Até os anos 1960, a maioria dos textos sobre nosso barroco tinha sido de sua autoria, e os que vieram a seguir, quando nossa própria literatura sobre o tema se tronou mais profícua, utilizam ainda muito de suas análises como base. Como Bazin era um dos mais prestigiados autores sobre a arte produzida nos séculos XVII e XVIII, sua obra avalizou ainda mais seus estudos feitos nas Minas Gerais, contribuindo para sua divulgação na Europa.

Se a presença francesa no século XVIII é explorada por um pequeno número de nossos autores, em compensação, o século XIX é farto de referências. Já exploramos por aqui aquelas ligadas à Missão Francesa, mas talvez seja interessante nos determos um pouco mais sobre o sistema *Beaux-Arts*, o neoclassicismo e o ecletismo em Minas, nossas grandes referências desse século.

O assim chamado "sistema *Beaux-Arts*" se aplica tanto à arquitetura quanto ao urbanismo. No Brasil, seu marco histórico são a Missão Francesa e os ensinamentos trazidos por Grandjean de Montigny, que revolucionou o ensino acadêmico e a própria prática da tradição da arquitetura civil brasileira, a qual se torna mais erudita com essa aproximação com o ensino acadêmico. Com ele vem uma sistematização criada pela École des Beaux-Arts francesa, marcada pelos traçados reguladores e pelas regras de proporção. O sistema *Beaux-Arts* se baseava, portanto, em uma série de regras e cânones que organizavam os projetos, criando uma relação articulada entre as partes e o todo e correspondências entre as plantas e as fachadas, devendo ser uma "arquitetura falante", que expressa a função a que se destinava. Trata-se de composições simétricas, com galerias arcadas em torno de pátios, fenestração regular e ritmada, perspectivas escalonadas por uma *promenade architecturale* que dirigia a percepção sequenciada dos espaços, com o ornamento adequado, enfim, uma espécie de "beleza racional", como algumas vezes foi referenciada. No urbanismo se caracterizava por um sistema de grandes eixos que se encontram em cruzamentos estelares, gerando pontos notáveis onde se instalam os monumentos e principais edifícios da cidade.

O ecletismo foi o filho dileto do sistema *Beaux-Arts*, com seu historicismo, e do neoclassicismo, após o seu declínio. Ensina-nos Gustavo Rocha-Peixoto que a palavra foi utilizada primeiro na França, em 1881, com referência à pintura e, no caso da arquitetura, busca "a superação do surto rigoroso associado à ideologia da ilustração e inaugurar as novas possibilidades do historicismo revivalista e eclético"

(Rocha-Peixoto, 2000, p. 25). No caso brasileiro, com sua entrada pelo Rio de Janeiro, pelo viés do iluminismo e do academicismo, ela corresponde a uma ordenação racionalista advinda do método *Beaux-Arts*, em que "a arquitetura devia adequar-se aos modos cortesãos e favorecer os comportamentos sociais renovados dando aos moradores conforto e decoro compatíveis com suas posições na corte" (Rocha-Peixoto, 2000, p. 29). Enquanto o neoclassicismo apresentava, como o próprio nome diz, uma inspiração nas referências greco-romanas, o ecletismo era mais cosmopolita, admitindo contribuições das mais variadas fontes, uma atitude necessária no século XIX, quando o "crescimento das populações urbanas forçou o aumento da tolerância conciliatória de diferenças" (Rocha-Peixoto, 2000, p. 5). O ecletismo é, portanto, um estilo de recorte e colagem de diversas referências estilísticas. Da *Beaux-Arts* herdou a ideia da correspondência entre planta e função e a fachada como expressão da função e do emprego adequado e correto dos materiais. Convém nos lembrarmos de que o ecletismo surgiu em um momento de grande transformação da civilização, com novas tipologias funcionais, como estações ferroviárias, grandes espaços de exposição, plantas industriais etc., e de uso de novos materiais, o que acabava por se caracterizar como um momento de grande confusão e mistura de tradição e inovação. Não seria diferente no Brasil ou em Minas.

Quando se fala de ecletismo em Minas Gerais, não há como evitar a forte referência a Belo Horizonte. Projetada nos princípios haussmannianos por um engenheiro que estudara na França, Aarão Reis, a cidade cumpriu os ideais positivistas de controle urbano e de infraestruturas adequadas, relacionados anteriormente neste estudo. O estilo de eleição da nova capital foi o "ecletismo arquitetural moderno", expressão cunhada pelo arquiteto e cronista da nova capital Alfredo Camarate (*apud* Angotti-Salgueiro, 2020, p. 303). O ecletismo se adaptava perfeitamente ao que ali se pretendia: mostrava a adequação do edifício ao espaço urbano onde se inseria e ia ao encontro dos "mitos fundadores da história da cidade", a união da história (impulsionada pela Revolução Francesa/Inconfidência Mineira, pela Terceira República Francesa e pela recente República brasileira) com a inovação (o que havia de mais recente na Europa, notadamente na França) (Angotti-Salgueiro, 2020, p. 363). Em Belo Horizonte aportaram tanto as questões trazidas pelos engenheiros da Politécnica (avanço científico, simplicidade, conveniência, máxima adequação com economia) quanto as dos arquitetos da *Beaux-Arts* (arte, ciência e prática).

O espaço urbano da nova capital era nitidamente de inspiração francesa, com seus encontros estelares e seus grandes eixos levando a pontos focais, uma vitória do espírito racional humano sobre a natureza e as manifestações arcaicas de uma civilização que deveria ser superada, como Ouro Preto, a antiga capital, e o Arraial de Curral del Rey e sua gente. José de Magalhães, um de seus principais arquitetos, que também havia estudado na França, teve aqui uma excelente oportunidade de aplicar os princípios que estudara.

Mas não foram apenas Aarão Reis e José de Magalhães que trouxeram a expressão francesa à nova capital. Vários profissionais anônimos contribuíram para a construção da cidade, em um momento em que era necessária a importação de técnicos estrangeiros de especialidades diversas, pela ausência de mão de obra especializada local. Embora a presença italiana se fizesse mais forte, é inegável a influência francesa no urbanismo e na arquitetura local, mas também no trato dos espaços públicos (praças) da nova capital, como é o caso da Praça da Liberdade (Reynaldo Dierberger, 1920) e da Praça Raul Soares (Érico de Paula, 1929-1936). Ao falarmos em paisagismo, cumpre lembrar a contribuição do francês Paul Villon (1842-?), que ocupou cargos nas divisões de preparo de solos e na comissão de parques e jardins na Comissão Construtora da Nova Capital, tendo sido responsável pelo projeto do Parque Municipal (1894-1897) e pelo projeto original da Praça da Liberdade (1902), depois substituído pela concepção de Reynaldo Dierberger (1920) segundo os princípios do jardim francês de natureza domesticada.

O novo urbanismo higienizante e moderno do século XIX e o ecletismo, no entanto, não são privilégio apenas da capital dos mineiros. Na realidade, o ecletismo se espalhou por todo o estado, tornando-se o estilo oficial do século XIX/início do século XX e ensejando várias reformas urbanas pelo interior adentro. Além de 20 bens ecléticos tombados pelo Instituto Estadual do Patrimônio Histórico e Artístico de Minas Gerais (Iepha-MG) em Belo Horizonte, temos ainda exemplares importantes como o Cassino de Lambari (1911), o Conjunto Paisagístico e Arquitetônico da antiga Estação da Estrada de Ferro Goiás (Araguari, 1920), o antigo edifício do Fórum em Oliveira (final do século XIX), a Casa Arthur Bernardes (Viçosa, 1922), a Casa Wenceslau Brás (Itajubá, 1910), o Conjunto Paisagístico e Histórico do Parque das Águas de Caxambu (1900), o complexo hidrotermal e hoteleiro de Poços de Caldas (1927-1931), o Museu Mariano Procópio (Juiz de Fora, 1863, este com projeto do arquiteto francês Auguste François Marie Glaziou), a Escola Estadual Prof. Botelho Reis (Leopoldina, 1906), o Banco de Crédito Real de Juiz de Fora (1929), o conjunto arquitetônico das antigas estações da Central do Brasil e da Estrada de Ferro Leopoldina de Juiz de Fora (década de 1920), o Hospital Cassiano Campolina (Entre Rios de Minas, 1904), a antiga Escola de Aprendizes Marinheiros (Buritizeiros, 1913), em um total de 148 bens tombados, quase 25%, portanto, do acervo protegido pelo estado de Minas Gerais. A lista é apenas uma amostragem de como o eclético se espalhou por todo o território mineiro e da sua importância histórica e referencial.

FIGURA 6 - Praça da Liberdade

Fonte: Acervo Marcílio Gazzinelli.

Muito interessante, no caso mineiro, é a colisão do estilo dito "colonial" com o eclético, especialmente nas chamadas "cidades históricas" protegidas pelo Instituto do Patrimônio Histórico e Artístico Nacional (IPHAN). A literatura especializada registra a aversão dos modernistas ao estilo eclético, notadamente nos textos de Lucio Costa, em que, em contraste com a "autenticidade" de nossa arquitetura do período barroco e com a criatividade original do movimento moderno, o ecletismo era considerado como uma manifestação espúria, mera cópia passadista e sem valor. Essa aversão se realizou na prática, até pela influência de Costa no IPHAN, pela remoção das platibandas de casas ecléticas nessas cidades e a sua substituição por telhados de barro com beirais para garantir a unidade estilística de sua paisagem.

FIGURA 7 - Ecletismo em Belo Horizonte

Fonte: Laboratório de Fotodocumentação Sylvio de Vasconcellos.

O início do século XX também nos trouxe outra importante onda estilística de inspiração francesa e que, em Belo Horizonte, apresentou talvez a sua mais bela expressão no Brasil, o *art déco*. O movimento tem como marco historiográfico a Exposition Internationale des Arts Décoratifs et Industriels Modernes, acontecida em Paris, em 1925.

O *art déco* se posicionava como um estilo moderno, ligado ao design industrial, dos novos materiais e da produção em massa, mas se distingue claramente do modernismo ou movimento moderno, entre outras razões, por seu apreço à arte e ao ornamento, ainda que geometrizado e decorativo. O movimento se compreendia como internacional, na medida em que explorava formas ligadas ao novo mundo das máquinas, da velocidade e da industrialização, algo que o mundo como um todo estava experimentando àquela dobra do tempo. No entanto, a sua manifestação em terras brasileiras sofreu releituras locais, como a incorporação de temas marajoaras em seus ornamentos, em atenção aos anseios de construção de uma identidade nacional que se configurava na primeira metade do século XX no Brasil.

FIGURA 8 - *Art déco* em Belo Horizonte: Feira de Amostras

Fonte: Arquivo Público da Cidade de Belo Horizonte.

Em Belo Horizonte, podemos distinguir duas vertentes muito claras na expressividade *déco*: uma mais pura, ligada às suas raízes, com uma ornamentação geométrica mais marcada em frisos, molduras, platibandas e tratamento de superfícies, e outra mais austera, com uma economia ornamental, confundindo-se com o protomoderno, esta mais frequente na era Getúlio Vargas. As duas formas se espalharam por Minas Gerais com uma grande diversidade de leituras locais, seja nas casas populares, que buscavam identidade por meio da decoração de suas fachadas, seja em edifícios públicos, como símbolo de importância. No período getuliano, o estilo se espalhou também, e talvez principalmente, pelos inúmeros edifícios de serviços públicos que chegaram ao interior.

Embora a tônica de nossa discussão até aqui esteja voltada principalmente para as questões estilísticas, convém apontar que estilos são resultados de contextos históricos que propiciam e se materializam em determinadas formas que manifestam os desejos e os impulsos sociais. Assim, se o neoclassicismo representava anseios aristocráticos ou de poder; o ecletismo, uma adaptação maleável às possibilidades e condições locais; o *déco*, o desejo de identidade e de novas formas de morar; o movimento moderno surgiu como "necessário" e adequado à nova urbanização que explodia no Brasil a partir de meados do século XX.

É curioso notar que o modernismo tem como raízes os mesmos impulsos daqueles estilos que o sucederam: uma crença no método científico, que vinha desde o positivismo, o desejo transformador inaugurado no Século das Luzes, um internacionalismo pretendido tanto pela *Beaux-Arts* quanto pelo ecletismo e pelo *déco*, o método de terra arrasada em nome do progresso. Talvez eles fossem apenas faces diferenciadas da "missão civilizatória" empreendida pelos países centrais ocidentais. No caso dos modernistas, essas crenças foram radicalizadas como sendo o "fim da história", algo tão original e adequado a um tempo que se acreditava constituir o "ápice da evolução". Uma das críticas que se faz aos modernistas é exatamente o seu desprezo pelas preexistências e o seu apreço pelo edifício como expressão em si próprio, compreensão que, embora falsa como traço genérico do movimento, efetivamente ocorreu em larga escala, ainda mais quando ele foi cooptado pela especulação imobiliária. Essa união, no caso de Minas Gerais, que viveu seu *boom* de urbanização na metade do século, viu ser destruída a beleza de inúmeras cidades e de vários exemplares de aparência ímpar por essa sanha modernizante e especulativa.

Mas é certo que esse não era o efeito colateral esperado pelos idealizadores do movimento, que o viam como sendo ético e voltado para o homem do novo tempo. A figura referencial do modernismo no Brasil é, sem dúvida, o franco-suíço Le Corbusier (1887-1965), a quem Lucio Costa admirava largamente. Em texto de 1975 ("Relato pessoal"), assim ele se refere ao mestre:

> Os novos conceitos arquitetônicos, formulados na década anterior [anos 1930], ainda não haviam sido assimilados pela opinião culta e popular e eram violentamente refutados. Mas para mim, que tinha dedicado o chômage de 1932 a 35 ao estudo da obra teórica de Le Corbusier, o problema arquitetônico parecia então indissoluvelmente entranhado no problema social, portanto oriundos da mesma fonte – a Revolução Industrial do Século XIX –, e esse vínculo de origem conferia sentido ético à tarefa em que estávamos empenhados, exigindo-nos dedicação total, como se fôssemos, na nossa área, moralmente responsáveis pelo bom encaminhamento da meta comum (Costa, 2018, p. 135).

De fato, na prática, foi a vinda de Le Corbusier ao Brasil, em 1936, para o projeto do Ministério de Educação e Saúde (MES), no Rio de Janeiro (em colaboração com Lucio Costa, Oscar Niemeyer, Affonso Eduardo Reidy, Jorge Moreira, Carlos Leão e Ernani Vasconcellos), que a história registra como berço da arquitetura moderna no Brasil, embora a Pampulha tenha sido inaugurada primeiro, em 1943, enquanto o MES só o foi em 1946. Assim, o Conjunto Moderno da Pampulha é também considerado como o marco seminal da arquitetura moderna brasileira ("onde tudo começou", segundo Oscar Niemeyer), e, embora ali Niemeyer ensaiasse as curvas que o tornaram célebre em todo o mundo, diferentemente da arquitetura do ângulo reto produzida na Europa e nos Estados Unidos, é inegável a influência dos preceitos corbusianos, especialmente no Cassino (hoje Museu de Arte da Pampulha). A história reservaria para os dois mestres outros momentos de encontros e trocas, como a parceria para o edifício-sede das Nações Unidas em Nova York, fazendo com que o arquiteto francês também fosse influenciado pela obra do pupilo, o que é claro nas curvas da capela de Notre-Dame-du-Haut, em Ronchamps (1950).

Em seu livro *A forma na arquitetura*, Niemeyer se refere assim a esse intercâmbio com Le Corbusier:

> De Ozenfant, amigo de Le Corbusier, recolhi, no seu livro de memórias, este trecho claro, de destino inconfundível: "Le Corbusier, depois de ter defendido a disciplina purista e a lealdade ao ângulo reto, pelo qual pretendia direitos particulares, parece ter decidido abandoná-lo, ao sentir no vento as premissas de um novo barroco, vindo de fora, que faz justiça a ele mesmo e, como sempre, com um imenso talento" (Niemeyer, 1978, p. 29-30).

Assim, embora Oscar Niemeyer fosse um arquiteto carioca, foi em Minas que ele teve seu *début* profissional, foi de Minas que ele bebeu:

> E essa ideia passou a dominar-me [poesia em detrimento do funcionalismo], como uma deliberação interior irreprimível, decorrente talvez de antigas lembranças, das igrejas de Minas Gerais, das mulheres belas e sensuais que passam pela vida, das montanhas esculturais e inesquecíveis do meu país. "Oscar, você tem as montanhas do Rio dentro dos olhos", foi o que um dia ouvi de Le Corbusier (Niemeyer, 1978, p. 22).

E foi Juscelino Kubitschek, um governante mineiro dinâmico e futurista, quem lhe deu as maiores oportunidades profissionais, como prefeito (Pampulha), governador (vários prédios públicos) e presidente da República (Brasília). A Pampulha representou a mudança de hábitos de uma sociedade que migraria do tradicionalismo interiorano para hábitos mais contemporâneos e mais cosmopolitas (França de novo como referência, agora em companhia dos Estados Unidos): "A Pampulha foi o marco inicial de uma nova arquitetura que trouxe consigo o hábito do esporte da vida ao ar livre, da comunicabilidade entre estranhos, ou seja, a experiência de usos de espaços coletivos públicos e novas formas de sociabilidade" (Vasconcellos *apud* Carvalho, [s.d.], p. 24). Até na gastronomia, no *grill-room* do Cassino, "comandado pelo *Maître* Lucas, o menu revolucionou os hábitos dos almoços de domingo na cidade, com as mulheres copiando ativamente receitas de camarões, carnes, como *filet tournedos*, sobremesas variadas, e a estrela do momento, a maionese" (Souza, 1977, p. 197).

FIGURA 9 - Modernismo da Pampulha

Fonte: Acervo Marcílio Gazzinelli.

O modernismo também se deslocou rapidamente para o interior das Minas Gerais e se combinou com o *déco*, apresentando toda a sorte de hibridismos e de novas possibilidades ao gosto de diferentes localidades, classes sociais e fantasias edilícias.

Ainda no caso de Minas Gerais, temos que a primeira Escola de Arquitetura brasileira nascida como tal, em 1930 (hoje Escola de Arquitetura da UFMG), independentemente do berço da politécnica e das belas-artes, já nasceu moderna e, em seus sucessivos currículos, até a década de 1980, apresentava o modernismo corbusiano como sua principal referência de ensino e método pedagógico.

A partir da década de 1980, o pensamento pós-estruturalista francês, que havia influenciado a renovação da arquitetura em seu país, especialmente nos tempos de Georges Pompidou, começa também a gerar questões em território brasileiro, especialmente em Minas Gerais, onde o pós-modernismo floresceu de maneira singular. Embora o movimento pós-moderno em arquitetura seja um fenômeno de caráter amplo no mundo ocidental, ele tem sua origem nas indagações filosóficas do pós-estruturalismo e de alguns autores franceses célebres como François Lyotard, Jean Baudrillard, Jacques Derrida, Michel Foucault e Guy Debord. "Em suas explicações, [o arquiteto francês] Jean Nouvel refere-se a Gilles Deleuze e às suas reflexões sobre a dificuldade de separar o real do virtual" (Gaillard, 2013, p. 261). Retomando a ideia de que o estilo é uma materialização do *Zeitgeist*, a constatação de Homi Bhabha nos situa bem o seu momento de grito: "A significação mais ampla da condição pós-moderna reside na consciência de que os 'limites' epistemológicos daquelas ideias etnocêntricas são também as fronteiras enunciativas de uma gama de outras vozes e histórias dissonantes, até dissidentes – mulheres, colonizados, grupos minoritários, os portadores de sexualidades policiadas" (Bhabha, 2013, p. 24-25).

A princípio, a arquitetura pós-moderna se constituía como uma reação eclética aos cânones modernistas e a palavras de ordem a eles associados, como "ornamento é crime", "*less is more*", entre outras. O termo ganhou celebridade a partir da publicação de *The Language of Post-modern Architecture*, em que Charles Jencks, seu autor, mostrava que tal termo, na realidade, abrangia uma série de movimentos contestadores da arquitetura modernista, como o ornamentalismo e o regionalismo crítico, entre outros. No entanto, deixava de fora outros tantos, como o importante desconstrutivismo, fruto do projeto de Bernard Tschumi, vencedor do concurso para o Parque La Villette, em Paris (1982), e que se desdobrou em importantes obras de arquitetos célebres, como Zaha Hadid, Peter Eisenman, entre outros. O pós-modernismo francês, segundo Françoise Gaillard (2013, p. 259), mescla dois desejos: "o de imagear a cidade, isto é, dotá-la de imagens e o de nela inscrever sua imagem através de um estilo extremamente individualizado". Como o pós-modernismo se apresentou como uma tendência global, ainda mais em um mundo tão intensamente conectado, não nos é possível falar de um "exclusivo" estilo francês como outros que aqui apresentamos, mas de variações locais, aliás como ocorreu no Brasil. A vertente francesa, mais discreta em termos retóricos, gerou seguidores em Minas Gerais, mas a que se notabilizou em plagas mineiras foi a vertente ornamentalista, lúdica e bem humorada, uma "arquitetura *patropi*", como costumava chamá-la o arquiteto Éolo Maia, um de seus principais expoentes. Em 1983, na *Revista Pampulha*, Éolo constatava: "o que se verifica é uma constante crítica à sociedade moderna neste fim de século. Parece que cansamos de uma alienação do Século XX e procuramos novas situações e verdades que nos abram as portas do futuro presente do Século XXI" (Revista Pampulha, n. 8, 1983, p. 8). De fato, o pós-moderno mineiro, embalado ainda que por um efeito indireto das desterritorializações pós-estruturalistas e pela biopolítica foucaultiana, buscava questionar o *status quo* através da forma. Trata-se de uma geração que, segundo Roberto Segre, era

> [...] constituída por um naipe de arquitetos que, desde os anos oitenta, mantém uma certa unidade na procura de uma linguagem expressiva das múltiplas condições ou determinantes da realidade brasileira. [...] a formação dos arquitetos mineiros está baseada sobre três elementos essenciais: o *genius loci* do território; a racionalidade da estrutura urbana de Belo Horizonte e a tradição arquitetônica barroca das cidades do século XVIII (Segre *apud* Diniz, 2022, p. 41).

Ainda que alguns autores classifiquem o pós-modernismo mineiro como uma busca de um regionalismo crítico, o que é também insinuado por Segre, não são apenas a tradição da forma ou as raízes ecléticas de Belo Horizonte que o conduzem, mas também a eterna busca pela liberdade e uma nova civilização, mais sintonizada com a contemporaneidade.

Não poderíamos terminar este ensaio sem fazer uma referência ao pensamento urbanístico francês contemporâneo, que tanto dialogou com nossas cidades e com nossos planejadores e estudiosos do tema. A primeira metade do século XX foi marcada pelos encontros dos Congressos Internacionais de Arquitetura Moderna (CIAMs), dentro da agenda funcionalista do movimento moderno, da qual foi lentamente se distanciando, preterindo a questão estética em nome de uma abordagem mais sistêmica. A tradição francesa no campo trouxe ao Brasil urbanistas como Alfred Agache, que trabalhou no Rio de Janeiro e só não trabalhou também em Belo Horizonte porque discordou dos planos do então prefeito Juscelino Kubitscheck para a Pampulha. Para o urbanista, a vocação do local seria a de cinturão agrícola, enquanto JK a imaginava como um novo bairro cidade-jardim e foco turístico. Muitas de nossas leis urbanísticas derivam desses encontros e de modelos franceses, como o zoneamento funcional e o uso de pilotis (por aqui, em BH, com a inovação de ele existir mesmo fora do chão, separando a partes comercial e residencial dos prédios, como na Lei de Uso e Ocupação do Solo, de 1976). Talvez a principal contribuição do urbanismo francês para os nossos planejadores locais desse período tenha sido a abrangência do pensamento sobre as cidades, lentamente construído por contribuições multidisciplinares, que não se restringia apenas ao espaço, mas também considerava o contexto socioeconômico como importante fator sem o qual a proposta territorial não se sustentaria.

Ao pensamento urbanístico francês devemos importantes conceitos, como o "solo criado", a partir do qual se estrutura a maioria dos planos urbanos de nossas cidades, com o instrumento basilar do "coeficiente de aproveitamento", a partir do qual se definem os índices de ocupação dos lotes e que, posteriormente, em nosso Estatuto da Cidade (2001), gerou a "outorga onerosa do direito de construir" e a "transferência do direito de construir", mecanismos presentes nas mais avançadas legislações do país e do estado.

A corrente marxista dos urbanistas franceses alcançou grande repercussão por aqui, por meio de autores como Manuel Castells (espanhol, mas com carreira na França) e Henri Lefebvre. A obra *Le Droit à ville* (1968), deste último, é considerada seminal pelos urbanistas mineiros. Castells procura compreender a cidade contemporânea a partir de três grandes eixos: o informacionalismo, a sociedade em rede e as novas identidades culturais. Por sua vez, as questões do direito à cidade trabalhadas por Lefebvre têm grande ressonância entre nós, pela necessidade de reconstrução de uma gestão urbana democrática a partir da Constituição Brasileira de 1988. Uma das principais questões que o fenômeno urbano tem trazido à contemporaneidade é a da apropriação do espaço urbano e do direito à sua fruição justa e universal, na medida em que as cidades são o lócus de realização da vida social. Quando examinamos a questão através da ótica de Henri Lefebvre, podemos compreender que o capitalismo constantemente reproduz ordens urbanas que refletem a sua própria lógica, criando tensões e desequilíbrios. Assim, "habitar" a cidade, ainda segundo o conceito lefebvriano, está profundamente ligado ao conceito de *apropriação*, o qual, por sua vez, apresenta-se como uma plenitude de ações. Os conflitos se dão exatamente quando essa plenitude não é alcançada pelos diferentes grupos, com o surgimento de contradições e conflitos entre desejos e necessidades e também dos diferentes tempos cercados em um espaço.

Para Lefebvre, o espaço seria, portanto, apenas um *medium* que sempre remete a uma causa mais profunda, além de suas aparências (Lefebvre, 2008, p. 71). Desde que não seja definido pelo projeto homogeneizante da racionalidade industrial (Lefebvre, 2008, p. 42), o espaço-tempo urbano aparece como diferencial, com propriedades duais, em uma miríade de conflitos. A solução para a complexidade urbana não está, portanto, no seu tratamento homogêneo travestido de planos urbanos "fixos" ou que considerem genericamente a população.

Assim, o direito à cidade envolve questões mais complexas e flexíveis, tais como a justa distribuição dos ônus e bônus gerados pela *urbis*, a quebra das invisíveis barreiras sociais que segregam seus espaços, a possibilidade de formas abertas e diferenciadas de apropriação da sua diversidade espacial, a viabilização da mobilidade urbana. Para que se garantam os direitos, há que garantir também os meios para que eles se exerçam.

Ao fim e ao cabo, o "direito à cidade" trilha o caminho da liberdade e de uma organização civilizatória mais justa e fraterna. Como queremos nós, os mineiros, e nossos irmãos franceses.

Referências

Ambrogi, Ingrid Hötte. *À la française:* a educação das elites paulistanas na Primeira República. *In*: Fléchet, Anaïs; Compagnon, Olivier; Almeida, Silvia Capanema P. (orgs.). *Como era fabuloso o meu francês! Imagens e imaginários da França no Brasil (séculos XIX-XXI)*. Rio de Janeiro: Fundação Casa de Rui Barbosa, 2017.

Angotti-salgueiro, Heliana. *A Casaca do Arlequim: Belo Horizonte, uma capital eclética do Século XIX*. Belo Horizonte: Editora UFMG, 2020.

Bhabha, Homi K. *O local da Cultura*. Belo Horizonte: Editora UFMG, 2013.

Carsalade, Flavio; Monte-Mór, Roberto Luís. Urbanização e patrimônio cultural em Minas Gerais. *In*: Menezes, José Newton Coelho (orgs.). *Orbe e encruzilhada: Minas Gerais 300 anos*. Belo Horizonte: Editora UFMG, 2020.

Carvalho, Tereza Bruzzi de (Coord.). *Dossiê de tombamento do Conjunto Urbano da Pampulha*. Belo Horizonte: Gerência de Patrimônio Histórico da Prefeitura de Belo Horizonte, [s.d.]. Mimeo.

Compagnon, Olivier. Como era belicoso o meu francês: as elites intelectuais brasileiras e a França no contexto da Primeira guerra mundial. *In*: Fléchet,

Anaïs; Compagnon, Olivier; Almeida, Silvia Capanema P. (orgs.). *Como era fabuloso o meu francês! Imagens e imaginários da França no Brasil (séculos XIX-XXI)*. Rio de Janeiro: Fundação Casa de Rui Barbosa, 2017.

Comte-Sponville, André. *Dicionário Filosófico*. São Paulo: Martins Fontes, 2003.

Costa, Lucio. *Registro de uma vivência*. São Paulo: SESC; Editora 34, 2018.

Dangelo, André Guilherme Dornelles. *A cultura arquitetônica em Minas Gerais no Século XVIII: engenheiros, mestres de obra e arquitetos*. Belo Horizonte: Escola de Arquitetura UFMG, 2022.

Dangelo, André Guilherme Dornelles; Brasileiro, Vanessa. *O Aleijadinho arquiteto e outros ensaios sobre o tema*. Belo Horizonte: Escola de Arquitetura UFMG, 2008.

Diniz, João Antonio do Valle. *Sementes do espaço: arquiteturas em processo*. Tese (Doutorado em Arquitetura e Urbanismo) – Escola de Arquitetura, Universidade Federal de Minas Gerais, Belo Horizonte, 2022.

Domingues, José Maurício. *Modernidade global e civilização contemporânea*. Belo Horizonte: Editora UFMG, 2013.

Elias, Norbert. *O processo civilizador. Volume 1: Uma História dos Costumes*. Rio de Janeiro: Zahar, 2020.

Fléchet, Anaïs; Compagnon, Olivier; Almeida, Silvia Capanema P. Introdução. Estereótipos, modelos e caricaturas: as imagens contrastadas da França no Brasil. *In*: *Como era fabuloso o meu francês! Imagens e imaginários da França no Brasil (séculos XIX-XXI)*. Rio de Janeiro: Fundação Casa de Rui Barbosa, 2017.

Gaillard, Françoise. A Arquitetura expressiva ou o pós-modernismo à francesa. *In*: Perrone-Moisés, Leyla (org.). *Cinco séculos de presença francesa no Brasil: invasões, missões, irrupções*. São Paulo: Editora USP, 2013.

Lefebvre, Henri. *A revolução urbana*. Belo Horizonte: Editora UFMG, 2008.

Malta, Marize. Discussões acerca da modernidade e transculturação nas artes decorativas nacionais nos anos 1920 e 1930: console Luís XV, bufete de bolacha ou mesa de aço e vidro? *In*: Fléchet, Anaïs; Compagnon, Olivier; Almeida, Silvia Capanema P. (orgs.). *Como era fabuloso o meu francês! Imagens e imaginários da França no Brasil (séculos XIX-XXI)*. Rio de Janeiro: Fundação Casa de Rui Barbosa, 2017.

Neves, Lúcia Maria Bastos Pereira. Napoleão Bonaparte e o Brasil: representações, política e imaginário (1808-1822). *In*: Fléchet, Anaïs; Compagnon,

Olivier; Almeida, Silvia Capanema P. (orgs.). *Como era fabuloso o meu francês! Imagens e imaginários da França no Brasil (séculos XIX-XXI)*. Rio de Janeiro: Fundação Casa de Rui Barbosa, 2017.

Niemeyer, Oscar. *A forma na arquitetura*. Rio de Janeiro: Avenir, 1978.

Pinto, Maria Cecília Queiroz de Moraes. A recepção de Chateaubriand no Brasil. *In*: Nitrini, Sandra (org.). *Aquém e além mar. Relações culturais: Brasil e França*. São Paulo: Hucitec, 2000.

Revista Pampulha. Belo Horizonte: Panela Sociedade Civil Ltda, 1982. Edição n. 8, nov.-dez. 1982.

Rocha-Peixoto, Gustavo. O ecletismo e seus contemporâneos na arquitetura do Rio de Janeiro. *In*: Czajkowski, Jorge (org.). *Guia da arquitetura eclética do Rio de Janeiro*. Rio de Janeiro: Centro de Arquitetura e Urbanismo, 2000.

Rocha-Peixoto, Gustavo. A Arquitetura do Café. *In*: Bicca, Briane Elisabeth Panitz; Bicca, Paulo Renato Silveira. *Arquitetura na Formação do Brasil*. Brasília: UNESCO, 2008.

Rosa, João Guimarães. Aí está Minas: a mineiridade. *Revista O Cruzeiro*, Rio de Janeiro, 25 ago. 1957.

Schwarcz, Lilia Moritz. Nicolas-Antoine Taunay e a Arcádia Francesa no Brasil. *In*: Fléchet, Anaïs; Compagnon, Olivier; Almeida, Silvia Capanema P. (orgs.). *Como era fabuloso o meu francês! Imagens e imaginários da França no Brasil (séculos XIX-XXI)*. Rio de Janeiro: Fundação Casa de Rui Barbosa, 2017.

Souza, Renato César José de. A arquitetura em Belo Horizonte nas décadas de 40 e 50: utopia e transgressão. *In*: Castriota, Leonardo Barci (org.). *Arquitetura da Modernidade*. Belo Horizonte: IAB/UFMG, 1997.

Tercio, Jason. *Em busca da alma brasileira: biografia de Mário de Andrade*. Rio de Janeiro: Estação Brasil, 2019.

Vasconcellos, Sylvio de. *Arquitetura dois estudos*. Goiânia: MEC/SESU-PIMEG/ARQ/UCG, 1983.

Velloso, Monica Pimenta. *Haute bicherie* no Rio de Janeiro: reconfiguração do olhar iluminista no imaginário franco-brasileiro. In: Fléchet, Anaïs; Compagnon, Olivier; Almeida, Silvia Capanema P. (orgs.). *Como era fabuloso o meu francês! Imagens e imaginários da França no Brasil (séculos XIX-XXI)*. Rio de Janeiro: Fundação Casa de Rui Barbosa, 2017.

Williams, Raymond. *Palavras-chave: um vocabulário de cultura e sociedade*. São Paulo: Boitempo, 2007.

O galo na livraria do arquiteto

Impressos franceses de arquitetura em Minas Gerais no período colonial

Danilo Matoso Macedo

Entre a segunda metade do século XVIII e a primeira do século XIX, encontram-se impressos franceses relacionados à arquitetura em pelo menos 15 bibliotecas localizadas no que hoje é o estado de Minas Gerais. São livros didáticos e científicos, tratados de história e geografia, manuais técnicos, enciclopédias, livros de artes e ofícios, entre muitos outros gêneros literários. Trazemos aqui uma lista dessas obras e outra dos acervos que as continham.[1] A essa contribuição buscamos dar um sentido narrativo, com informações históricas sobre obras e autores que trazem uma visão ampliada do rico universo de intercâmbio literário e arquitetônico entre Minas Gerais e França.

[1] Ao longo do texto, os autores cujas obras circularam em Minas constam em negrito. Também com esse destaque, seguido de uma data, constam os nomes dos acervos coloniais mineiros. Por exemplo, um livro de Louis Charles Dupain de **Montesson** consta em Minas em: **Carneiro, 1843**. Na descrição dos livros, adotamos a prática consagrada entre alguns bibliógrafos de fazer, tanto quanto possível, uma transcrição integral das folhas de rosto das obras. Frequentemente, já são resumos eficientes. Evitamos inchar a bibliografia consultada, ao final, com obras antigas correlatas apenas mencionadas no texto. Nesses casos, a referência bibliográfica completa vai na nota de rodapé.

A existência de obras francesas nas Minas coloniais quer dizer algo.[2] Num território onde a produção de impressos era proibida pela Coroa Portuguesa, e mesmo sua circulação era controlada, a presença de livros oriundos do país em que se buscava enterrar o Antigo Regime representava uma ousadia política e intelectual. Por isso, Eduardo Frieiro (1957, p. 15), ao escrutinar nos Autos da Devassa a lista bens apreendidos ao inconfidente Luís Vieira da Silva[3] (1735-1809) – "presbítero secular, antigo lente de Filosofia na cidade de Mariana" –, viu um *Diabo na livraria do cônego* – nada menos que "o espírito da Revolta". Ora, como já se disse alhures, naqueles tempos "o canto do galo gaulês" não anunciava outra coisa senão a ressurreição por meio da revolução.[4]

O intercâmbio entre Minas e França tem origens antigas. Talvez os primeiros contatos interessantes entre franceses e brasileiros tenham sido aqueles provocados não pela presença dos franceses no Brasil, mas sim aqueles que decorrem da ida de brasileiros à França.[5] Os navegadores da Normandia levariam muitos outros nativos da América Portuguesa de volta a sua terra. No que concerne à arquitetura, é de

---

[2] Cf. também, sobre o tema, Dangelo (2006).

[3] Neste texto, seu acervo é indicado como **Silva, 1791**.

[4] "Quando estiverem realizadas todas as condições internas, o *dia da ressurreição alemã* será anunciado pelo *canto do galo gaulês*" (Marx, 2005, p. 163).

[5] Afonso Arinos de Mello Franco sugeriu que na idealização do indígena da América Portuguesa estariam "as origens brasileiras da teoria da bondade natural". Entre os muitos fundamentos que apresenta estão não apenas as descrições de viajantes, que contribuíram para a criação de tal imagem, como também a emigração – desde 1503 – de alguns dos naturais daqui ao Velho Mundo, o seu convívio direto com intelectuais europeus e a integração de certo número deles à sociedade local. Por exemplo, em 1503 o primeiro indígena brasileiro pisou em solo francês. Essomericq (ou Içá-Mirim), o filho de um cacique carijó de Santa Catarina, foi levado pelo navegador normando Binot Paulmier de Gonneville. Ali, acabou por se casar com a filha de seu anfitrião, assumindo seus sobrenomes e gerando uma prestigiosa linhagem que seria evocada como sinal de nobreza quase dois séculos depois por seu descendente, cônego da Catedral de São Pedro em Lisieux. (Cf. Franco, 2000, p. 76-77; Moraes, 2010, v. 1, p. 412-413; Verri, 1994, p. 225-228.)

especial interesse uma encenação de 50 índios tupinambás em Rouen, por ocasião da entrada solene de Henrique II e de Catarina de Médici na cidade. Entre diversas performances organizadas em homenagem aos visitantes, os brasileiros teriam construído numa ilha do rio Sena uma réplica de uma aldeia em que simularam uma batalha contra os tabajaras, conforme descrito e ilustrado em folheto impresso à época e recuperado por Ferdinand Denis (1798-1890).[6] O impacto do feito no imaginário dos arquitetos europeus ainda está por ser aquilatado.

Uma pista nesse sentido nos dá Afonso Arinos de Mello Franco, para quem o contato de Michel de Montaigne (1533-1592) com os tupinambás está na origem do ensaio "Os canibais", e esse mesmo ensaio guarda "certas afinidades" com o influente "segundo discurso" de Jean-Jacques Rousseau (1712-1778). Como já sugerimos alhures (Macedo, 2017, p. 21-25), talvez um paralelo entre tal relação e uma possível ascendência da aldeia de Rouen e a *petite cabane rustique* discutida pelo jesuíta Marc-Antoine Laugier (1713-1769) em seu *Essai sur l'architecture*, tão influente no neoclassicismo francês do Século das Luzes (Summerson, 1986, p. 15).

Não está claro se Montaigne conheceu os tupinambás de Rouen, como quer Rubens Borba de Moraes (2010, v. 2, p. 217), ou aqueles levados pelo capitão Nicolas Durand de Villegagnon (1510-1571) em 1559, após sua malograda tentativa de fundação da France Antarctique (1550-1560) numa ilha na baía da Guanabara. Fato é que nem foi

[6] O folheto é *Cest la dedvction du sumptueux ordre plaisantz spetacles et magnifiqves theatre dresses, et exhibes par les citoiens de Rouen ville Metropolitaine du pays de Normandie, A la sacrée Maiesté du Treschristian Roy de France, Henry secõd leur souuerain Seigneur, Et à Tresillustre dame, ma Dame Katherine de Medicis, La Royne son espouze, lors de leur triumphant ioyeux & nouuel aduenement en icelle ville, Qui fut es iours de Mercredy & ieudy premier & secõd iours d'Octobre, Mil cinq cens cinquante, Et pour plus expresse intelligence de ce tant excellent triumphe, Les figures & poutraictz des principaulx aornementz d'iceluy y sont apposez chascun en son lieu comme l'on pourraveoir par le discours de l'histoire. Auec priuilege du Roy. On les vend a rouen chez Robert le Hoy Robert & Iean dictz du Gord tenantz leur boutique, Au portail des Libraires. 1551.* Foi coligido por Denis em *Une fête Brésilienne célébrée a Rouen en 1550 suivi d'un fragment du XVI siècle roulant sur la théogonie des anciens peuples du Brésil et des poésies en langue tupique de Christovam Valente par Ferdinand Denis* a Paris J. Techener, Libraire Place de la Colonnade du Louvre, n. 20.

bem-sucedida aquela investida, nem a France Équinoxiale de Daniel de la Touche (1612-1615), nem o ataque do René Duguay-Trouin (1673-1736) ao Rio de Janeiro, em 1711. Na verdade, os franceses lograriam adentrar com sucesso o território mineiro não tanto em carne e osso, mas sim em espírito, papel e tinta.

As escolas e academias francesas no Brasil

No campo da arquitetura, as *escolas* francesas foram amplamente adotadas no Brasil com certa hegemonia por cerca de 350 anos, a partir do século XVII. Primeiro por meio da adoção, pelos portugueses, dos preceitos projetivos da chamada Escola Francesa de Fortificação (Oliveira, 2004, p. 48-50). Depois, e até o século XX, muitos de nossos edifícios monumentais foram edificados com não pouca influência das *académies* francesas.

Quando da conformação de Minas Gerais como território, no início do século XVIII, a presença dos preceitos da Escola Francesa, iniciada por Sully (1560-1641) e Jean Errard de Bar-le-Duc (1554-1610), já se fazia sentir na teoria e na prática da fortificação luso-brasileira. Não apenas o nome de Sébastien le Prestre de Vauban (1633-1707) é ubíquo como referência prática, como também alguns autores da tratadística dessa *escola* tinham alguma relação mais direta com a cultura luso-brasileira. É o caso do mestre, Blaise-François de Pagan (1604-1665), autor de *Les Fortifications* (1645),[7] que dera também aos prelos uma *Relation historique et geographique, de la grande riviere des Amazones dans l'Amérique* (1655),[8] revelando abertamente a intenção

---

[7] *Les fortifications dv Comte de Pagan.* A Paris, Chez Cardin Besogne, au Palais en la Gallerie des Prisonniers aux Roses vermeilles. M. DC. XLV. [1645] Avec privilege dv Roy.

[8] *Relation historiqve et geographiqve, de la grande riviere des Amazones dans l'Ameriqve Par le Comte de Pagan. Extraicte des diuers Autheurs, & reduitte en mellieure forme. Auec la Carte d'icelle Riuiere, & de ses Provinces.* A Paris, Chez Cardin Besonge, au Palais, dans la gallerie des Prisonniers, aux Roses Vermeilles. M. DC. LV. [1655] A obra é baseada em: Acuña, Cristóbal (1597-1675). *Nuevo descubrimiento del gran Rio de las Amazonas. Por el padre Christoval de Acuña, Religioso de la Compañia de iesus, y Calificador de la Suprema General Inquisicion. Al qual fue, y se hizo por orden de su Magestad, el año de 1639. Por la Provincia*

de promover uma nova tentativa de ocupação da América Portuguesa (Moraes, 2010, v. 2, p. 172).

Caso análogo foi o de Alain Manesson Mallet (1630-1706). Contratado pela Coroa Portuguesa em 1664,[9] "ocupou cargos em vários fortes de Portugal sob o comando de Schomberg,[10] que estava então a serviço de D. Afonso VI" (Moraes, 2010, v. 2, p. 26). Pouco depois, Mallet daria aos prelos seu *Les Travaux de Mars, ou l'art de la guerre* (1671-1672) (*As obras de Marte, ou a arte da guerra*) – um livro encontrado no Brasil colônia, embora não especificamente em território mineiro.[11] Em 1683, o militar publicaria ainda o ambicioso *Description*

---

de Quito en los Reynos del Perú. Al excellentissimo Señor Conde Duque de Olivares. Con Licencia. En Madrid, en la Imprenta del Reyno, año de 1641. (Cf. Moraes, 2010, v. 1, p. 36).

9 No dizer de Beatriz Piccolotto Siqueira Bueno (2011, p. 190-191), com a Guerra de Restauração do trono português e o problema holandês nas colônias, e "em vista da carência de engenheiros militares patrícios", o Rei "enviou embaixadores para Paris e Haia – então os principais centros culturais divulgadores de modelos – com o intuito de contratar profissionais experientes nesses assuntos. Em 1641, Trystão de Mendoza foi nomeado embaixador português nos Países Baixos, substituindo-se, em 1642, por Francisco de Andrade Leytão e, em 1644, por D. Francisco de Sousa Coutinho, que permaneceu no cargo até 1650. Por sua vez, Francisco e Melo foi nomeado embaixador em Paris, sendo depois substituído pelo conde da Vidigueira. Desse intercâmbio resultou a contração de uma série de engenheiros militares franceses – Charles Lassart (setembro de 1641), Pierre Gilles de S. Paul (setembro de 1641), Michel Lescole (de l'École – início de 1643), Nicolas de Langres (março de 1644), Pierre de Sainte Colombes (1648) e Alain Manesson Mallet (1664)".

10 Friedrich Hermann – Graf von Schömberg (1615-1690). As *ordenanças* – ou regras de funcionamento do exército – de Schomberg seriam usuais em Portugal e no Brasil até o século XIX.

11 [Cf. Macedo, 2017, Ap. A, Vellozo, 1743; **Mourão, 1775**] As obras são: **1.** *L'architecture militaire, ou les fortifications particulières, générales et universelles par Pierre Mallet*. Paris, 1666. (Cf. Marini, 1810, p. 110.) **2.** *La geometrie pratique: divisée en quatre livres. Le premier enseigne les elémens de la géometrie pratique, & donne toutes les notions de chaque terme concernant cette science. Le second explique la trigonométrie, ou la mesure des distances par les instrumens geometriques, comme sont les piquets, les cordeaux, le demicercle, le quarré géometrique, le compas de proportion, l'astrolabe, la boussole, le baston de Jacob, la planchette, & aussi par*

de l'univers contenant les différents systêmes du monde, les cartes générales & particulières de la géographie ancienne & moderne, com um capítulo ilustrado sobre o Brasil e uma estampa da nau *Padre Eterno*, tida como o maior navio do mundo à época, construído pela Fábrica de Fragatas de Salvador.[12]

O recurso direto a profissionais franceses não se restringiria ao território europeu. De fato, a Coroa Portuguesa enviaria engenheiros franceses – ou pelo menos autorizaria sua vinda – para auxiliar em trabalhos cartográficos, urbanísticos e arquitetônicos na América Portuguesa, dos quais Aurélio de Lyra Tavares lista pelo menos uma dúzia de nomes.[13] No que aqui nos concerne, cumpre ressaltar que,

---

les sinus & les logarithmes. Le troisiéme montre la planimétrie, ou la mesure des superficies (ce que le vulgaire appelle l'arpentage,) avec les methodes de transfigurer, d'augmenter, & de diviser toutes sortes de terres, bois, &c. Le quatriéme regarde la steréométrie, ou le toisé de toutes sortes de corps de telle capacité & figure qu'ils puissent estre. Ouvrage enrichi de cinq cens planches gravées en taille-douce: dedié au Roy. Par Allain Manesson Mallet, Maistre de Mathematique des Pages de la Petite Ecurie de Sa Majesté, ci-devant Ingénieur & Sergent Major d'Artillerie en Portugal. Paris: Chez Anison Directeur de l'Imprimerie Royale, ruë de la Harpe, M.DCCII. [1702] Avec privilege du Roy.

12 *Description de l'Univers contenant les differents systèmes du monde, les Cartes generales & particulières de la Geographie Ancienne & Moderne: les Plans & les Profils des principales Villes & des autres lieux plus considerables de la Terre; avec les Portraits des Souverains qui y commandent, leurs Blasons, Titres & Livrées: Et les Mœurs, Religions, Gouvernements & divers habillements de chaque Nation. Dediée au Roy Par Allain Manesson Mallet, Maistre de Mathématiques des Pages de la pedite Escurie de sa Majesté, cy-devant Ingenieur & Sergent Major d'Artillerie en Portugal.* Tome [-premier]. A Paris, Chez Denys Thierry, ruë S. Jacques à l'Eiseigne de la Ville de Paris, devant la ruë du Plâtre. M. DC. LXXXIII. [1683]. Avec privilege du Roy. 5v. Sobre o Brasil: v. 5, p. 359. Estampa do Padre Eterno: *Figure XCII, Vaisseau*, v. 1, p. 257. (Cf. Moraes, 2010, v. 2, p. 25.)

13 31. Augusto João Manoel Leverger; 36. Briche; 70. Felipe Guitau; 102. Guilherme Bassines; 108. Hugo Fournier de la Clair; 111. Jacques Antonio Marcos; 130. João Mallé; 133. João Massey; 159. José Berlinque Bersane; 213. Michel de l'Escole; 225. Pedro Gracin; 226. Pedro Pellefigue; 234. Theotónio Constantino Chermont e Gabriel Chermont (Tavares, 1965). A lista, embora valiosa, careceria hoje de alguma revisão. Por exemplo: pesquisa recente de Francisco José Correa-Martins aponta que não apenas João Mallé e João Massey

na aurora da imprensa brasileira, na segunda década do século XIX, os franceses seriam os autores dos primeiros tratados de fortificação impressos no Brasil. O primeiro é o *Manual do engenheiro, ou elementos de geometria pratica; de fortificação de campanha* (1812), do republicano Jean Briche.[14] O segundo é o *Tratado elementar da arte militar e da fortificação* (1813),[15] de Gay de Vernon, "Oficial Engenheiro e

---

eram a mesma pessoa como também que se tratava do huguenote francês Jean Destremau. Natural de Le Houga, Armagnac, o engenheiro teria se exilado na Inglaterra, rumando depois para Portugal e para sua colônia n'além-mar. (Cf. Correa-Martins, 2019.) Além disso, é pouco provável que Jean Briche, republicano, tenha de fato estado no Brasil – ao menos a autoria do livro traduzido por Manuel Ferreira de Araújo Guimarães (ver nota a seguir) não é prova suficiente de tal presença.

14 *Manual do engenheiro, ou elementos de geometria pratica; de fortificação de campanha Acompanhados de algumas noções sobre outros objectos militares. Por Mr. Briche. Segunda edição. Bahia. Na Typog. de Manoel Antonio da Silva Serva. Anno de 1812. Com as licenças necessárias.* Segundo Renato Berbert de Castro (1969, n. 42), o tradutor é Manuel Ferreira de Araújo Guimarães, que, na "edição de 1815, eliminou as indicações do trabalho de Briche que denunciavam estar ele estreitamente ligado à Revolução Francesa". Isso porque, segundo indicação do mesmo autor, trata-se de uma versão de: *L'Ingénieur républicain, ou Élémens de Géométrie-Pratique, de la Fortification de campagne, suivis d'autres détails militaires. A l'usage des républicains armés. Ouvrage présenté à la Convention Nationale, qui en a décrété la mention honorable insérée au Bulletin de la Séance du 18 Prairial; Par Jean Briche. A Paris, Chez Théophile Barrois, le jeune, Libraire, quai des Augustins, n.º. 18. L'an IV [1795] de la République Française, une et indivisible.* Rubens Borba de Moraes (2006, p. 148) considera a tradução "um dos mais bonitos livros feitos pela tipografia da Bahia".

15 *Tratado elementar da arte militar e da fortificação, composto para uso dos discipulos da Escola Polytechnica, e das escolas militares de França por Mr. Guy [sic] de Vernon Official Engenheiro, e Professor de Fortificação na Escola Polytechnica. Tomo I. Traduzido por ordem superior para uso na Real Academia Militar do Rio de Janeiro com algumas alterações e notas criticas, por João de Sousa Pacheco Leitão Official no Corpo de Engenheiros. Rio de Janeiro. Na Impressão Regia. 1813. Por Ordem de S. A. R.* Tradução de: *Traité élémentaire d'art militaire et de fortification, a l'usage des élèves de l'École Polytechnique, et des élèves des écoles militaires; par M. Gay de Vernon, officier du génie, professeur de fortification a l'École Polytechnique. Tome Premier [Seconde]. Paris, Allais, Libraire, Quai des Augustins, nº. 44. XIII. (1805.). [Imprimerie de H. L. Perroneau]*

Professor de Fortificação" na escola politécnica de Paris, traduzido por João de Sousa Pacheco Leitão para servir de manual na recém-instituída Academia Real Militar do Rio de Janeiro.[16]

A arte portuguesa de fortificar produziria seus próprios tratados, culminando no *Methodo lusitanico de desenhar as fortificações*[17] (1680), de Luís Serrão Pimentel (1613-1679), e *O engenheiro portuguez*[18] (1728-1729), de Manuel de Azevedo Fortes (1660-1749). Sempre fora frequente, porém, o recurso direto a autores franceses – quer pelo recurso aos tratados originais, quer por meio da produção de traduções mais acessíveis. Cônsul português em Paris durante a União Ibérica, Manuel Fernandes de Vila Real (1608-1652) traduziria (Macedo, 2017, p. 75-78) para o castelhano, com generosas ampliações, o *Traité des fortifications, ov architecture militaire*[19] (1648), do jesuíta Georges Fournier (1595-1652), imprimindo-o em Paris no ano seguinte, com o nome de *Architectvra militar ó fortificacion moderna* (1649).[20]

---

16 Criada por Carta de Lei em 4 de dezembro de 1810 e instalada com dificuldades nos anos seguintes.

17 *Methodo lvsitanico de desenhar as fortificac, oens das Praças Regulares, & Irregulares, fortes de campanha, e ovtras obras pertencentes a architectura militar distribuido em duas partes operativa, e qvalificativa. Ao mvito alto, e poderoso Principe Dom Pedro Nosso Senhor por Lvis Serraõ Pimentel Engenheiro Mor, e Cosmografo Mor do Reyno, e Senhorios de Portugal, Tenente General da Artilheria em qualquer das Provincias do Reyno*. Em Lisboa. Com as licenças necessarias. Na Impressaõ de Antonio Craesbeeck de Mello Impressor de S. Alteza. Anno 1680.

18 *O engenheiro portuguez: dividido em dous Tratados [...] Composta Por Manoel de Azevedo Fortes, Academico da Academia Real da Historia Portugueza, Cavaleiro professo na Ordem de Christo, Brigadeiro de Infanteria dos Exercitos de Sua Magestade, e Engenheiro mór destes Reynos, &c.*. Lisboa Occidental: Na Officina de Manoel Fernandes da Costa, Impressor do Santo Officio, 1728-1729. 2v.

19 [Fournier, Georges]. *Traite' des fortifications, ov architectvre militaire, tire'e des places les plus estimées de ce temps, pour leurs Fortifications. Divise' en devx parties. La premiere vous met en main les Plans, Coupes, & Eleuations de quantité de Places-Fort estimées, & tenuës pour tres-bien fortifiées. La seconde vous fournir des pratiques faciles pour en faire de se semblables. Seconde Edition.* Amsterdam: Jean Jansson a Waesberge; La vesve du feu Elizeè, 1668. 1.ed. Paris: 1648.

20 [Fournier, Georges; Vila Real, Manuel Fernandes de (trad.)]. *Architectvra militar ó fortificacion moderna. Al Ilustrissimo Señor Don Francisco de Gâma Sexto Conde*

Igualmente notáveis foram as traduções feitas pelo jovem Manuel da Maia (1677-1768), uma delas *Governador de praças* (1708),[21] tradução de Antoine de Ville (1596-[1657]) – importante autor da Escola Francesa de Fortificação.[22] As duas obras impressas do "Cavalleiro Deville" – Antoine de Ville (1596-[1656]) – eram bem aceitas entre os tratadistas contemporâneos de Serrão Pimentel – incluindo o próprio. O engenheiro publicou *Les Fortifications* (1628) e *De la charge des govvernevrs des places* (1639).[23] Se o primeiro tratado era mais conhecido,

---

de La Vidiguera. Paris: En la Imprenta de Ivan Henavlt en la Sala del Palacio, al A de la Guardia, 1649.

21 *O governador de Praças Por Antonio de Ville tolozano. Traduzido Na lingoa Portugueza por Ordem de Sua Magestade. Obra muyto util & necessaria naõ só para os Governadores das Praças, mas tambem para todos os Officiaes de Guerra, que quizerem aprender a doutrina Militar, & as suas obrigações principalmente nos Presidios*. Lisboa, Na Officina de Antonio Pedrozo Galram. Com todas as licenças necessarias. M.DCCVIII. [1708].

22 A outra seria *Fortificaçam moderna* (1713), do alemão Johann Friedrich Pfeffinger (1667-1730) (Macedo, 2017, Ap. A, **Vellozo, 1743**).

23 *Les fortifications dv chevalier Antoine de Ville, contenans la maniere de fortifier tovte sorte de places tant régulièrement, qu'irrégulièrement en quelle assiete qu'elles soient; comme aussi les Ponts, passages, entrées de riuieres, Ports de mer: La construction de toutes sortes de Forts & Citadelles; le moyen facile de tracer sur le terrain. Le tout à la moderne, comme il se practique dans las meilleures Places de l'Europe, demonstré & calculé par les Sinus & Logarithmes. Avec l'ataqve et les moyens de prendre les places par intelligence, sedition, surprise, stratageme, escalade: Les effects de diuerses sortes de l'etards, par faire sauter les portes, murailles & batimens: Plusieurs Instrumens pour rompre les chaines & paux: L'ordre des long Siege; la construction des Forts, & Redoutes, les Retranchemens des Quartiers. Des Tranchées, Bateries, Mines, & Plusieurs inventions nouuelles non iamais escrites. Puis la Defense, & l'introduction generale pour s'empecher des surprises: les remedes contre la trahison, sedition, reuoulte: Pour se garantir des escalades: Diuerses inuentions nouelles contre le Petard: La defense contre les longs Sieges, & contre les Sieges par force: L'ordre contre les aproches: Des Sorties, Contre-mines, Retranchemens, Capitulation & Reddition des Places. le tout representè en cinquante-cinq Planches, auec leurs Plantes, prospectiues, & Païsages, Le Discours est preuué par Demonstrations, experiences, raisons communes, & Physiques, auec les rapports des Histoires anciennes, & modernes*. A Lyon, Chez Irenne Bartlet, ruë de Confort, à l'Image S. Irenee. [1628]. *De la charge des govvernevrs des places. Par Messire Anthoine de Ville Cheualier: ov sont contenvs tovs les ordres qu'on doit tenir pour*

o segundo apresentava um escopo mais amplo em linguagem mais acessível, e talvez por isso tenha sido escolhido pelas autoridades portuguesas para a tradução,[24] inciativa certamente associada à recente criação das *aulas militares* em várias províncias do reino e das colônias.

Os manuais de um dos principais representantes setecentistas da Escola Francesa, Bernard Forest de Bélidor (1698-1761), seriam amplamente adotados pelas aulas militares no Brasil. Isso pode ser atestado não apenas por sua ampla presença nas bibliotecas coloniais – ou em listas de aquisições, como o Plano que Luiz da Cunha elaborou para "seguir, e observar no estabelecimento, estudos e exercícios das Aulas dos Regimentos de Artilharia" em 1763, ou a carta sobre a Aula da Bahia a Martinho de Mello e Castro, de 20 de maio de 1779[25] – como também pela tradução por Manoel de Sousa de seu *Nouveau cours de Mathématiques* (1725) como *Novo curso de mathematica para uso dos officiaes engenheiros, e artilheria* em quatro volumes (1764-1765),[26] ou

preparer les choses necessaires dans vne place, tant pour la conseruer, comme pour la deffendre, & pour s'empescher de toute sorte de surprises; vn discovrs facile povr reconnoistre tovs les deffauts des places, & pour y sçauoir remedier; vn abrege' de la fortification, ov il est traitté en qoy consiste la perfection, & tout ce qu'vn Caualier & vn homme de Commandement en doit sçauoir, pour en discourir, & pour s'en seruir: dDe plvs y estat adiovste' vn traitte' des Parties de guerre. A Paris, Chez Matthieu Guillemot, ruë Sainct Iacques, au coin de la ruë de la Parchemineirie. M. DC. XXXIX. [1639] Avec privilege dv Roy.

24 Cf. Machado (1965-1969, v. 3, p. 303).

25 Alvará *Plano que Sua Magestade manda seguir, e observar no estabelecimento, estudos e exercícios das Aulas dos Regimentos de Artilharia.* Lisboa: Impressão de Miguel Rodrigues, 15 jul. 1763. e a [Carta sobre a Aula da Baía], 20 maio 1779, Arquivo Histórico Ultramarino. [Cf. Macedo, 2017, Ap. A, **Cunha, 1746**] Além das obras a seguir, seriam comuns no Brasil as obras de Bélidor: *Le Bombardier françois* (Paris: Imprimerie Royale, 1731); *Architecture hydraulique* (Paris: Charles-Antoine Jombert; L. Cellot; Barrois l'Aîné; Firmin Didot, 1737-1740, 4 v.); e a obra magna *La Science des ingenieurs dans la conduite des travaux de fortification et d'architecture civile* (Paris: Claude Jombert, 1729). Para sua circulação no Brasil, cf. Macedo (2017), Ap. B, **Bélidor**.

26 *Nouveau cours de Mathematique, a l'usage de l'artillerie et du genie. Ou l'on applique Les Parties les plus utiles de cette Science à la Théorie & la Pratique des différens sujets qui peuvent avoir rapport à la Guerre. Dedié a son altesse serenissime monseigneur*

de um trecho da *Architecture hydraulique* (1737-1740) num compêndio que o mineiro Manoel Jacinto Nogueira da Gama (1765-1847) imprimiria em Lisboa, em 1800,[27] no contexto da Casa Literária do Arco do Cego – que será visto adiante.

Em Minas

Os manuais franceses de matemática e geometria eram comuns na América Portuguesa e também em território mineiro. O autor mais usual seria Étienne **Bézout** e seu *Cours de mathématiques* (1768-1772), bem como sua tradução, o *Curso de mathematicas para uso dos*

---

le Duc du Maine. Par M. Belidor, Professeur Royal des Mathématiques des Ecoles de l'Artillerie, Correspondant des Académies Royaales des Sciences de France & d'Angleterre. A paris, Chez Nyon, Fils, Quay des Augustins, près le Pont Saint Michel, à l'Occasion. M. DCC. XXV. [1725] Avec Approbation de Messieurs de l'Académie Royale des Sciences. Traduzido como: *Novo curso de mathematica para uso dos officiaes Engenheiros, e Artilheria por Monsieur Bllidor, Coronel de Infanteria, Socio das Reaes Academias de França, Inglaterra, e Prussia. Que traduzido no idioma Portuguez dedica, e offerece ao Ill.mo senhor Conde de Oeiras, Ministro, e Secretario de Estado, &c. &c. &c. Manoel de Sousa, Capitão de Infanteria, com exercicio de Engenheiro, e Socio da Arcadia de Lisboa. Tomo I [II, II, IV]. Lisboa, Na Officina de Miguel Manescal da Costa, Impressor do Santo Officio. Anno 1764.*

27 *Ensaio sobre a theoria das torrentes e rios que contem os meios mais simples de obstar aos seus estragos, de estreitar o seu leito e facilitar a sua Navegaçaõ, Sirga, e Fluctuação; acompanhado de huma discussaõ a respeito da Navegaçaõ interior da França; e terminado pelo projecto de tornar Paris em Porto Maritimo, fazendo subir á véla pelo Seine as embarcações, que páraõ em Rouen. Por Fabre, Engenheiro em Chéfe das Pontes e Calçadas da Provincia do Var: seguido da indagaçaõ da mais vantajosa construcçaõ dos diques por Mrs. Bossut e Viallet: e de* ***hum extracto da Architectura Hydraulica de M. Belidor****, relativo ao ensecamento dos paues, metodo de os reduzir á cultura, e aos canaes de rega destinados a fertilisar hum paiz arido: terminado pelo tratado pratico da medida das aguas correntes, e uso da taboa parabolica do P. D. Francisco Maria de Regi; de ordem de Sua Alteza Real o Principe Regente Nosso Senhor, traduzidos por Manoel Jacinto Nogueira da Gama, Cavalleiro Professo na Ordem de S. Bento de Aviz, Bacharel Formado em as Faculdades de Mathematica, e Philosophia pela Universidade de Coimbra, Capitaõ de Fragata da Armada Real e Professor de mathematica na Academia Real da Marinha. Lisboa, Anno M. DCCC. [1800. Na Offic. Patr. de Joaõ Procopio Correa da Silva.* Com trechos da *Architecture hydraulique*, de Bélidor.

guardas-bandeiras, e guardas-marinha (1778). De sua lavra estariam presentes em Minas ainda as traduções *Elementos de arithmetica* (1772) e *Elementos de trigonometria plana* (1774). Possivelmente, uma anotação dos *Elementos de geometria* constante em inventários se refira à obra de Alexis-Claude **Clairaut**, com tradução publicada em 1772 por ninguém menos que Joaquim Carneiro da Silva.[28]

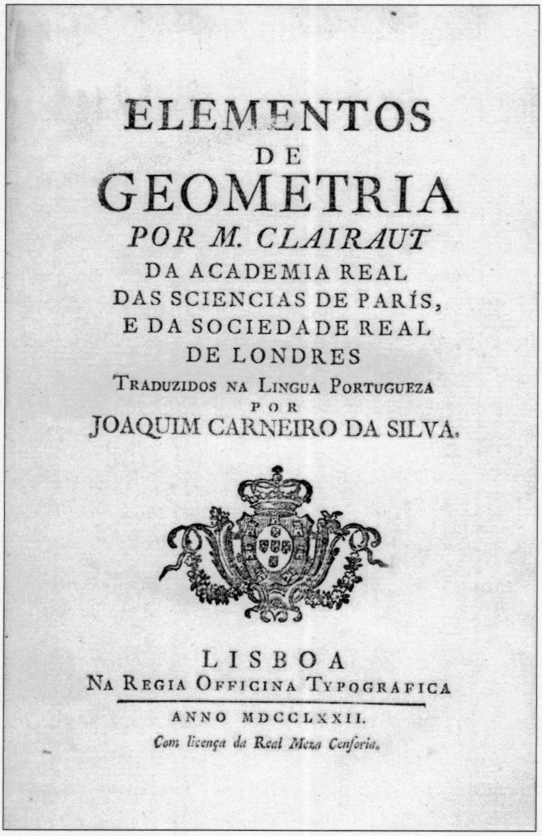

ELEMENTOS
DE
GEOMETRIA
POR M. CLAIRAUT
DA ACADEMIA REAL
DAS SCIENCIAS DE PARÍS,
E DA SOCIEDADE REAL
DE LONDRES
TRADUZIDOS NA LINGUA PORTUGUEZA
POR
JOAQUIM CARNEIRO DA SILVA.

LISBOA
NA REGIA OFFICINA TYPOGRAFICA
ANNO MDCCLXXII.
Com licença da Real Meza Censoria.

FIGURA 1 - Frontispício da tradução de Joaquim Carneiro da Silva dos *Elementos de geometria* de Clairaut, de 1772

Fonte: Acervo do autor.

[28] Joaquim Carneiro da Silva (1727-1818) morou no Brasil por alguns anos, tendo estudado desenho no Rio de Janeiro com o abridor de cunhos João Gomes Batista (depois professor do Aleijadinho em Vila Rica) (cf. @machado_colleccao_1922, 226-227). Retornando a Portugal, após uma temporada em Roma, tornou-se um importante gravador e lente desse ofício, inclusive na Aula de gravura do Arco do Cego (cf. Faria, 1999) promovida pelo franciscano mineiro José Mariano da Conceição Veloso, como veremos adiante.

O interesse dos leitores mineiros pela matemática e pela geometria não se restringia a livros didáticos. Ele se estendia ao cálculo, à física e à astronomia – campos vinculados ao *Ratio Studiorum*, o plano de ensino dos jesuítas hegemônico no mundo português e certamente ali influente,[29] embora a Companhia de Jesus fosse proibida de instituir seus colégios em Minas Gerais e, a partir de 1759, houvesse sido completamente proscrita do Reino e de suas colônias. Além disso, cada vez mais a atividade de mineração requeria cálculo, planejamento, projeto. Talvez por isso se encontrem nos acervos mineiros algumas obras francesas que vão desde as *Leçons de logique* (1770), de **Félice**, passando pela *Geometria* (1649), de **Descartes**, até a *Astronomie* (1764), de **Lalande**. Verifica-se também a presença de livros de cunho prático, como a *Table de logarithmes pour les sinus et tangentes* (1760), de **La Caille e Marie**, ou o *Rapport sur les moyens préparés pour établir l'uniformité des poids et mesures dans la République* (1795), de **Prieur-Duvernois**, que instituiria o sistema métrico decimal na França revolucionária.

Mesmo na França seiscentista foi certo *esprit de système* acadêmico e integrado à ordem vigente aquele que faria germinar naquele país o *esprit systématique* correspondente ao enciclopedismo, ao iluminismo, à emancipação do indivíduo por meio da razão e da ciência, à revolução burguesa, enfim. Um simples exame das qualificações atribuídas a autores como Bélidor ou Lalande no frontispício de seus livros técnicos dá conta do prestígio emanado do pertencimento a uma *academia*. Se, evidentemente, as academias remetem à antiguidade clássica recuperada sobretudo pelos intelectuais florentinos do século XVI, sua hegemonia se deu por meio das instituições francesas, decorrentes da Académie Française, estabelecida oficialmente por Richelieu em 1635, no final do reinado de Luís XIII – a Académie Royale d'Architecture seria fundada somente em 1671 (Egbert, 1980, p. 17-18).

Tal academismo também fora adotado pela intelectualidade tanto na metrópole lusa quanto na América Portuguesa. Grassaram e se desenvolveram também em Portugal e no Brasil as academias, ora fictícias – em títulos de livros escritos por indivíduos –, ora literárias,

---

[29] Cf. Macedo (2017, p. 26-41).

ora científicas. Os impressos de tais academias também se encontravam nos acervos mineiros. Das academias imaginárias – de um só autor –, constam em acervos mineiros a *Academia Universal*[30] (1732), de Manuel da Consciência (1669-1739), a *Academia dos Humildes, e Ignorantes*[31] (1758-1770), de um certo Frei Joaquim de Santa Rita,[32] e uma de certo modo similar *Escola do Mundo* (1722-1724) – obra do francês Eustache **Le Noble** traduzida por Antonio Blem. Dos círculos literários amadores, encontramos em Minas os impressos da *Academia dos Singulares de Lisboa*[33] (1665-1695) e da *Academia dos Anonymous*

---

30 *Academia universal de varia erudiçaõ Sagrada, e profana, em que se illustraõ alguns lugares da Sagrada Escritura, propõem algumas Questões eruditas, e se referem diversas Historias, e noticias, naõ menos deleytaveis, que uteis, que aos Santissimos Senhores, Jesus, Maria, e Jose' consagra o P. Manoel Conciencia da Congregaçaõ do Oratorio de Lisboa, Qualificador do Santo Officio, e Examinador Synodal do Patriarcado.* Lisboa Occidental: Na nova Officina de Mauricio Vicente de Almeyda. M. DCC. XXXII. [1732] Com todas as licenças necessarias. Em Minas: **Cruz, José Rodrigues da (inventariado)**. *[José Rodrigues da Cruz: inventário]*. [São João del Rey]: [1780]. [Padre]. Manuscrito. *Loc.*: Museu Regional de São João del-Rei: Arquivo Histórico, maço B-3. *Ref.*: Araújo, *Perfil do leitor colonial*, 268-269.

31 Inocêncio explica que "esta obra começara a publicar-se periodicamente em folhetos de 8 pag., de que o primeiro sahiu em Setembro de 1788. Continuou nos annos seguintes, e cada 52 numeros ou conferencias formam um volume. Assim, a obra completa vem a compor-se de oito volumes e um *Indice das cousas mais notaveis de que tractam os seis tomos da Academia, etc.* Lisboa, na mesma Off. [Ignacio Nogueira Xisto] 1764" (Silva, 1858-1923, v. 1, p. 3-4). Em Minas: **Barreto, Paulo José Velho (inventariado)**. *[Paulo José Velho Barreto: inventário]*. [Diamantina]: [1797]. [Coronel]. Manuscrito. *Loc.*: Biblioteca Antônio Torres: 1. Ofício de Órfãos. *Ref.*: Araújo, *Perfil do leitor colonial*, 267.

32 Cf. Luís (2009).

33 *Academia dos Singulares de Lisboa. Dedicadas a Apollo.* Anno 1665. Lisboa. Com todas as licenças neceßarias. Na Officina de Henrique Valente de Oliueira, 1665; Na impressaõ de Antonio Craesbeeck de Mello, 1668. Lisboa: Na Officina de Manoel Lopes Ferreyra, 1692-1698. 2 tomos. [4 tomos no total]. Em Minas: **Cruz, Francisco da (inventariado)**. *[Francisco da Cruz: inventário]*. [Sabará]: [1745]. Manuscrito. *Loc.*: Museu do Ouro: 2. Ofício de Órfãos, pacote 17. *Ref.*: Araújo, *Perfil do leitor colonial*, 266.

de Lisboa[34] (1718). Evidentemente, estavam ali também os impressos dos dois principais esteios da cultura acadêmica portuguesa: as *Coleções* da *Academia Real da História Portuguesa*[35] (1721-1736) e as *Memórias* da *Academia Real das Sciencias de Lisboa.*[36]

Em Portugal somente se estabeleceria a Academia de Belas Artes – nos moldes franceses – por decretos de D. Maria II em 25 de outubro de 1836 (Ribeiro; Dias; Academia das Ciências de Lisboa, 1871-1893, v. 6, p. 85). No Brasil, como se sabe, nossa academia foi obra de um grupo de artistas franceses organizados por Joachim Lebreton (1760-1819) a partir de 1816, que seria instituída por decreto como Academia de Desenho, Pintura, Esculptura e Architectura Civil apenas em 23 de novembro de 1820.[37] O arquiteto

---

34 *Progressos academicos dos Anonymos de Lisboa primeyra parte. Offerecidos ao Senhor Antonio Galvaõ & Castello-Branco Fidalgo da Casa de Sua Magestade, Commendador da Comenda da Villa de Meãa, & Franca, na Ordem de Christo, & Secretario das Justiças.* Lisboa Occidental, Na Officina de Joseph Lopes Ferreyra, Impressor da Serenissmia Rainha nossa Senhora. M.DCC.XVIII. [1718] Com todas as licenças necessarias, & à sua custa. Em Minas: **Barros, Manoel Francisco da Costa (inventariado)**. *[Manoel Francisco da Costa Barros: inventário]*. [Ouro Preto]: [1762]. Manuscrito. *Loc.*: Arquivo da Casa do Pilar: 1. Ofício, Códice 120, Auto 1521, 1762. *Ref.*: Alvarenga, *Homens e livros em Vila Rica: 1750-1800*, 271.

35 *Collecçam dos documentos, estatutos, e memorias da Academia Real da Historia Portugueza*. Lisboa Occidental: Officina de Pascoal da Sylva, Impressor de S. magestade, e da Academia Real, 1721-1736. Em Minas: **Machado, Manoel Pereira (inventariado)**. *[Manoel Pereira Machado: inventário]*. [Mariana]: [1764]. Manuscrito. *Loc.*: Casa Setecentista de Mariana: 2.Of. Códice 98, auto 2085. *Ref.*: Araújo, *Perfil do leitor colonial*, 276-277. É possível que esse exemplar – referenciado precariamente como "Cademia Portugueza" – fosse, na verdade, a "Historia da Academia Real da Historia Portugueza". Lisboa Occidental: Ophicina de Joseph Antonio da Sylva, 1727, de Manoel Telles da Sylva.

36 *Memorias Economicas da Academia Real das Sciencias de Lisboa para o adiantamento da Agricultura, das Artes, e da Industria em Portugal, e suas conquistas.* Lisboa: Officina da Academia Real das Sciencias, 1789-1815. 5v. Em Minas: **Ribeiro, 1798**.

37 **Portugal**. *[Crêa nesta cidade uma Academia de Desenho, Pintura, Esculptura e Architectura Civil, e dá-lhe Estatutos]*. [Rio de Janeiro]: 23 nov. 1820. "Os

da chamada Missão Francesa, Auguste-Henri-Victor Grandjean de Montigny (1775-1850), chegara a dar aos prelos na França pelo menos duas obras: *Architecture toscane* (1806-1815) e *Recueil des plus beaux tombeaux exécutés en Italie dans les XVe et XVIe siècles* (1813).[38] Tais impressos circulariam no Brasil Imperial, seguramente, mas sua presença entre nós ainda nos anos finais da colônia talvez ainda esteja por ser aferida.

Histórias, território, viagens

Como já mencionado anteriormente, o que hoje se designa por cartografia, astronomia, engenharia e arquitetura eram ofícios intimamente relacionados no período colonial, tanto pela formação

---

estatutos a que se refere este decreto não chegaram a ser expedidos." [Ementa da *Collecção das leis do Brazil*]. **Portugal; Portugal, Thomaz Antonio de Villa Nova**. *[Manda principiar, com o nome de Academia das Artes, as aulas de pintura, desenho, esculptura e gravura, estabelecidas nesta Côrte]*. [Rio de Janeiro]: 23 nov. 1820. "Manuscripto authentico. – Extrahido do Liv.6. de Reg. de Decretos dos annos de 1820 a Outubro de 1821, a fl.82." [*Legislação brazileira*]. Contém uma "Relação das pessoas empregadas na Academia e Escola Real, estabelecida na Côrte do Rio de Janeiro pelo decreto acima transcripto." [Ementa da *Collecção das leis do Brazil*]. *Ref.*: (Araujo, *Legislação Brazileira*, 3/132; Brasil e Portugal [Leis], *Collecção das leis do Imperio do Brazil*, 1820/1/100).

[38] *Architecture toscane, ou palais, maisons, et autres édifices de la toscane, mesurés et dessinés par A. Grandjean de Montigny et A Famin, architectes, anciens pensionnaires de l'Academie de France, a Rome*. Paris: Chez l'Auteur; Imprimerie de P. Didot; Gueffier, 1806-1815. *Recueil des plus beaux tombeaux exécutés en Italie dans les XVe et XVIe siècles d'après les dessins des plus célèbres architectes et sculpteurs mesurés et dessinés Par A. Grandjean de Montigny architecte, ancien pensionnaire de l'Académie de France a Rome*. A Paris, de l'Imprimerie de P. Didot l'Ainé. M DCCCXIII [1813]. Há ainda uma pequena coleção de 10 gravuras precedidas de um pequeno texto, publicada em 1810 e mencionada por Morales de los Rios, intitulada: *Plan, coupe, élévations et détails de la restauration du Palais des États et de sa nouvelle salle à Cassel, publié et gravé au trait par Grandjean de Montigny* Cassel: Impr. royale, 1810. Morales de los Rios (1941, p. 259) ressalta que a coleção "existiu, porém, como as obras antecedentes, na Biblioteca da Escola de Belas Artes".

técnica indistinta nas academias militares e nos colégios jesuíticos – normalmente agrupando esses conhecimentos nas "mathematicas" – quanto pela necessidade prática de mapear um território que ainda não se conhecia, traçar estradas, estabelecer limites para a exploração colonial e urbanizá-lo – muito embora o "caráter barroco" de algumas cidades mineiras esteja longe de planos urbanísticos traçados no papel, como ocorre com Ouro Preto (Baeta, 2010, p. 351). Os cartógrafos franceses estavam presentes no Brasil desde o século XVI. Basta lembrar que o cosmógrafo do rei André Thevet (1516-1590) foi o principal relator da empreitada malsucedida de Villegagnon no Rio de Janeiro, com *Les Singvlaritez de la France Antarctique* (1557) e sua *Cosmographie Vniverselle* (1575) (Moraes, 2010, v. 2, p. 400-405).

Assim como a produção de códices, a impressão de coleções de mapas era fundamental para difundir os caminhos da exploração econômica e para firmar os acordos das fronteiras entre os territórios americanos reivindicados por cada coroa europeia. Nesse sentido, a produção de ao menos dois geógrafos franceses atuantes no século XVIII é fundamental para firmar as bases do Tratado de Madri (1750), que estabeleceria consenso entre Portugal e Espanha acerca dos limites de cada colônia: o reposicionamento da Linha de Tordesilhas a partir de novos cálculos astronômicos de Guillaume Delisle (1675-1726), em 1720, e a elaboração da *Carte de l'Amérique Meridionale* (1748), de Jean-Baptiste Bourguignon d'Anville (1697-1782) – para a historiadora Júnia Ferreira Furtado (2013), "o mapa que inventou o Brasil". É também nesse mapa, elaborado ao longo de mais de duas décadas de colaboração com técnicos luso-brasileiros, que constam com clareza e precisão as povoações do que hoje é o território de Minas Gerais. Se d'Anville era um "cartógrafo de gabinete", que grafava mapas em Paris, ele dependia de diversos profissionais capazes de medir, descrever, referenciar e ilustrar o que viam na América Portuguesa – de onde se vê aí a importância do conhecimento geográfico em nossas terras.

De fato, em Minas encontravam-se não apenas manuais escolares franceses de geografia, como uma tradução espanhola do *Methode abregée et facile pour apprendre la geographies* (1705), de

Le François, ou *Géographie moderne abrégée* (1748), de **Lacroix**, como também o *Dictionnaire geographique et historique* (1705), de **Baudrand**, e uma tradução francesa de *The Classical Geographical Dictionary*, de **Echard**.

Evidentemente, o conhecimento de um território e a construção de uma nova relação com tal ambiente não passa somente por desenhar sua planimetria. É preciso compreender sua história, sua gente, seus recursos naturais. De modo curioso, as obras em francês sobre história e antropologia presentes em Minas não eram de autores franceses, mas uma tradução de Marc-Antoine Eidous da *History of America* (1777), do escocês William **Robertson**, e as *Recherches philosophiques sur les Américains* (1770), do holandês Cornelius de **Pauw** – o que não deixa de ser uma demonstração do quase indisputável prestígio literário e científico da cultura francesa nos séculos XVIII e XIX.

Eram razoavelmente difundidos, porém, os livros franceses sobre ciências naturais, como a monumental *Histoire naturelle* (1749-1804), de **Buffon**, em 44 volumes, o *Dictionnaire raisonné universel d'histoire naturelle* (1764), de **Valmont de Bomare**, os *Etudes de la nature* (1784), de **Saint-Pierre**, o *Traité général des eaux et forêts, chasses et pêches* (1821-1850), de **Baudrillart** – já no século XIX. É consequente, portanto, a presença dos livros sobre agricultura, como uma tradução de *Élémens d'agriculture* (1775), de **Bertrand**, feita por Francisco Xavier do Rego Aranha, ou o *Manuel d'Agriculture* (1764), de **La Salle de l'Etang**.

O interesse científico esteve no cerne da relação de alguns intelectuais europeus com o território mineiro, no qual alguns estiveram no início do século XIX.[39] Entre tais viajantes estiveram também os franceses, como Auguste de Saint-Hilaire (1779-1853) ou Ferdinand Denis (1798-1790). Os numerosos artigos e livros de ambos – tanto narrativas viagens como textos científicos, históricos e geográficos sistemáticos – trazem extensas e detalhadas descrições do território mineiro e de sua arquitetura. Por terem sido publicados já no final

[39] Cf. Verri (1994).

do período colonial, porém, é difícil verificar sua circulação no Brasil e o efeito ativo que tais apreciações – muitas vezes críticas – teriam tido entre nós. Talvez o mais próximo de nosso campo seja Denis, por sua proximidade com Hippolyte Taunay (1793-1864), filho de Nicolas-Antoine Taunay (1755-1730) – um dos pintores da Missão Francesa – ambos são autores de *Le Brésil: ou Histoire, mœurs, usages et coutumes des habitans de ce royaume* (1822).

Denis, mais tarde bibliotecário na Bibliothèque Sainte-Geneviève, era um bibliógrafo e pesquisador ávido que, por meio da pesquisa aprofundada, multiplicaria sua curta estadia no Brasil, entre 1816 e 1821, em diversos livros sobre o país. Seu espírito sistemático nos daria retratos tanto precisos quanto vívidos de nosso território e de nossas cidades – inclusive as mineiras. Em *Brésil* (1837),[40] seu capítulo sobre "Minas-Geraes", por exemplo (p. 329), traria um resumo histórico sobre a mineração desde o século XVI e as seguintes seções: "Situação atual do país, caráter dos mineiros; Descrição geográfica da província; População, produção, agricultura; Preço das terras; Obstáculos opostos aos progressos da agricultura; Legislação das minas; Companhia inglesa de minas; Procedimentos empregados para colegar o ouro; Congo Soco; Avalanche imensa. Tradição dos mineiros. Lucros da companhia inglesa. O metal selvagem" – a que se seguem diversos capítulos sobre o "Distrito dos Diamantes", sobre a "Cidade Imperial de Villa Rica d'Ouro Preto, sobre o Sertão de Minas – Campos-Geraes".[41]

---

40 *Brésil*, par M. Ferdinand Denis. Colombie et Guyanes, par M. C. Famin. Paris, Firmin Didot Frères, Édideurs, Imprimeurs-Libraires de l'Institut de France, Rue Jacob, n.º 58. M DCCCVII [1837]. [L'Univers. Histoire et description de tous les peuples].

41 "*Situation actuelle du pays, caractère des mineiros; Description géographique de la province; Population, production, agriculture; Prix des terres; Obstacles qui s'opposent aux progrès de l'agriculture; Législation des Mines; Compagnie Anglaise des Mines; Procédés employés pour recueillir l'or; [...] Congo Soco; Éboulement immense. Tradition des mineurs. Profits de la compagnie anglaise. Le métal sauvage; Prévision d'amélioration industrielle. [...] District des Diamants; Cidade Imperial de Villa Rica d'Ouro Preto; Sertao de Minas. Campos-Geraes*".

Essa parte do livro traz ainda 11 estampas dedicadas à província. Duas têm especial interesse, por retratarem paisagens urbanas. Uma com um aspecto geral de Vila Rica, baseada num desenho de Johann Moritz Rugendas (1802-1858), e outra, mais detalhada, com uma vista de São João del-Rei. Em que pese sua feição esquemática – provavelmente elaboradas a partir de esboços demasiados simples, trata-se de alguns dos poucos registros pictóricos de edificações de territórios mineiros.

Enciclopédias e dicionários

Sob aparência de um manual de ciências naturais, encontramos na biblioteca do inconfidente Padre Toledo *Le Spectacle de la nature* (1733-1750), de **Pluche**. Esse *best-seller* do século XVIII – com diversas reedições – era na realidade uma obra de natureza enciclopédica que oscilava entre uma concepção seiscentista de conhecimento – como o *Divertimento erudito* (1734-1744), de João Pacheco (1677-c. 1750)[42] – e o cientificismo impessoal iluminista já mais difundido no setecentos. Se antes eram mais usuais a alegoria religiosa e os diálogos socráticos ficcionais,[43] a nova ciência trazia uma prosa impessoal e objetiva, mais próxima daquela hoje usual nesse gênero.

Originalmente publicada em oito tomos e nove volumes, a obra se divide em quatro grandes partes temáticas: "Primeira parte, aquilo que concerne aos animais e às plantas; Segunda parte, contendo o exterior e o interior da Terra; Terceira parte, contendo o que concerne ao céu e às ligações das diferentes partes do Universo às necessidades do homem; Quarta parte, contendo o que diz respeito ao homem". Esta última subdividida em três: "a que trata do homem considerado em si mesmo; a que trata do homem em sociedade; a que trata do homem em sociedade com Deus".[44]

---

[42] Cf. Macedo (2016).

[43] Cf. Armand (2013).

[44] "*Premiere partie, ce que regarde les Animaux & les Plantes; Seconde partie, contenant les dehors & l'intérieur de la Terre; Troisième partie, contenant ce qui regarde le ciel*

Pluche trata dos ofícios dos arquitetos diretamente em diversos momentos. No segundo tomo, "contendo o que concerne ao exterior e ao interior da Terra", trata de paisagismo, incluindo "o *parterre* ou o lugar das flores" e "o governo das flores", difundindo os fundamentos da escola francesa dessa disciplina.[45] Já o sétimo tomo, "contendo o que concerne ao homem em sociedade", trata das artes e ofícios em geral, com capítulos ilustrados destinados à "moradia do homem", com estampas sobre carpintaria e telhados; ao "mobiliário", com estampas sobre máquinas de manufaturas; às "figuras moldadas em bronze", com a fachada frontal da Abadia de Saint-Nicaise de Reims – que seria demolida alguns anos depois.[46]

& les liaisons des différentes parties de l'Univers avec les besoins de l'homme; Dernière partie, contenant ce qui regarde l'Homme: considéré en lui même; en Société; en société avec Dieu."

45 O sumário do segundo tomo da obra é o seguinte: **Tome 2e. Seconde partie, Contenant les dehors & l'intérieur de la Terre.** 1. Les fleurs. 2. Le parterre, ou la place des fleurs. 3. Le gouvernement des fleurs. 4. Les accompagnemens du parterre. 5. Éloge du jardinage et du potager. 6. L'ordonnance du potager. 7. Les accompagnemens du potager. 8. La taille et le gouvernement des arbres fruitiers. 9. Des fruits. 10. Les legumes. 11. Le labourage. 12. Le blé et les autres semences. 13. Les vignes. 14. Le vin. 15. Les bois. 16. Les bois [2].Sobre a contribuição de Pluche ao paisagismo naquele momento, Kruft destaca: "*Even after the new English conception of Nature had emerged, France still clung to the idealised view that Nature could only be presented with the help of Art. This was the position taken up by the Abbé Noël-Antoine Pluche (1688-1761) in his treatise* Le spectacle de la nature*: 'A garden is less an imitation of Nature, than Nature herself put before our eyes, and called into play with Art…'. At times, Pluche's phraseology has the tone that one associates with the so-called Revolutionary architects*" (Kruft, 1994, p. 257).

46 **Tome 7e. Contenant ce qui regarde l'Homme en Société.** 15. Le logement de l'homme. 16. L'ameublement. 17. Les Arts qui instruisent l'homme. 18. Suite des Professions instructives *Transaction Entre la Musique Baroque & la Musique chantante.* 19. Seconde suite des Arts qui nous instruisent. 20. La Paléographie Françoise 21. Troisième suite des Arts instructifs. [fundição de sinos] 22. Les figures jettés en bronze 23. Quatrième suite des Arts instructifs. [relojoaria] 24. Récapitulation des Arts. 25. Le Commerce. L'esprit des Voyages & du Commerce. 26. La politique ou le gouvernement des peuples. Memoire sur la fabrique des glaces de Saint-Gobin [sic].

FIGURA 2 - Frontispício da Abadia de Saint-Nicaise, constante no sétimo tomo de *Le Spectacle de la nature*, de Pluche, c. 1750

Fonte: Gallica, Bibliothèque Nationale de France.

A obra de Pluche tinha tanta popularidade que o advogado francês Jacques **Lacombe** decidiu compor o que propunha ser "uma continuação" daquela, intitulando-a *Le Spectacle des Beaux Arts* (1758). O pequeno livro, sem estampas, divide-se em três partes: sobre as artes em geral – composta por cinco capítulos, sobre a poesia e sobre a música. A obra circularia em Minas por meio de sua tradução em português, impressa no Porto, em 1786 – cuja produção também indica sua boa fortuna na cultura luso-brasileira. É possível que a versão em nosso idioma tenha sido da lavra de José Vicente Rodrigues (n. 1743), que publicaria, em 1788 – pela mesma Oficina de Antônio Álvares Ribeiro –, o *Compendio sobre as artes, e sciencias* bilíngue do cartógrafo francês radicado na Inglaterra Jean Palairet (1697-1774).[47]

Aparentemente, o mesmo Lacombe, advogado francês, tornar-se-ia o editor[48] de um *Dictionnaire portatif des arts et metiers* (1766), elaborado por Philippe **Macquer**, impresso em dois pequenos volumes e provavelmente inventariado simplesmente como *Encyclopédie* em terras mineiras – justamente na "livraria do cônego" Luís Vieira da Silva. Essa hipótese, com a qual trabalharemos aqui também por uma questão de inclusão, parte do princípio de que os pesados 35 volumes *in-folio* da obra literária maior de Denis **Diderot** e Jean le Rond d'Alembert seriam demasiado dispendiosos, de difícil contrabando e de improvável autorização para circulação pela Coroa em terras mineiras.[49]

---

47 *Compendio sobre as artes, e sciencias em portuguez, e francez, por perguntas, e respostas. Obra muito util para aquelles, que se querem aperfeiçoar no Francez por causa da multidaõ de materias, que abraça. Por Joaõ Palairet, e traduzido por Joze' Vicente Rodrigues.* Porto, Na Officina de Antonio Alvarez Ribeiro. Anno de 1788. Com licença da Real Meza da Comissaõ Geral sobre o Exame, e Censura dos livros. Tradução de: *Abregé sur les sciences & sur les arts, par demandes & par réponses. A short Treatise upon Arts and Sciences, by question and Answer.* London: Printed in the Year of our Lord MDCCXXXI [1731]. (Informações biográficas de Palairet em: "Jean Palairet".)

48 O *Dictionnaire général de biographie* (Dezobry; Bachelet, 1888, t. 2) dá a seguinte entrada: "Lacombe (Jacques), compilateur, né à Paris en 1724, m. en 1811, fut avocat, puis libraire". On a de lui: *Diction. Portatif des beaux-arts*, 1752, 53 et 59; *Abrégé chronolog. de l'histoire ancienne*, 1757; – *de l'Histoire du Nord*, 1762, 2 vol.; – *de l'Hist. d'Espagne et de Portugal* (commencé par le président Hénault), 1759 et 1765, 2 vol.; *Mémoires secrets de la duchesse de Portsmouth*, 1805, 2 vol. in-12; *Précis de l'art dramat. des anciens et des modernes*, 1808, 2 vol., en société avec Chamfort. Il a fourni à *l'Encyclop. méthodique* les *Dictionnaires des Arts et Mmétiers*, – *des Chasses*, – *de l'Art oratoire*, – *des Amusements des sciences.*

49 Ao se referir ao episódio da criação da tipografia de Vila Rica pelo padre Viegas, relatado a seguir, Rubens Borba de Moraes (2006, p. 182) é de opinião diversa: "talvez fosse o *Dictionnaire portatif des arts et métiers*, de Philippe Macquer, em 2v., publicado em 1766 e reeditado em 4v. em 1773 por Didot em 1801, em Lyon. Cremos entretanto que seria mais provavelmente um dos volumes da *Encyclopédie* de Diderot e d'Alembert cujo subtítulo é *Dictionnaire universel des arts et des sciences*. Nos volumes de pranchas que completam a *Encyclopédie* as gravuras referentes à tipografia são admiráveis pela exatidão, clareza e detalhes. Com essas gravuras à vista e as explicações do texto, não seria difícil fabricar um prelo e fundir tipos". Cumpre lembrar, em nosso favor, que o mesmo padre Viegas, experiente gravador

Por ser essa pequena obra carente de estampas,[50] sua influência sobre os artífices locais foi certamente atenuada – em relação ao que poderia ter sido –, mas certamente não foi desprezível. Basta lembrar que, valendo-se de "um dicionário das ciências e artes, em francês", Manuel José Barbosa Pimenta e Sal e o gravador José Joaquim Viegas de Menezes (1778-1841) "conseguiram construir um prelo de madeira e fundir tipos" em Vila Rica, em 1821, fundando em 1823 o *Compilador Mineiro*, o primeiro jornal impresso do estado (Moraes, 2006, p. 178-179; Brasil, 2020).

Seria impossível, neste breve escorço bibliográfico, varrer os verbetes do *Dictionnaire portatif* e fazer uma apreciação ampla daqueles relacionados à construção. É possível afirmar porém que a entrada "Architecte" (t. 1, p. 75-82) é uma amálgama sintética de "Architecte", "Architectonique" e "Architecture" redigidos por Jean-François Blondel (1705-1774) para a *Encyclopédie*. Nesse sentido, traz a ideia de *caráter* da maneira como o célebre arquiteto a elaborara,[51] ao afirmar, por exemplo, que "o arquiteto, homem de gosto, decide-se pela espécie de Ordem que convém ao gênero de edifício que constrói", definindo a ordem greco-romana adequada a cada caso segundo seu *caráter distintivo*.[52]

A *Encyclopédie* rendeu diversas obras derivadas populares presentes nas livrarias mineiras.[53] Uma delas é *L'Esprit de l'Encyclopédie* (1768),

---

da Casa Literária do Arco do Cego, lograra abrir a buril em 1806, na mesma Vila Rica, o furtivo canto encomiástico de Diogo Vasconcelos ao governador Ataíde de Melo (cf. Cunha, 1986) por meio de "um tórculo que fabricara" (Moraes, 2006, p. 103). A fabricação de uma prensa era parte do *Tratado da gravura*, de Abraham Bosse, como veremos adiante, ao tratar da Casa Literária do Arco do Cego.

[50] À data de edição do *Dictionnaire portatif*, 1766, Diderot apenas acabara de publicar os volumes de texto da *Encyclopédie*, em 1765, cujas ilustrações seriam dadas aos prelos em seguida e até 1772, com legendas que, no caso da arquitetura, praticamente constituem outro tratado.

[51] Cf. Kruft (1994, p. 149).

[52] "*L'Architecte, home de goût, se détermine pour l'espece d'Ordre qui convient au genre de bâtiment qu'il construit. Comme le caractere distinctif de l'*Ordre Dorique *est la solidité [...]*" (t. 1, p. 79). A exploração da ideia clássica de caráter na arquitetura religiosa mineira é desenvolvida por Rodrigo Bastos (2013, p. 56-81).

[53] "*This was a popular little collection in five duodecimo volumes which continued to be revised and republished until 1822*" (Collison, 1964, p. 133).

consistindo numa seleção de verbetes "os mais curiosos, os mais agradáveis, os mais picantes, os mais filosóficos", que o autor – o abade Joseph de La Porte – considerou "matéria de uma leitura interessante" para "todos os tipos de leitores". Evidentemente, a arquitetura e os ofícios da construção passaram longe desses crivos.

Por outro lado, assim como a já mencionada *Histoire naturelle*, de Buffon, algumas obras que forneceram subsídios[54] à *Encyclopédie* também circularam entre nós. É o caso de A New General English Dictionary (1735), de Thomas Dyche (m. 1733) e William Pardon, cuja tradução francesa, intitulada Nouveau dictionnaire universel des arts et des sciences (1753), também seria encontrada na livraria do cônego. Nesse caso, as definições são menores. "Arquitetura", por exemplo, é definida então como "arte de construir os edifícios públicos ou privados segundo uma das cinco ordens estabelecidas, segundo as proporções e ornamentos apropriados ao tamanho, força e beleza da obra pretendida, conforme assentadas pelos artistas mais célebres".[55] Em benefício da cultura luso-brasileira, convenhamos que o Vocabulario portuguez e latino (1712-1728), de Raphael Bluteau (1638-1734), era mais extenso e aprofundado que o de Dyche.

No que concerne a artes e ofícios, a coleção francesa mais próxima – e concorrente – da Encyclopédie era o periódico da Académie Royale des Sciences intitulado Descriptions des Arts et Métiers (1761-1789),[56] "idealizado por Colbert" e preparado desde o início do século XVIII sobretudo por René Ferchault de Réaumur (1683-1757), que se dedicava

---

[54] Cf. Collison (1964, p. 117, 121).

[55] **Architecture** (s.f.) lat. *Architectura, architectonica*. Angl. *architecture* C'est en général l'art de bâtir & en ce sens, elle est aussi ancienne que le tems ou les hommes ont travaillé à se défendre de l'intemperie des saisons: mais au jour d'hui on appelle *Architecture* dans un sens moins étendu, l'art de construire des bâtimens tant publics que particuliers selon l'un des cing ordres, en suivant les proportions & ornemens qui conviennent à la grandeur, à la force & à la beauté de l'ouvrage. Ces cinq ordres reçus des plus célébres artistes, ont le *Toscan*, le *Dorique*, l'*Ionique*, le *Corinthien* & le *Composite*.

[56] Descriptions des arts et métiers faites ou approuvées par messieurs de l'Académie Royale des Sciences. Avec Figures en taille-douce. A Paris, Chez Desaint & Saillant, Libraires, rue Saint Jean de Beauvais. M. DCC. LXI. [1761]. Avec Approbation & Privilege du Roi. 1761-1789. 113 cadernos.

à tarefa desde 1708. Seu primeiro volume seria dado aos prelos em 1761 – uma década após a Encyclopédie –, totalizando 113 cadernos "que se encadernam em 27 ou em 30 vol[umes]" (Brunet, 1860-1865, v. 2, p. 618). A morosidade e as sucessivas polêmicas com os enciclopedistas custou à empreitada sua fortuna crítica. O livreiro Jacques-Charles Brunet (1780-1867), por exemplo, sentenciaria no século seguinte que "os progressos das artes mecânicas e industriais tornaram a maioria dessas descrições quase inúteis", ressaltando seu baixo valor no mercado de livros e sua substituição "por manuais de uso mais cômodo".[57]

Na verdade, os manuais – os pequenos tratados de artes e ofícios mencionados por Brunet – sempre conviveram com as grandes coleções e dicionários não apenas com atualização mais ágil, mas também com certa vantagem quanto à sua capacidade de circulação. Muitos deles – conforme mencionado em nota anterior sobre Lacombe[58] – forneceram subsídios às enciclopédias. Entre eles, seriam usuais e correntes em Minas os chamados livros de segredos sobre preparados químicos destinados às mais variadas finalidades, incluindo a pintura e a arquitetura.

John Ferguson, ao definir o gênero, incluiria nele uma ampla gama de obras, que ele divide em cinco grupos: "os de segredos da natureza"

---

[57] "*Il y à peine quarante ans que cette collection faisait partie nécessaire de toutes les grandes bibliothèques, et se vendait de 500 à 600 fr. lorsqu'elle était bien complète, ce qui se recontrait difficilement. Mais aujourd'hui que les progrès des arts mécaniques et industrielles ont rendu la plupart de ces descriptions presque inutiles, et qu'elles ont été remplacées par des Manuels d'un usage plus commode, on ne la conserve guère qu'en favour de ses planches et queleques traités qui n'ont pas été refaits mieux depuis; mais, quoique ce recueil se donne maintenant à très-bas prix, nous croyons qu'il convient d'en reproduire ici la nomenclature, parce qu'elle pourra encore intéresser quelques personnes*" (Brunet, 1860-1865, v. 2, p. 618).

[58] O *Dictionnaire général de biographie* (Dezobry; Bachelet, 1888, t. 2) dá a seguinte entrada: "Lacombe (Jacques), compilateur, né à Paris en 1724, m. en 1811, fut avocat, puis libraire". On a de lui: *Diction. Portatif des beaux-arts*, 1752, 53 et 59; *Abrégé chronolog. de l'histoire ancienne*, 1757; – *de l'Histoire du Nord*, 1762, 2 vol.; – *de l'Hist. d'Espagne et de Portugal* (commencé par le président Hénault), 1759 et 1765, 2 vol.; *Mémoires secrets de la duchesse de Portsmouth*, 1805, 2 vol. in-12; *Précis de l'art dramat. des anciens et des modernes*, 1808, 2 vol., en société avec Chamfort. Il a fourni à *l'Encyclop. méthodique* les *Dictionnaires des Arts et Mmétiers, – des Chasses, – de l'Art oratoire, – des Amusements des sciences.*

(em que se incluiria a obra de Pluche); "os tratados sobre o que era chamado de magia natural (ótica, magnetismo etc.)"; os que "tratam principalmente de segredos químicos, farmacêuticos e médicos"; aqueles sobre "vida e geração: segredos fisiológicos"; os "tratados sobre segredos técnicos ou artísticos".[59] Seriam um livro de segredos portanto o *Élements de l'art de la teinture* (1791), de Claude Louis Berthollet (1748-1822), presente na biblioteca de Caetano Luiz de Miranda no Arraial do Tijuco, ou o *Traité de l'art du charpentier* (1804), de Jean-Henri Hassenfratz, entre os bens de Teresa Gomes Gayo, em Sabará.

Alguns desses livros de fato tinham a palavra "segredos" no título, caso, por exemplo, de *Segredos das artes liberaes, e mecanicas* (1744), do espanhol Bernardo de Monton, traduzido para o português por Joaquim Feyo de Serpa – com três edições até 1840, embora ambos os autores sejam ainda desconhecidos dos bibliógrafos.[60] Um especial seria encontrável em Minas: *Secrets concernant les arts et métiers* (1716), cuja autoria Ferguson (1981, 3, p. 57) atribui ao próprio Claude Jombert, que o imprimiu. São dois volumes *in*-12º, mas volumosos, em que o primeiro, com 610 páginas, trata de matérias diversas em 18 capítulos; e

[59] "*This set of books divides into several groups [...] I. There are collections of secrets of nature [...]; II. There are treatises on what was called natural magic (as distinguished from black magic of necromancy) – that is, the production of secret effects in optics, acoustics, magnetism, &c [...]; III. There are treatises which deal chiefly with chemical, pharmaceutical, and medical secrets; IV. There are treatises on life and generation: physiological secrets; V. There are treatises on technical or art secrets, strictly so called [...]*" (Ferguson, 1981, 1, p. 6-7).

[60] *Segredos das artes liberaes, e mecanicas, recopilados, e traduzidos de varior Authores selectos, que trataõ de Fisica, Pintura, Architectura, Optica, Quimica, Douradura, e Acharoado, com outras varias curiosidades proveitosas, e divertidas.* Seu autor o licenciado D. Bernardo de Monton. Vertido de Castelhano em Portuguez por Joaquim Feyo Cerpa. Lisboa. Na Offic. de Domingos Gonsalves. M. DCC. XLIV. [1744] Com todas as licenças necessarias. Tradução de: *Secretos de artes liberales, y mecanicas, recopilados, y traducidos de varios, y selectos Authores, que tratan de Phisica, Pintura, Arquitectura, Optica, Chimica, Doradura, y Charoles, con otras varias curiosidades ingeniosas.* Su author el licenciado D. Bernardo Montòn. Con Privilegio. En Madrid: En la Oficina de Antonio Marin, año de M. DCC. XXXIV. [1734] Vendese en casa de los herederos de Francisco Medèl del Castillo; Mercador de Libros, frente de San Felipe el Real.

o segundo, com 544 páginas, intitulado *Le Teinturier parfait*, divide-se em duas partes com 16 e 19 capítulos. Além do evidente interesse em tintas e corantes desse último volume, há no primeiro diversos "segredos" de interesse para arquitetos, projetistas, artistas e construtores, tais como: gravuras; metais; vernizes; mastiques; cimentos; vidros; corantes e pintura; douração; tingimento de madeira; tintas de escrever; "enriquecimento" de trabalhos de fundição, de escultura etc.[61]

Em 1794, editou-se anonimamente em Portugal um livro de segredos com raízes totalmente francesas: *Segredos necessarios para os officios, artes, e manufacturas, e para muitos objectos sobre a economia domestica, extrahidos Da Encyclopedia Geral, da Encyclopedia Methodica, da Encyclopedia Prática, e das melhores obras, que tratárão até agora destes objectos*. Uma referência[62] era a monumental versão sistemática "por ordem de matérias" – ou *méthodique* – e expandida da *Encyclopédie* editada por Charles-Joseph Panckoucke (1736-1798) e Henry Agasse (1752-1813), e que chegaria a ter cerca de 200 volumes impressos entre 1782 e 1832.[63]

---

[61] "Chap. 1er Qui contient les Secrets pour la gravure. 2. ... sur les Métáux. 3. ... des Vernix, &c.. 4. ... des Mastics, Cimens, Cires d'Espagne, &c.. 5. Qui contient les Secrets & Curiositez pour le Verre, les Pierres précieuses, &c.. 6. ... pour les Couleurs & la Peinture. 7. ... pour Dorer. 8. ... pour colorer le bois, les os, l'yvoire, &c. 10. Qui contient les curiositez & Secrets des Encres. [...] 18. ... pour enrichir les ouvrages de Fonte, de Sculpture, &c."

[62] A "Encyclopedia pratica" é de identificação menos precisa. Poderiam ser, por exemplo, os dois volumes da *Encyclopédie méthodique* dedicados às belas-artes que contêm um *Dictionnaire de la pratique des beaux-arts*, por Claude-Henry Watelet (1718-1786). Pode ser ainda – o que é mais provável pelo conteúdo – a também anônima *Encyclopédie pratique, ou établissement de grand nombre de manufactures. Par M. le chevalier de W***. Dédiée à Son Altesse monseigneur le prince-évêque de Liege. [Tome premier]. A Liege, chez J. F. Bassompierre, imprimeur de Son Altesse, & libraire. M. DCC. LXXII. [1772]. Avec approbation & privilège. 2v.

[63] *Encyclopédie Methodique, ou par ordre de matières; par une Société de gens de lettres, de savans et d'artistes. Précedée d'un Vocabulaire universel, servant de Table pour tout l'Ouvrage, ornée des Portraits de MM. Diderot & d'Alembert, premiers Editeurs de l'Encyclopédie*. A Paris, chez Panckoucke, libraire, hôtel de Thou, rue des Poitevins; a Liège, chez Plomteux, imprimeur des États, 1882-1832. 166 vol. [texto]; 51 álbuns. (Cf. Collison, 1964, 110-112, 135.)

Em dois pequenos volumes *in*-12º, com 37 e 22 capítulos, a obra discorre sobre o preparo de substâncias diversas, incluindo materiais necessários à construção, às manufaturas e às artes, incluindo: "differentes segredos para vidrar, e pintar louça"; "todas as qualidades de collas, e betumes"; "segredos do aço, e do ferro"; "differentes segredos a respeito do marmore, estuque, pedra, e gesso"; "esmaltes"; "composição dos esmaltes com os fundentes, que lhes são proprios para pintar em esmalte"; "modo de moer, e destemperar as tintas"; "modo de fabricar as tintas"; "vernizes"; "differentes pinturas para madeiras"; "tintas liquidas para pintar cabalas, para miniatura, para planos, e desenhos; e para tingir papel, palha, clina, &c."; "metaes"; "differentes methodos de dourar o vidro, e a porcelana" etc.

Sua presença nas bibliotecas de ninguém menos que Manuel da Costa Ataíde – o Mestre Ataíde – (1762-1830) e de Francisco Xavier Carneiro (1765-1840) o torna não apenas relevante para a compreensão das técnicas adotadas pelos artistas mineiros de sua geração, como também, por isso mesmo, um importante subsídio técnico para o restauro tanto de suas obras quanto da arquitetura que lhe é afeita. Tal relação entre literatura e materiais transforma a prática artística também numa forma de leitura, que de certo modo compõe uma totalidade a ser contemplada como parte da obra a ser hoje compreendida, valorada e preservada. Afinal, o restauro na arquitetura deve atuar "em toda a sua tríade, seja no uso (*utilitas*), nos materiais e na sua técnica construtiva (*firmitas*) ou na sua plástica/simbologia (*venustas*)" (Carsalade, 2014, p. 459).

Os franceses no Arco do Cego

A iniciativa de publicar livros de segredos não é um raio em céu azul. Na última década do século XVIII, já com o príncipe D. João de fato – embora ainda não de direito – à frente do Reino de Portugal, e nos conturbados anos que se seguiram à Revolução Francesa, a Coroa finalmente tratava de assumir a promoção do progresso científico e tecnológico como mola do desenvolvimento econômico.

Como parte dessa empreitada, seria criada, em 1799, a Typographia Chalcographica, Typoplastica, e Litteraria do Arco do Cego. Sob a chefia do naturalista mineiro Frei José Mariano da Conceição Veloso

(1742-1811) e sob os auspícios do secretário de Estado dos Negócios da Marinha e Ultramar português Rodrigo de Sousa Coutinho, o conde de Linhares (1755-1812), a Casa Literária do Arco do Cego reuniu diversos tradutores e intelectuais brasileiros "visando diretamente ao Brasil, com a finalidade, por meio de publicação de livros, de espalhar 'conhecimentos úteis' isto é, técnicas modernas e ideias científicas, para arrancar a colônia do atraso em que se arrastava" – no dizer de Rubens Borba de Moraes (2006, p. 79).

Além de dar aos prelos seus próprios manuais, a iniciativa também imprimia livros técnicos por meio da Impressão Régia e de outros editores, e um dos mais assíduos era o mesmo Simão Tadeu Ferreira, que publicou os *Segredos necessarios...* Não é improvável que seu autor seja alguém próximo à Casa Literária do Arco do Cego, como Joaquim Carneiro da Silva ou o próprio padre Veloso. O tema da arquitetura era frequente na empreitada iluminista do grupo do Arco do Cego, constando como tema secundário em diversas obras – inclusive com modelos de edificações rurais em plantas, cortes e fachadas.[64]

Esse é o caso de três obras daquela casa traduzidas do francês que constavam no acervo do artista mineiro Francisco Xavier Carneiro, em Mariana: *A sciencia das sombras relativas ao desenho* (1799), de Louis Charles Dupain de **Montesson**; *A arte da pintura* (1801), de Charles-Alphonse **Du Fresnoy**, traduzida por Jerônimo de Barros Ferreira; *O grande livro dos pintores* (1801), de Gerard de **Lairesse** – ambas traduzidas por Veloso. O interesse direto de Veloso nesses três casos era formar desenhistas capazes de riscar os originais das gravuras de seus livros técnicos a partir dos originais estrangeiros, mas também estimular a difusão do conhecimento artístico como parte do *corpus* científico necessário ao desenvolvimento econômico brasileiro. Conforme ele mesmo revela no prólogo ao livro de Dupain de Montesson, por exemplo: "a Sciencia das Sombras he o primeiro degráo do desenhador, e por onde devem subir todos, os que se destinaõ ás grandes Artes, da Architectura Civil, Naval, e Militar, da Pintura, da Gravura, da Estatuaria e de outras muitas Artes, que exprimem primeiramente a sua idéa pelo Desenho".

[64] Cf. Macedo; Ficher (2020).

Essa ideia de "alfabetização" gráfica corresponde à de Lairesse, para quem "do mesmo modo que o alphabeto ou conhecimento das letras serve de introducção á grammatica, tambem a geometria he o primeiro passo, que nos conduz ao desenho, ao qual senão pode chegar bem sem ella, bem como a outra qualquer arte ou a qualquer sciencia" (p. 5) – o que explica a necessidade de sua tradução e sua importância no ensino da arquitetura. *Princípios do desenho*,[65] desse pintor, na verdade é um capítulo de *Le Grand livre des peintres, ou l'art de la peinture considéré dans toutes ses parties, & démontré par principes* (1787) – uma publicação recente para Veloso –, que, por sua vez, é a versão francesa de *Groot Schilderboek, Waar in de Schilderkonst in al Haar deelen Grondig werd onderweezen, ook door Redeneeringen en Printverbeeldingen verklaard* (1707), uma vez que Lairesse era um artista holandês do século XVII.

Carente de estampas, a tradução de *L'Art de peinture* (1668), de Du Fresnoy, em 71 "preceitos", parece ter o mesmo objetivo de ensinar a aprender, por assim dizer. Os títulos dos preceitos de tal natureza: "Deve-se ter o original no espirito, e a copia no painel"; "O orgulho he externamente prejudicial ao Pintor"; "O conhecimento de si mesmo"; "Praticar incessante, e facilmente, aquillo, que se concebeo" etc. Tal viés moral não exclui, é claro, um conjunto de diretrizes claras sobre a "Invenção da Pintura", "Do desenho", "Colorido, ou Cromatica". Além disso, traz uma profunda reflexão de teoria da arte. Ao definir o "belo", por exemplo, explica que "a principal, e mais importante parte da Pintura he o conhecimento das obras da natureza mais bellas, e convenientes para esta arte, cuja escolha se deve fazer, segundo o gosto, e maneira dos antigo: fóra disto, naõ ha mais que uma barbaria cega, e temeraria, que despreza o que he mais bello" (p. 7).

Dupain de Montesson, autor de *La Science des ombres, par rapport au dessein* (1750), era arquiteto militar (ou "Mestre de Matemáticas e de Fortificações", depois "Engenheiro Geógrafo dos Acampamentos e Exércitos do Rei, Oficial" e "Capitão de Infantaria", depois "reformado no Regimento de Piemonte", conforme os frontispícios de suas

65 Veloso imprimiu o livro com dois frontispícios, talvez na intenção de publicar todo o *Grande livro dos pintores* em partes. Essa redundância costuma gerar dupla referenciação da obra, que na verdade é a mesma.

obras), e autor de pelo menos nove publicações técnicas, entre elas: *Construction de la fortification régulière, et irrégulière* (1742) e *L'Art de lever les plans De tout ce qui a rapport à la Guerre, & à l'Architecture Civile & Champêtre* (1763).[66] Talvez por isso, ao tratar da projeção

[66] Pequena bibliografia do autor: **1.** *Construction de la fortification régulière et irrégulière, ou Maniere d'en tracer toutes les Pieces sur le papier en Plan & en Profil; examinant en même temps, leurs propriétés & leurs défauts, suivant le sentiment des meilleurs Auteurs. Dédiée à Son Altesse Serenissime Monseigneur le Comte de la Marche. Par M. Dupain, l'aîné, Maître de Mathématiques & de Fortifications.* A Paris, Chez Mesnier, Imprimeur-Libraire, rue Saint Severin au Soleil d'Or, ou en la Boutique, Grand'Salle du Palais, Même Enseigne. M. DCC> XLII. [1742]. Avec Approbation & Privilege du Roy. **2.** *La science des ombres...* [Cf. bibliografia de livros franceses adiante]. **3.** *Les amusemens militaires: ouvrage egalement agreable et instructif: Servant d'introduction aux Sciences qui forment les Guerriers. Avec figures en Taille-Douce. Par M. Dupain, Ingenieur Geographe des Camps & Armées du Roi, Officier reformé au Regiment de Piedmont,* A Paris, Chez Guillaume Desprez, Imprimeur du Roi & du Clergé de France, rue S. Jacques, à S. Prosper & aux Trois Vertus. M. DCCLVII. [1757]. Avec Approbation & Privilège du Roi. **4.** *L'Art de lever les plans De tout ce qui a rapport à la Guerre, & à l'Architecture Civile & Champêtre. Dedié a* Monseigneur Le Duc de Berry. Par M. Dupain de Montesson, Capitaine d'Infoanterie, Ingénieur-Géographe des Camps & Armées du Roi. *A Paris, Chez Ch. Ant. Jombert, Libraire du Roi pour le Génie & l'Artillerie, rue Dauphine. M. DCC. LXIII. [1763]. Avec privilege du Roi.* **5.** La sience* [sic] *de l'arpenteur dans toute son étenduë dédiée a S. A. S. M.gr le Prince de Condé Par M. Dupain de Montesson Capitaine d'Infanterie Ingénieur-Géographe des Camps et Armeés du Roi* à Paris Chez le S. Jaillot Géographe ordinaire du Roi Quauy et à coté des Grands-Augustins. Prix 6.u avec Privilege du Roi. 1766. **6.** *Nouveau traité ou supplément théorique et pratique de la trigonométrie rectiligne. Par M. Dupain de Montesson, Capitaine d'Infanterie, Pensionnaire du Roi et Ingénieur de ses Camps & Armées.* A Paris, de L'Imprimerie Royale. M. DCCLXXIII. [1773]. **7.** *Les Connaissances géometriques, à l'usage des officiers employés dans les détails des marches, campements et subsistances des armés, par M. Dupain de Montesson* [...]. Paris: C.-A. Jombert, 1774. **8.** *Vocabulaire de guerre, ou recueil des principaux termes de guerre, De Marine, d'Artillerie, de Fortification, d'Dattaque & de Défense des Places, & de Géographie. Définis, mis en ordre & étendus dogmatiquement, pour servir à la Lecture des Nouvelles & de l'Histoires des Guerres. Par M. Dupain de Montesson, Capitaine d'Infanterie, ancien Ingénieur des Camps & Armées du Roi, & son Pensionnaire* [Premiere partie]. Prix des deux Volumes, brochés, 7 liv. *A Paris, Chez Couturier Fils, Imprimeur-Libraire, Quai & à côté des Grands Augustins. M. DCC. LXXXXIII. [1783]. Avec Approbation & Privilége du Roi.* **9.** *Abrégé du toisé*

de sombras, usa exemplos como "do lugar e da natureza das Sombras, feitas sobre a base de huma columna" (estampa XIV, fig. 199); "sobre o capitel de huma columna" (figs. 200-201); ou "as molduras, que compoem huma samblagem" (figs. 202-206). É possível que construtores locais tenham se servido de tais estampas como modelos para a execução dos elementos clássicos ali ilustrados – como se fosse um pequeno *Vinhola*.[67]

FIGURA 3 - Estampa 14 de *A sciencia das sombras relativas ao desenho*, de Dupain de Montesson, na tradução publicada por José Mariano da Conceição Veloso em 1799

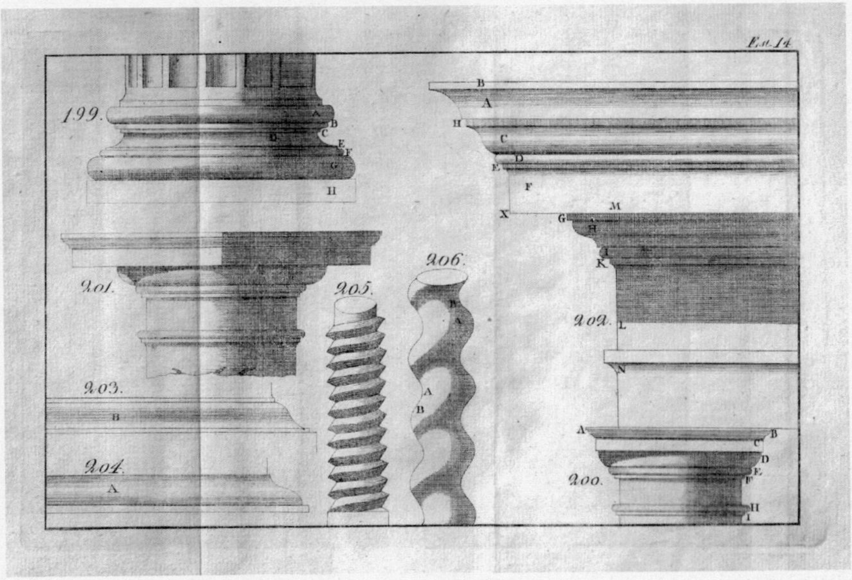

Fonte: Acervo do autor.

---

des ouvrages rustiques, ou nouvelle méthode géometrique, pour avoir le contenu solide des travaux de terre, de maçonnerie, &c. Extrait d'un manuscrit du même Auteur, intitulé Traité des ouvrages de terre, &c. & propre à lui servir d'introduction. Par M. Dupain de Montesson, ancien Inénieur des Camps & Armées du Roi. Priz, 2 liv. broché*. A Paris, Chez l'Auteur, rue Pavée St-André-des-Arcs, n.º. 3. Dupain-Triel, Cloître Notre-Dame. M. DCC. LXXXVII. [1787]. Avec Approbation & Privilege du Roi.

[67] Camila Santiago, em "Os livros sobre arte editados pela Casa Literária do Arco do Cego", propõe uma análise do uso do livro pelo próprio Francisco Xavier Carneiro.

Além dessas obras de circulação comprovada em Minas Gerais, há muitas outras traduções de originais franceses afeitos ao tema da arquitetura no contexto da Casa Literária do Arco do Cego – todas destinadas ao Brasil, lembre-se.[68] Do mesmo Lairesse, por exemplo, temos *Principios da arte da gravura* (1801) – outro capítulo do *Grande livro dos pintores*. Do gravador Abraham Bosse (1602-1676), temos a *Arte da gravura a agua forte, e a buril* (1801), traduzido por José Joaquim Viegas de Menezes.[69] Ainda no campo da pintura, temos o anônimo *O meio de se fazer pintor em três horas* (1801), traduzido por Veloso de *Le Moyen de devenir peintre en trois heures* (1746), ensinando a decalcar – algo útil e usual em gravuras.

No campo matemático, a literatura francesa tem total hegemonia no Arco do Cego, com os títulos: *Curso elementar de mathematicas-puras*, de **Lacaille**, traduzido por Manoel Ferreira de Araújo Guimarães (1777-1832); ou a *Theoria das funções analyticas*, de Joseph-Louis Lagrange (1736-1813); o *Tratado elementar da analyse mathematica* (1802), de Jacques-Antoine-Joseph Cousin (1739-1800); ou o filosófico *Reflexões sobre a meptaphysica do calculo infinitesimal*, de Lazare Carnot (1753-1823). Uma teoria científica que também permeia a *Filosofia química* (1801), de Antoine-François Fourcroy (1755-1809).

Mais diretamente voltados para a exploração do território do Brasil colonial, publicaram-se livros franceses trazendo os fundamentos para a mineração, a construção de diques e canais de irrigação, a terraplenagem etc.: *Mineiro geometra* (chamado por Veloso de *Mineiro do Brasil*), de Antoine de Genssane (c. 1750-1780); *Mineiro livelador, ou hydrometra*, de Simon Lefebvre (1720-1770); *Ensaio sobre a theoria das torrentes e rios* (1800), de Jean-Antoine Fabre (1749-1834); *Indagação da mais vantajosa construcção dos diques* (1800), de Charles Bossut e

---

[68] Como a descrição bibliográfica completa desses livros consta em outros escritos, como Campos (1999) ou o mais acessível Macedo; Ficher (2020), nós nos abstermos de reproduzi-la aqui ao nos referir às obras do Arco do Cego fora de nosso escopo de trabalho (livros franceses circulantes em Minas).

[69] Parece mais razoável que o artista mineiro tenha aprendido a construir seu tórculo em Vila Rica a partir dessa obra, com que tinha familiaridade, do que com uma enciclopédia, conforme discussão feita em nota anterior.

Guillaume Viallet, além de *hum extracto da Architectura Hydraulica* do já mencionado Bélidor.

Também as manufaturas foram contempladas – incluindo aquelas envolvidas na produção de material de construção ou de edificações e maquinário específicos, como *Arte de louceiro*, de Henri-Louis Duhamel du Monceau (1700-1782). Trata-se originalmente do oitavo tomo do já mencionado *Descriptions des arts et métiers*, de onde o grupo tiraria ainda a *Arte do carvoeiro* (1801), do mesmo autor, e um trecho dedicado à *Arte de refinar o assucar* no *Fazendeiro do Brasil* – em 10 volumes, a obra de maior envergadura da empreitada do Arco do Cego.

Em praticamente todos os volumes dessa coleção, Veloso reúne artigos sobre a edificação e a produção de equipamentos destinados ao trabalho agrícola. Os engenhos de cana-de-açúcar receberiam tratamento especial, na segunda parte do tomo primeiro, com estampas reproduzidas do décimo quinto tomo das *Déscriptions* e do *Précis sur la canne* (1790), de Jacques-François Dutrône de la Couture (1749-1814), editado em separado também no Arco do Cego como *Compendio sobre a canna* (1801), com seis estampas sobre o engenho. Mesmo o singelo *Manual practico do lavrador*, de C. Chabouillé Dupetitmont, traz reflexões sobre construções rurais – ainda que sem estampas. A construção de equipamentos seria ainda o tema central de pequenos panfletos, como a *Notícia da sopa de Rumford, estabelecida em Paris* [1800], com detalhes do forno, de Augustin Pyramus de Candolle (1778-1841) e Benjamin Delessert (1773-1847).

Ao tratar de campo, território e construção, a Casa Literária do Arco do Cego não poderia deixar de falar de paisagismo. Curiosamente, o tema seria abordado não pela via técnica, mas por meio de dois poemas – ambos traduzidos por Manuel Maria de Barbosa du Bocage (1765-1805) em edições bilíngues: *Os jardins, ou A arte de aformosear as paizagens* (1800), de Jacques Delille (1738-1813), com um viés naturalista aparentemente oposto ao de Pluche; e *As plantas* (1801), de René Castel (1758-1832).

Para além da paisagem, por meio deste panorama, vemos que as ideias francesas e a literatura que as transmitiu estiveram presentes em diversos momentos da formação do território mineiro, em sua construção histórica ou social. Quer tenha sido por meio das escolas e academias militares, artísticas ou científicas – cujos adeptos edificaram altares, igrejas, fortificações, ruas, cidades, lavras, minas; quer tenha sido por meio da representação desse território por meio da ciência, da geografia, da história, da ciência da cartografia –, essa última essencial para os acordos políticos que conformaram as fronteiras do Brasil. Sim, havia um galo na livraria dos arquitetos de Minas, e, se o galo cantou, esses profissionais sabiam muito bem onde o fizera.

Obras francesas circulantes em Minas Gerais nos tempos coloniais relativas à arquitetura e a matérias afins

Baudrand, Michel Antoine (1633-1700). *Dictionnaire geographique et historique contenant une description exacte de tous les Estats, Royaumes, Provinces, Villes, Bourgs, Montagnes, Caps, Isles; Presqu'isles, Lacs, Mers, Golfes, Détroits, Fleuves, & Rivieres de l'Univers. La Situation, l'Entendue, les Limites, les Distances, la Qualité de chaque Pays; les Forces, le Nombre, Les Mœurs, & le Commerce de ses habitans. Et le rapport de la Geographie ancienne avec la moderne. Tirée des meilleurs Auteurs, & des Relations des plus fideles Voyageurs. Avec une table latine et francoise des noms anciens & modernes de chaque lieu, pour la facilité de ceux qui lisent les Auteurs Latins. Par Michel-Antoine Baudrand, Prieur de Rouvres & du Neufmarché.* [Tome Premier.] A Paris, Chez Denys Du Puis, ruë Saint Jacques, prés les Mathurins; à la Samaritaine. M. DCC. V. [1705]. Avec approbation et privilege du Roy. 2v.
Em Minas: **Silva, 1791**.

Baudrillart, Jacques-Joseph (1774-1832). *Traité général des eaux et forêts, chasses et pêches, composé d'un recueil chronologique des réglemens forestiers, d'un dictionnaire des eaux et forêts, et d'un dictionnaire des chasses et pêches; avec un atlas contenant un grand nombre de tableaux et de figures [...]. Par M. Baudrillart, chef de division adjoint, à l'administration générale des forêts, membre de la Société royale et centrale d'agriculture du Conseil d'administration de la Société d'Encouragement pour l'Industrie nationale, et Correspondant des Sociétés d'Agriculture et des Sciences et Arts de Versailles et de Besançon, et de celle des Forets et Chasses de Saxe-Gotha.* [Tome premier]. Paris, Chez, Madame Huzard, Imprimeur-Libraire, rue de l'Eperon, n.º 7. Arthus Bertrand, Libraire, rue Hautefeuille, n.º 23. Bachelier, Libraire, quai des Augustins, n.º 55. Warée, oncle, Libraire au Palais de Justice. 1821-1848. 11v. e 3 atlas.

Em Minas: **Miranda, 1837**.

Berthollet, Claude-Louis (1748-1822). *Élements de l'art de la teinture. Par M. Berthollet, docteur en médecine des facultés de Paris & de Turin, des académies des sciences de Paris, Londres, Turin, Harlem & Manchester.* [Tome premier]. A Paris, rue Dauphine, n.º 116, Chez Firmin Didot, libraire pour l'artillerie & le génie. M. DCC. XCI. [1791]. 2v.
Em Minas: **Miranda, 1837**.

Bertrand, Jean (1708-1777); **Aranha, Francisco Xavier do Rego** (trad.). *Elementos de agricultura fundados sobre os mais solidos principios da razão e da experiencia para uso das pessoas do campo, que merecerão o premio da sociedade de Berne em 1774* por Mr. Bertrand; traduzidos por Francisco Xavier do Rego Aranha. Lisboa: Off. Filippe da Silva e Azevedo, 1788. Tradução de: *Élémens d'agriculture, fondés sur les faits et les raisonnements, à l'usage du peuple de la campagne, qui ont remporté le prix de la Société économique de Berne en 1774*. Berne: Société typographique, 1775.

Bézout, Étienne (1730-1783). *Cours de Mathématiques, à l'usage des gardes du Pavillon et de la Marine. Par M. Bézout, de l'Académie Royale des Sciences, Examinateur des Gardes du Pavillon & de la Marine, & Censeur Royal.* Paris: Imprimerie Royale, 1768-1772, 4v. Traduzido como: *Curso de mathematicas para uso dos guardas-bandeiras, e guardas-marinha.* Lisboa: Regia Officina Typografica, 1778.
Em Minas: **Mursa, 1767** [?]; **Ribeiro, 1798**; **2. Ofício, 1714-1822**.

–. *Elementos de arithmetica.* Coimbra: Na Real Officina da Universidade, 1773. [Gonçalves Rodrigues (1992-1994) dá a primeira edição como 1772 e o tradutor da edição de 1773 como José Monteiro da Rocha – que teria morado em Salvador].
Em Minas: **2. Ofício, 1714-1822**; **Meirelles, 1794**; **Ribeiro, 1798**.

–. *Elementos de trigonometria plana por M. Bezout da Academia Real das sciencias de Pariz &c Traduzidos do Francez.* Coimbra: na Real Officina da Universidade, anno de M.DCCLXXIV [1774]. Por Ordem de Sua Magestade. Com Privilégio Real. [Gonçalves Rodrigues (1992-1994) dá como tradutor José Monteiro da Rocha].
Em Minas: **2. Ofício, 1714-1822**; **Meirelles, 1794**.

Buffon, Georges-Louis Leclerc, Conde de (1707-1788). *L'Histoire naturelle, générale et particulière, avec la description du Cabinet du Roy.* [Tome Premier]. A Paris, L'Imprimerie Royale. 1749-1804. 44v.
Em Minas: **Miranda, 1837**.

Clairaut, Alexis-Claude (1713-1765). *Elementos de geometria por M. Clairaut da Academia Real das Sciencias de Paris, e da Sociedade Real de Londres Traduzidos na Lingua Portuguesa por Joaquim Carneiro da Silva.* Lisboa Na Regia Officina Typografica Anno MDCCLXXII [1772]. Com licença da Real Meza Censoria.
Em Minas: [**Murado, 1777**].

Descartes, René (1596-1650). *Geometria à Renato Descartes Anno 1637 Gallicè edita; nunc autem Cum Notis Florimondi de Beavne, In Curiâ Blæsensi Consiliarii Regii, In linguam Latinam versa, & commentariis illustrata, Operâ atque studio Francisci à Schooten, Leydensis, in Academiâ Lugduno-Batavâ, Matheseos Professoris, Belgicè docentis.* Lvgdvni Batavorvm, Ex Officinâ Ioannis Maire, CIↃ IↃC XLIX. [1649] [Publicado originalmente como parte do *Discours de la methode* (1637)].
Em Minas: **Silva, 1791**.

Diderot, Denis (org. 1713-1784); **d'Alembert, Jean Le Rond**, (org. 1717-1783). *Encyclopédie ou Dictionnaire raisonné des sciences, des arts et des métiers, par une Société de Gens de Lettres. Mis en ordre & publié par M. Diderot, de l'Académie Royale des Sciences & des Belles-Lettres de Prusse; & quanto à la Partie Mathématique, par M. D'Alembert, de l'Académie Royale des Sciences de Paris, de celle de Prusse, & de la Société Royale de Londres.* [Epígrafe]. [Tome premier]. A Paris, Chez Briasson, rue Saint Jacques, à la Science. David l'ainé, rue Saint Jacques, à la Plume d'or. Lebreton, Imprimeur ordinaire du Roy, rue de la Harpe. Durand, rue saint Jacques, à Saint Landry, & au Griffon. 35 vol. 1751-1780.
Em Minas: [**Silva, 1791**].

Du Fresnoy, Charles-Alphonse (1611-1665); **Ferreira, Jerônimo de Barros** (trad. 1750-1803). A Arte da Pintura de C. A. do Fresnoy, traduzida do francez em portuguez, e exposta aos candidatos,

e amadores desta bella arte. Debaixo dos auspicios, e ordem de Sua Alteza Real do Principe Regente N. S. por Jeronymo de Barros Ferreira professor de desenho, e pintura historica nesta Corte. Lisboa. Na Typographia Chalcographica, Typoplastica, e Litteraria do Arco do Cego. M.DCCCI. [1801]
Tradução de: *L'Art de peinture de Charles Alphonse dv Fresnoy Traduit en François avec des remarques necessaires & tres-ample.* A Paris, Chez Nicolas l'Anglois, ruë Saint Jacques à la Victoire. M. DC. LXVIII. [1668] Avec Privilege du Roy. [Há uma carta-dedicatória de Du Fresnoy a Colbert em latim na edição de 1668. É possível que fosse esse o idioma do manuscrito original traduzido por Roger de Piles (1635-1709)].
Em Minas: **Carneiro, 1843**.

Dyche, Thomas (m. 1733); **Pardon, William**; **Pezenas, Esprit** (trad. 1692-1776); **Féraud, Jean-François** (trad. 1725-1807). *Nouveau dictionnaire universel des arts et des sciences, françois, latin et anglois, contenant la signification des mots de ces trois langues et des termes propres de chaque etat et profession. Avec l'explication de tout ce que renferment les arts et les sciences, sçavoir: l'agriculture. L'algebre. L'anatomie. L'architecture. L'arithmetique. L'astronomie. Le blazon. La botanique. La chasse. La chirurgie. La chymie. La fauconnerie. La grammaire. L'histoire. Le jardinage. La jurisprudence. La logique. Le manege. Les Mathématiques. La mecanique. La musique. La navigation. La peinture. La poesie. La rhetorique. La sculpture. La tactique. La theologie, &c. Traduit de l'Anglois de Thomas Dyche.* [Tome Premier]. A Avignon, Chez François Girard, Imprimeur-Libraire de la Ville & des Collèges Pontificaux, Place St. Didier. M. DCC. LIII. [1753]. Avec permission des superieurs.
Tradução de: *A new general English dictionary; peculiarly calculated for the use and improvement of such as are unacquainted with the learned languages.: Wherein the difficult words, and technical terms made use of in anatomy, architecture, arithmetick, algebra, astronomy, botany, chymistry, divinity, gardening, grammar, hawking, heraldry, history, horsemanship, hunting, husbandry, law, logick, mathematicks, mechanicks, milit. affairs, musick, navigation, painting, poetry, rhetorick, sculpture, surgery, &c. are not only fully explain'd, but accented on their proper syllables, to prevent a vicious pronunciation; and mark'd with initial letters, to denote the part of speech, to which*

each word peculiarly belongs. To which is prefixed, a compendious English grammar, with general rules for the ready formation of one part of speech from another; by the due application, whereof, such as understand English only, may be able to write as correctly and elegantly, as those who have been some years conversant in the Latin, Greek, &c. Languages. Together with a supplement, of the proper names of the most noted kingdoms, provinces, cities, towns, rivers, &c. throughout the known world. As also, of the most celebrated emperors, kings, queens, priests, poets, philosophers, generals, &c. whether Jewish, Pagan, Mahometan, or Christian; but more especially such as are mentioned either in the old or new testament. The whole alphabetically digested, and accented in the same manner, and for the same purpose, as the preceding part; being collected for the use of such, as have but an imperfect idea, of the English orthography. Originally begun by the late Reverend Mr. Thomas Dyche, school-master at Stratford le Bow, author of the guide to the English tongue, the spelling dictionary, &c. And now finish'd by William Pardon, Gent. London: Printed for Richard Ware, at the Bible and Sun in Warwick-Lane, Amen Corner. MDCCXXXV [1735]. Price 6/
Em Minas: **Silva, 1791**.

Echard, Lawrence (c. 1670-1730); **Ladvocat, Jean Baptiste** (1709-1765). *Dictionnaire géographique portatif, ou description de tous les royaumes, provinces, villes, patriarchats, e've'che's, duche's comte's, marquisats, villes impe'riales et anse'atiques, ports, fortresses, citadelles, et autres lieux conside'rables des quatre parties du monde, dans lequel on indique en quels royaumes, provinces, et contre'es ces lieux se trouvent, les Princes dont ils dépendent, les rivieres, bayes, mers, montagnes, &c. sur lesquelles ils sont situe's, leur distance en lieues françoises des places remarquables des environs; avec leur longitude, leur latitude, selon les meilleures Cartes; les sieges que les villes on soutenus, les Grands Hommes qu'elles ont produits, &c. les lieux où se sond donne'es les principales batailles. Ouvrage tre's-utile pour l'intelligence de l'Histoire Moderne et des affaires pre'sentes, traduit de l'Anglois sur la treiziéme Edition de Laurent Echard, Avec des additions & des corrections considérables, Par Monsieur Vosgien, Chanoine de Vaucouleurs.* A Paris, Chez Didot, Libraire, quai des Augustins, à la Bible d'or, M DCC XLVII [1747]
Tradução de: *The Classical geographical dictionary, containing I. the antient and modern names of all the kingdoms* [...] *towns* [...] *II. an historical and*

geographical account of the most remarkable places mention'd by the classicks, [...] by Laurence Echard [...]: London: J. Tonson, 1715.
Em Minas: **Toledo, 1789**.

Félice, Fortuné Barthélemy de (1723-1789). *Leçons de logique*. Par M. le Professeur de Felice. Premiere [Seconde] partie. Yverdon. M.DCC. LXX. [1770]. 2v.
Em Minas: **2. Ofício, 1714-1822**

[**Jombert, Claude**] (1679-1735). *Secrets concernant les arts et metiers*. A Paris, Chez Claude Jombert, Quay des Augustins, à la descente du Pont-Neuf, à l'Image Nôtre-Dame. M. DCCXVI. [1716]. Avec privilege du Roy. [2v.: *Le teinturier parfait, ou l'art de teindre les soyes, Laines, Fils, Chapeaux, &c. La maniere de mettre en couleur les Cuirs, d'Yvoire, les Os, le Bois, le Verre, le Cristal, &c. Avec un Traité des Drogues & ingrediens qu'on y emploïe, du choix qu'on en doit faire, & leur Culture. Divisé en deux Parties.*]
Em Minas: **Silva, 1791**.

Hassenfratz, Jean-Henri (1755-1827). *Traité de l'art du charpentier, approuvé et adopté par l'Institut National, pour faire suite aux arts et metiers, publiés par l'Académie des Sciences; dédié et présenté au premier consul Par J. H. Hassenfratz. [-Premiere] Partie*. De l'Imprimerie de Demonville, rue Christine, n.º. 12. A Paris, rue de Thionville, n.º 116. Chez Firmin Didot, Libraire pour l'Architecture, la Marine, les Mathématiques et les éditions stéréotipes. An. XII. – 1804.
Em Minas: **Gayo, 1806**.

Lairesse, Gérard de (1640-1711); **Veloso, José Mariano da Conceição** (trad., 1742-1811). *O grande livro dos pintores, ou arte da pintura, considerada em todas as suas partes, e demonstrada por principios, com reflexões sobre as obras d' alguns bons mestres, e sobre as faltas que nelles se encontraõ. Por Gerardo Lairesse, com hum apendice no principio sobre os principios do desenho. Traducçaõ do Francez. De Ordem, e debaixo dos auspicios de Sua Alteza Real o Principe Regente N. S.* Lisboa, Na Typographia Chalcographica, Typoplastica, e Litteraria do Arco do Cego. M. DCCCI. [1801]

Tradução de: *Le Grand livre des peintres, ou l'art de la peinture Considéré dans toutes ses parties, & démontré par principes; Avec des Réflexions sur les Ouvrages de quelques bons Maîtres, & sur les défauts qui s'y trouvent. Par Gérard de Lairesse. Auquel on a joint les Principes du Dessin du même Auteur. Traduit du Hollandois sur la seconde Édition. Avec XXXV Planches en taille-douce.* [Tome Premier.] A Paris, a l'Hôtel de Thou, Rue des Poitevins. M. DCC. LXXXVII. [1787]. Avec approbation et privilège du Roi. 2v.
Tradução[70] de: *Groot Schilderboek, Waar in de Schilderkonst in al Haar deelen Grondig werd onderweezen, ook door Redeneeringen en Printverbeeldingen verklaard; Met Voorbeelden uyt de beste Kons-Stukken der Oude en Nieuwe Puyk-Schilderen, bevestigd: En derzelver Wel-en Mistand aangeweezen. Door Gerard de Lairesse, Konst-Schilder.* [Eerste Deel]. Tot Amsterdam, By Hendrick Desbordes, 1712. [1.ed. Amsterdam: W. de Coup, 1707, 2v.]
Em Minas: **Carneiro, 1843**.

Lacaille Nicolas-Louis de (1713-1762); **Marie, Joseph François** (1738-1801). *Tables de Logarithmes Pour les Sinus & Tangentes de toutes les minutes du Quart de Cercle, & pour tous les nombres naturels depouis 1 jusqu'à 10800. Avec une Exposition abrégée de l'usage de ces Tables.* A paris, Chez H. L Guerin & L. F. Delatour, rue Saint Jacques, à Saint Thomas d'Aquin. M.DCC.LX. [1760] Avec Approbation & Privilege du Roi.
Em Minas: **Meirelles, 1794**.

Lacombe, Jacques (1724-1811). *Espectaculo das Bellas Artes, ou Considerações a'cerca da sua natureza, dos seus objectos, dos seus effeitos, e das suas regras principaes, com observações sobre o modo de as considerar, sobre as disposições necessarias para cultivallas, e sobre os meios proprios para as entender, e as aperfeiçoar. por M. Lacombe, adovado, Traduzido em Portuguez por . . . .* Porto: Na officina de Antonio Alvarez Ribeiro. Anno de 1786. Com licença da Real Meza Censoria. Vende-se em casa de Vicente Emery Mercador de Livros aos Arcos de S. Dmingos [sic] na Cidade do Porto.

---

70 Segundo Brunet (1860-1865, v. 3, p. 775).

Tradução de: *Le Spectacle des Beaux Arts; ou considérations Touchant leur nature, leurs objets, leurs effets & leurs règles principales; avec des observations Sur la Manière de les envisager; sur les Dispositions nécessaires pour les cultiver; & sur les Moyens propres pour les étendre & les perfectionner.* [epígrafe] *Par M. Lacombe, Avocat. Quarante sols broché.* A Paris, Chez Hardy Libraire, rue S. Jacques, au-dessus de celle de la Parcheminerie, à la Colonne d'or. M. DCC. LVIII. [1758] Avec Approbation & Privilège du Roi.

Lacroix, Louis-Antoine Nicolle de (Abbé) *Géographie moderne abrégée, précédée d'un petit Traité de la sphère et du globe, ornée de plusieurs traits d'histoire tant naturelle que politique et terminée par une géographie ecclésiastique* [...]. Paris: Vve Robinot, 1748.
Em Minas: **Costa, 1791**.

Lalande, Joseph Jérôme Lefrançois de (1732-1807). *Astronomie par M. de la Lande, Conseilleur du Roi, Lecteur Royal en Mathématiques; Membre de l'Académie Royale des Sciences de Paris; de la Société Royale de Londres; de l'Academie Imperiale de Pétersbourg; de l'Académie Royale des Sciences & Belles-Lettres de Prusse; de la Société Royale de Gottingen; de l l'Institut de Bologne; de l'Académie des Arts établie en Angleterre, &c. Censeur Royal.* Tome [Premier]. A Paris, Chez Desaint & Saillant, Libraires, rue S. Jean-de-Beauvais. M.DCC.LXIV. [1764] Avec privilege du Roi. 4t.
Em Minas: **Miranda, 1837**.

La Porte, Joseph de (1714-1779). *L'Esprit de l'Encyclopédie ou choix des articles Les plus curieux, les plus agréables, les plus piquans, les plus philosophiques de ce grand Dictionnaire. On ne s'est attaché qu'aux morceaux qui peuvent plaire universellement, & fournir à toutes sortes de lecteurs, & sur-tout aux gens du monde, la matiere d'une lecture intéressante.* [Tome Prémier]. A Geneve; & se trouve a Paris, Chez Vicent, Imprimeur-Libraire, rue Saint Severin. M DCC LXVIII. [1768]. 5v.
Em Minas: **Silva, 1791**.

La Salle de l'Etang, Simon Philibert de (c. 1700-1765). *Manuel d'Agriculture pour le laboureur, pour le propriétaire, et pour le gouvernement:*

contenant Les vrais & seuls moyens de faire prospérer l'Agriculture, tant en France que dans tous les autres Etats ou l'on cultive; avec La Réfutation de la Nouvelle Méthode de M. Thull. Par M. de La Salle de l'Etang, Seigneur de Muyr, Tinqueux, &c. acnien Député de la Ville de Rheims à Paris. A Paris, Chez Lottin l'Aîné, Libraire & Imprimeur, rue S. Jacques, au Coq. Dessain Junior, Libraire, Quai des Augustins, à la Bonne-Foi. MDCCLXIV. [1764] Avec Approbation, & Privilege du Roi.
Em Minas: **Silva, 1791**.

Le François, Abbé; **Giron, Juan Manuel** (trad.). *Methodo geografico facil: donde se demuestra el modo de Govierno de todos los Paises, sus qualidades, las costumbres de sus habitantes [...] con un breve Compendio de la Esfera y una tabla de longitudes y latitudes de las principales villas y ciudades del mundo [...] compuesto en idioma francés por M. François; traducido en lengua española e ilustrado considerablemente por el Lic. D. Juan Manuel Giron, Clérigo de Menores*. Impreso en Paris, a costa de Pedro Gendron; se hallará en Madrid, 1754. 2v.
Tradução de: *Methode abregée et facile pour apprendre la geographie, ou l'on decrit la forme du gouvernement de chaque pays, ses qualitez, les moeurs de ses habitans, & ce qu'il y a de plus remarquable. Avec un abregé de la sphere*. A Paris, chez Augustin Brunet, dans la grande salle du Palais, au quatriéme pillier, devant les enquestes, au Louis couronné. Et Jacque Quillau, imprimeur-juré-libraire de l'université, rue galande. M. DCC. V. [1705] Avec approbation et privilege du roi.
Em Minas: **Souza, 1795**.

Le Noble, Eustache (1643-1711). *L'École du monde, ou instruction d'un père a un fils, touchant la manière dont il faut vivre dans le monde, divisée en entretients, par M. Le Noble*. Amsterdam: aux dépens de la Compagnie, 1709. 6t. em 3v.
Na verdade, uma compilação de uma obra em diversos volumes que se inicia por *L'Ecole des sages*. Paris: Claude Mazuel, 1692; e termina com: *L'école du monde, nouvelle. Ou les promenades de Mr. Le Noble*. Paris: M. et G. Jouvenel, 1695.
Foi publicada em português como: *Escola do mundo, ou instrucçam de hum pay para hum filho, pertencente ao modo com que se deve viver no mundo,*

dividida em dialogos Le Noble; composta na lingua Franceza, e tradusida na portugueza por Antonio Blem. Lisboa Occidental: Officina da Musica, 1722-1724. 2v.
Em Minas: **Barros, 1762**.

Macquer, Philippe (1720-1770). *Dictionnaire portatif des Arts et Metiers. Contenant en abrégé l'histoire, la description & la police des arts et métiers, des fabriques et manufactures de France & des Pays Etrangers*. [Tome premier]. A Paris, Chez Lacombe, Libraire, Quai de Conti. M. DCC. LXVI. [1766]. Avec Approbation, & Privilege du Roi. 2v.
Em Minas: [**Silva, 1791**].

Montesson, Louis Charles Dupain de (1720-1790); **Veloso, José Mariano da Conceição** (trad., 1742-1811). *A sciencia das sombras relativas ao desenho, obra necessaria a todos, que querem desenhar Architectura Civil, e Militar, ou que se destinaõ a pintura, &c. Na qual acharaõ regras demonstradas para conhecer a especie, a forma, a longitude, e a largura das Sombras, que os differentes corpos fazem, e produzem, assim sobre superficies horizontaes, verticaes, ou inclinadas, como sobre as superficies verticaes, planas, convexas, ou concavas. Por M. Dupain, Traduzida de ordem de Sua Alteza Real o Principe do Brasil Nosso Clementissimo Senhor por Fr. José Mariano da Conceiçaõ Velloso, Menor Reformado da Provincia do Rio de Janeiro*. Lisboa, Na Offic. de Joaõ Procopio Correa da Sylva, Impressor da Santa Igreja Patriarcal, Anno M. DCC. XCIX. [1799].
Tradução[71] de: *La Science des ombres, par rapport au dessein. Ouvrage nécessaire à ceux qui veulent dessiner l'Architecture Civile & Militaire, ou qui se destinent à la Peinture. Dans lequel ils trouveront des regles démontrées pour connoître l'espece, la forme, la longueur & la largeur des ombres que les différens corps portent, & qu'ils produisent tant sur des surfaces horisontales, verticales, ou inclinées, que sur des surfaces verticales,*

[71] Segundo Luigi Marini (1810), a primeira edição dessa obra data de 1746. A mais antiga que encontramos no catálogo da Bibliothèque Nationale de France e no Online Computer Library Center (OCLC) foi a de 1750, referida anteriormente, cujas licenças, em todo caso, datam de 1746.

plates, convexes, ou concaves. Par M. Dupain l'aîné. À Paris, Quay des Augustins, Chez Charles-Antoine Jombert, Libraire du Roi pour l'Artillerie & le Génie, au coin de la rue Gillecœur, à l'Image Notre-Dame. M. DCC. L. [1750]. Avec Approbation & Privilège du Roi.[72] [Publicado e encadernado com uma segunda parte denominada apenas de *Le dessinateur au cabinet et a l'armée*].
Em Minas: **Carneiro, 1843**.

Pauw, Cornelius Franciscus de (1739-1799). *Recherches philosophiques sur les Américains; ou, Mémoires intéressants pour servir à l'Histoire de l'espece humaine, par Mr. de P***. Avec une Dissertation sur l'Amérique & les Américains, par Don Pernetty.* [Epígrafe] [Tome premier]. A Londres, M. DCC. LXX. [1770].
Em Minas: **Miranda, 1837**.

Pluche, Noël-Antoine (1688-1761); **Humphreys, Samuel** (1698-1738). "Spectacle de la Nature", or Nature display'd. Being discourses On such Particulars of Natural History as were thought most proper To Excite the curiosity, and Form Minds of Youth. Illustrated with Copper PLates. Translated from the Original French. London: Printed for J. Pemberton in Fleet-setreet, N. Prevost in the Strand, R. Franklin in Covent garden, and C. Davis in Pater-noster Row. 1733-1750. 8v. Tradução de: *Le Spectacle de la nature, ou Entretiens sur les particularités de l'histoire naturelle qui ont paru les plus propres à rendre les jeunes gens curieux et à leur former l'esprit.* Paris: Vve Estienne, 1732-1750. 8v.
Em Minas: **Toledo, 1789**.

Prieur-Duvernois, Claude Antoine (1763-1832). *Rapport sur les moyens préparés pour établir l'uniformité des Poids et Mesures dans la République et pour substituer prochainement le mètre à l'aune dans le département de Paris; Sur le mode à déterminer pour le remplacement successif des anciennes mesures dans toute la France; Enfin sur les réglemens*

[72] Segundo Luigi Marini (1810, p. 256), a obra data de 1746. A edição mais antiga que encontramos no catálogo da Bibliothèque Nationale de France e no OCLC foi a de 1750 listada anteriormente.

à promulguer à ce sujet. Suivi d'un project de décret: Lus à la séance du 25 fructidor, an 3e. républicain, Par C.-A. Prieur (de la Côte-d'Or), au nom du Comité d'Instruction Publique. Imprimés par odre de la Convention Nationale. A Paris, de l'Imprimerie Nationale. Fructidor, l'an III [1795].
Em Minas: **Miranda, 1837**.

Robertson, William (1721-1793); **Eidous, Marc-Antoine** (trad. 1724-1790). *Histoire de l'Amérique, Par Guillaume Robertson, Docteur en Théologie, Principal de l'Université d'Edimbourg, & Historiographe de S. M. B. pour l'Écosse. Traduite de l'Anglois, par M. E....* [Tome premier]. A Maestricht, Chez Jean-Edme Dufour & Philippe Roux, Imprimeurs-Libraires, associés. M. DCC. LXXII. [1777]. 4v.
Tradução de: *The history of America. By William Robertson, D. D. Principal of the University of Edinburgh, and Historiographer to his Majesty for Scotland.* [Volume the first]. London: Printed for W. Strahan; T. Cadell, in the Serand; and J. Balfour, at Edinburgh. MDCCLXXVII. [1777]. 4v.
Em Minas: **Miranda, 1837**.

Saint-Pierre, Jacques-Henri-Bernardin de (1737-1814). *Etudes de la nature, par Jacques-Henri-Bernardin de Saint-Pierre.* [epígrafe] 3 vol. in-12, fig. br. 10 liv. [tome premier]. A Paris, de l'Imprimeirie de Monsieur. Chez Pierre-François Didot le jeune, Libraire, quai des Augustins. M. DCC. LXXXIV. [1784] 3v.
Em Minas: **Miranda, 1837**.

***Segredos** necessarios para os officios, artes e manufacturas, e para muitos objectos sobre a economia domestica, extrahidos Da Encyclopedia Methodica, da Encyclopedia pratica, e das melhores obras que tratárão até agora estes objectos.* [Tomo I] Lisboa: Na Offic. de Simão Thaddeo Ferreira. Anno M. DCC. LXXXXIV. [1794]. Com licença da Real Meza da Comissão Geral sobre o Exame, e Censura dos Livros.
Provável tradução de: *Encyclopédie pratique, ou établissement de grand nombre de manufactures. Par M. le chevalier de W**. Dédiée à Son Altesse monseigneur le prince-évêque de Liege.* [Tome premier]. A Liege, chez J. F.

Bassompierre, imprimeur de Son Altesse, & libraire. M. DCC. LXXII. [1772]. Avec approbation & privilege. 2v.
Em Minas: **Ataíde, 1832**; **Carneiro, 1843**.

Valmont de Bomare, Jacques-Christophe (1731-1807). *Dictionnaire raisonné universel d'histoire naturelle; contenant l'histoire des animaux, des végétaux et des minéraux, et celle des corps célestes, des météores, & des autres principaux phénomènes de la nature. Avec l'histoire et la description des drogues simples tirées des trois règnes; et le détail de leurs usages dans la médecine, dans l'économie domestique & champêtre, & dans les arts & métiers. Par M. Valmont de Bomare, Démonstrateur d'Histoire Naturelle; Honoraire de la Société Economique de Berne; Associé de l'Académie Royale des Sciences, Belles Lettres & Arts de Rouen; Correspondant de la Société Royale des Sciences de Montpellier; Associé de l'Académie Royale des Belles Lettres de Caen; Membre de la Société Littéraire de Clermont-Ferrand.* [Tome premier]. A Paris: Chez Didot, le Jeune, Quai des Augustins. Musier, Fils, Quai des Augustans. De Hansy, Pont-au-change. Panckoucke, rue & près de la Comédie Françoise. M. DCC> LXIV. [1764]. Avec Approbation, & Privilege du Roi. 5v.
Em Minas: **Silva, 1791**.

Acervos coloniais mineiros com obras francesas sobre arquitetura

Na presente lista, constam as obras em francês ou de autores franceses, relacionadas ao tema da arquitetura, presentes em acervos coloniais mineiros. Para a lista completa de obras de arquitetura em acervos coloniais brasileiros, Cf. Macedo, 2017, Ap. A. O texto dos inventários originais consta entre colchetes.

2. Ofício, 1714-1822
[Cartório do 2. Ofício de Mariana: inventários 1714-1822]. [Mariana]: [1714-1822]. Manuscrito. *Loc.*: Casa Setecentista de Mariana: 2. Ofício. *Ref.*: Villalta, *Reformismo ilustrado, censura e práticas de leitura*, 293-304.

- Bézout, Curso de mathematicas para uso dos guardas-bandeiras, e guardas-marinha. 1778, {"Geometria" [?] [5 ocorrências, junto a outros dois títulos]}.
- Bézout, Elementos de arithmetica. 1791, {"Elementos de aritmetica" [5 ocorrências, junto a outros dois títulos]}.
- Bézout, Elementos de trigonometria plana.1774, {"Elementos de trigonometria" [5 ocorrências, junto a outros dois títulos]}.
- Félice, Leçons de logique. 1770,

Ataíde, 1832

Ataíde, Luiz da Costa (inventariado). *[Luiz da Costa Ataide: inventário].* [Mariana]: [1802]. [Capitão]. Manuscrito. *Loc.*: Casa Setecentista de Mariana: 2. Ofício, códice 33, auto 792, fl.6.v.. *Ref.*: Santiago, *Usos e impactos de impressos europeus*, 121.

- Segredos necessarios, para os officios, artes, e manufacturas. 1802, {"Hum D.o [livro] segredo das Artes dous Tomos 2$000"}.

Barros, 1762

Barros, Manoel Francisco da Costa (inventariado). *[Manoel Francisco da Costa Barros: inventário].* [Ouro Preto]: [1762]. Manuscrito. *Loc.*: Arquivo da Casa do Pilar: 1. Ofício, Códice 120, Auto 1521, 1762.

Ref.: Alvarenga, *Homens e livros em Vila Rica: 1750-1800*, 271.

- Noble, Escola do mundo. 1722-1724,

Carneiro, 1843

Carneiro, Francisco Xavier (inventariado). *[Francisco Xavier Carneiro: inventário].* [Mariana]: [1843-1844]. Manuscrito. *Loc.*: Casa Setecentista de Mariana: 2. Ofício, 1840, códice 59, auto 1346, ff.4, 45.v.-46. *Ref.*: Santiago, *Usos e impactos de impressos europeus*, 125-127.

- Du Fresnoy, Arte da Pintura, A.1801, {"Arte de [da] pintura" [?]}.
- Lairesse, Grande livro dos pintores, O. 1801, {"Arte de [da] pintura" [?]}.
- Lairesse, Principios do desenho.1801, {"Arte de [da] pintura" [?]}.
- Montesson, sciencia das sombras relativas ao desenho, A. 1799, {"as sciencias das sombras relativas ao dezenho"}.

- Segredos necessarios, para os officios, artes, e manufacturas. 1802, {"Segredo necessario para as artes da pintura"}.

Costa, 1791

Costa, José de Resende (inventariado). *Auto de seqüestro dos bens, ao Cel. José de Resende Costa.* [Lage]: [23 maio 1791]. Manuscrito. *Ref.*: Autos, *Autos de devassa da inconfidência mineira*, 6/425.

- La Croix, Geographie moderne et universelle.... 1800, {"Geografia de Lacroix 2 [vol.] 8."}.

Gayo, 1806

Gayo, Tereza Gomes (inventariado). *[Tereza Gomes Gayo: inventário].* [Sabará]: [1806]. Manuscrito. *Loc.*: Museu do Ouro. *Ref.*: Araújo, *Perfil do leitor colonial*, 317.

- Hassenfratz, Traité de l'art du charpentier. 1804, {"Arte de carpinteiro" [?]}.

Meirelles, 1794

Meirelles, Francisco de Paula (inventariado). *[Francisco de Paula Meirelles: inventários].* [Mariana]: [1794]. [Reverendo]. Manuscrito. *Loc.*: Casa Setecentista de Mariana: 1. Of. Códice 151, auto 3159. *Ref.*: Araújo, *Perfil do leitor colonial*, 275.

- Bézout, Elementos de arithmetica. 1791, {"Aritmetica de Bezout 12 volumes" [?]}.
- Bézout, Elementos de trigonometria plana. 1774, {"Trigonometria de Bezout 18 volumes" [?]}.
- La Caille, Tables de logarithmes pour les sinus et tangentes. 1760, {"Taboas de logaritmos de La Caille 14 volumes" [?]}.
- La Croix, Geographie moderne et universelle.... 1800, {"Geografia de La Croix truncada" [?] [A data não confere.]}.
- Lacombe, Espetaculo das Bellas Artes.1786, {"Espetaculo de Bellas Artes"}.
- Musschenbroek, Dissertatio physica experimentalis de magnete. 1754, {"Fisica de Muyquembroek"}. de Portugal. 1727, {"Memorias historicas do Carmo"}.

Miranda, 1837

Miranda, Caetano Luiz de (inventariado). *[Caetano Luiz de Miranda: inventário].* [Arraial do Tejuco]: [1837]. Manuscrito. *Loc.*: Biblioteca Antônio Torres: 2. Ofício, Maço 175. *Ref.*: Araújo, *Perfil do leitor colonial*, 318. Santiago, *Usos e impactos de impressos europeus*, 130-135.

- Baudrillart, Traité général des eaux et forêts.1821, {"Tratado dos delitos sobre agoas e florestas em Francês por Dratel, hum vollume em Oitavo $ 640"}.
- Bertholet, Élements de l'art de la teinture. 1791, {"Arte da tintura por Berthole dois vollumes 1$ 500" [?]}.
- Buffon, L'Histoire naturelle. 1749-1767, {"Historia Natural de Buffon em trinta e quatro vollumes 10$ 000"}.
- Lalande, Traité d'astronomie. 1764, {"Astronomia por Lalend dois vollumes em oitavo 1$ 280"}.
- Pauw, Recherches philosophiques sur les Américains. 1770, {"Observaçoens filosoficas sobre os Americanos por Pauw cinco vollumes 1$ 600" }.
- Prieur, Rapport sur les moyens préparés pour établir l'uniformité des poids et mesures dans la République. 1795, {"Rapport des poides, hum vollume em oitavo 1$ 280"}.
- Robertson, The History of America. 1777, {"Historia da América por Robertson, em quatro vollumes 2$ 400"}.
- Saint-Pierre, Études de la nature. 1787, {"Estudos da Natureza por São Picrre (?) em seis vollumes 1$ 920"}.

Murado, 1777

Murado, Pedro Ferreira (inventariado). *[Pedro Ferreira Murado: inventário].* [Ouro Preto]: [1777]. Manuscrito. *Loc.*: Arquivo da Casa do Pilar: 1. Ofício de Órfãos, Códice 126, auto 1574. *Ref.*: Araújo, *Perfil do leitor colonial*, 274.

- Campos, Elementos de Geometria plana, e solida. 1735, {"Elementos geometricos" [Araújo pondera: "...talvez seja o livro do padre Manuel de Campos .... Também podem ser os Elementos de geometria de Bezout ou de Euclides". Talvez seja o de Clairaut também, ou uma edição em espanhol (no OCLC há livros com o título exato de Elementos geométricos].}.

Mursa, 1767

Mursa, Pedro Teixeira (inventariado). *[Pedro Teixeira Mursa: inventário].* [Ouro Preto]: [1767]. Manuscrito. *Loc.*: Arquivo da Casa do Pilar: 1. Ofício, Códice 126, Auto 1574, 1767. *Ref.*: Alvarenga, *Homens e livros em Vila Rica: 1750-1800*, 261.

- Bézout, Cours de mathématiques. 1768-1772, {"Elementos geométricos / Etienne Bézout"}.

Ribeiro, 1798

Ribeiro, José Pereira (inventariado). *[José Pereira Ribeiro: inventário].* [Mariana]: [1798]. Manuscrito. *Loc.*: Casa Setecentista de Mariana: 2. Of. códice 51, auto 1162. *Ref.*: Araújo, *Perfil do leitor colonial*, 277, 392.

- Bézout, Cours de mathématiques. 1768-1772, {"Geometrie de Bezout" [2.pt.]}.
- Bézout, Elementos de arithmetica. 1791, {"Aritmetica do dito [Bézout]"}.
- Estaço, Varias antiguidades de Portugal. 1625, {"Antiguidades de Portugal"}.
- Memorias Economicas. 1789-1815, {"Memorias Economicas da Academia Real das Sciencias"}.
- Ramazzini, L'art de conserver la santé des princes. 1724, {"Arte de conservar la santé 2v."}.
- Robertson, The History of America. 1777, {"Histoire sul'Amérique de Robertson quatro volumes"}.
- Tissot, Aviso ao povo ácerca de sua saude. 1786, {"Tissot…"}.

Seyra, 1789

Seyra, Joam Roiz (inventariado). *[Joam Roiz Seyra: inventário].* [Ouro Preto]: [1789]. Manuscrito. *Loc.*: Arquivo da Casa do Pilar: 1. Ofício de Órfãos, Códice 79, auto 944. *Ref.*: Araújo, *Perfil do leitor colonial*, 273.

- Bertrand, Elementos de agricultura.1788, {"Agricultura in 4." [?]}.

Silva, 1791

Moraes, José Garcez de (escr.); Silva, Luís Vieira da (inventariado); Mota, Antonio Gonçalves da (inventariante); Oliveira, Tomás José de (inventariante). *Avaliação de bens seqüestrados ao*

Cônego Luís Vieira da Silva. [Mariana]: [1 mar. 1791]. Manuscrito. *Ref.*: Autos, *Autos de devassa da inconfidência mineira*, 6/307.

- Baudrand, Dictionnaire geographique et historique.1705, {"Dictionaire Geographique, edição antiga 1 [vol.] 8. $960"}.
- Beyerlinck, Magnum Theatrum Vitae Humanae. 1631, {"Theatrum magnum vitae humanae 8 [vol.] in-folio 9$600"}.
- Bomare, Dictionnaire raisonné universel d'histoire naturelle. 1775, {"Dictionnaire de l'histoire Naturelle, de Bomaré 6 [vol.] 8. 9$600"}.
- d'Alembert, Encyclopédie ou Dictionnaire raisonné des sciences, des arts et des métiers.1745-1772, {"Encyclopedie 2 [vol.] 8. 4$800"}. [Pode ser Macquer, Dictionnaire portatif des Arts et Metiers, 1766.]
- Descartes, Geometria. 1649, {"Geometria de Descartes 2 [vol.] 8. 2$400"}.
- Dyche, A new general English dictionary. 1735, {"Nouveau Dictionaire des Sciences 2 [vol.] 8. 2$000"}.
- Ferrari, Philosophia mentis. 1749, {"Philosophia mentis a Brixia 8 [vol.] 4. 8$000"; "Elementos Metaphysicos a Brixia 1 [vol.] 8. $900" [trata-se provavelmente do segundo volume da obra]}.
- La Croix, Geographie moderne et universelle.... 1800, {"Geographie moderne, de Lacroix 2 [vol.] 8. 1$200"}.
- La Salle de l'Etang, Manuel d'agriculture. 1764, {"Manuel d'Agriculture 1 [vol.] 8. $960"}.
- Macquer, Dictionnaire portatif des Arts et Metiers. 1766. {"Encyclopedie 2 [vol.] 8. 4$800"}. [Pode ser d'Alembert, Encyclopédie ou Dictionnaire raisonné des sciences, des arts et des métiers.1745-1772.]
- Porte, L'esprit de l'encyclopédie. 1768, {"L'Esprit de l'Encycolpedie 5 [vol.] 8. 3$600"}.
- Robertson, The History of America. 1777, {"Histoire de l'Amerique, de Robertson 4 [vol.] 8. 3$600"}.
- Secrets concernant les arts et métiers. 1762, {"Secrets des arts, dois volumes 2 [vol.] 8. 1$200"}.

Souza, 1795

Souza, Joaquim José de (inventariado). *[Joaquim José de Souza: inventário]*. [São João del-Rei]: [1795]. Manuscrito. *Loc.*: Museu Regional de São João del-Rei: Arquivo Histórico, maço J.

Ref.: Araújo, *Perfil do leitor colonial*, 270.

- François, Methodo geografico facil. 1754, {"Methodo geografico e cartas 2 volumes in-8."}.
- Robertson, The History of America. 1777, {"Histoire de l'Amérique 4 volumes in 8."}.

Toledo, 1789

Lustosa, João Baptista (escr.); Mello, Carlos Correia de Toledo e (inventariado); Alvares, José Lucas (inventariante); Quinta, Manuel Ribeiro (inventariante); Vale, João da Costa (inventariante). *Avaliação dos bens seqüestrados ao Pe. Carlos Correia de Toledo*. [São João del-Rei]: [18 dez. 1789]. Manuscrito. *Ref.*: Autos, *Autos de devassa da inconfidência mineira*, 6/339.

- Echard, Dictionnaire géographique portatif. 1747, {"Dicionário Geográfico, em francês 1 [vol.] 4. 1$200"}.
- Pluche, Le Spectacle de la nature. 1732-1750, {"Espetáculo da natureza, em inglês 1 [vol.] 8. $150"}.

Referências

Alvarenga, Thabata de Araújo. *Homens e livros em Vila Rica: 1750-1800*. 2003. Dissertação (Mestrado em História Social) – Faculdade de Letras e Ciências Humanas, Universidade de São Paulo, São Paulo, 2003.

Araujo, Jorge de Souza. *Perfil do leitor colonial*. Ilhéus: Editus; Editora da UESC, 1999.

Araujo, José Paulo de Figuerôa Nabuco de. *Legislação Brazileira, ou collecção chronologica das Leis, Decretos, Resoluções de Consulta, Provisões, etc., etc., do Imperio do Brazil, desde o anno de 1808 até 1831 inclusive, contendo: além do que se acha publicado nas melhores collecções, para mais de duas mil peças ineditas, colligidas pelo conselheiro José Paulo de Figueirôa Nabuco Araujo*. Rio de Janeiro: Typ. Imp. e Const. de Villeneuve e C, 1836-1844. 7 v.

Armand, Guilhem. Le Spectacle de la nature ou l'esthétique de la Révélation. *Dix-huitième Siècle*, v. 45, n. 1, p. 329-345, 2013. Disponível em: https://doi.org/10.3917/dhs.045.0329. Acesso em: 10 fev. 2024.

Autos da devassa da Inconfidência Mineira. Rio de Janeiro: Biblioteca Nacional, 1936-1938. 7 v.

Baeta, Rodrigo Espinha. *O barroco, a arquitetura e a cidade nos séculos XVII e XVIII*. Salvador: EDUFBA, 2010.

Bastos, Rodrigo Almeida. *A maravilhosa fábrica de virtudes: o decoro na arquitetura religiosa de Vila Rica, Minas Gerais (1711-1822)*. São Paulo: Edusp; Fapesp, 2013.

Brasil, Bruno. Abelha do Itaculumy: sobrevoando as Gerais sem ferrão. Acervo da BN. *BNDigital* (blog), 16 out. 2020. Disponível em: http://bndigital.bn.gov.br/artigos/acervo-da-bn-abelha-do-itaculumy-sobrevoando-as-gerais-sem-ferrao/. Acesso em: 10 fev. 2024.

Brasil; Portugal [Leis]. *Collecção das leis do Imperio do Brazil*. Organização de Joaquim Isidoro Simões. Rio de Janeiro: Imprensa Nacional, 1808-1889.

Brunet, Jacques-Charles. *Manuel du libraire et de l'amateur de livres*. 5. ed. Paris: Firmin-Didot Frères, Fils et cie., 1860-1865. 6 v.

Bueno, Beatriz Piccolotto Siqueira. *Desenho e desígnio: o Brasil dos engenheiros militares (1500-1822)*. São Paulo: Edusp; Fapesp, 2011.

Campos, Fernanda Maria Guedes de (org.). *A Casa Literária do Arco do Cego, 1799-1801, bicentenário: sem livros não há instrução*. Lisboa: Imprensa Nacional – Casa da Moeda; Biblioteca Nacional, 1999.

Carsalade, Flavio de Lemos. *A pedra e o tempo: arquitetura como patrimônio cultural*. Belo Horizonte: Editora UFMG, 2014.

Castro, Renato Berbert de. *A primeira imprensa da Bahia e suas publicações: Tipografia de Manuel Antônio da Silva Serva, 1811-1819*. Salvador: Departamento da Educação Superior e da Cultura, 1969.

Collison, Robert Lewis. *Encyclopaedias: Their History Throughout the Ages; a Bibliographical Guide with Extensive Historical Notes to the General Encyclopaedias Issued Throughout the World from 350 B.C. to the Present Day*. New York; London: Hafner Publishing Company, 1964.

Correa-Martins, Francisco Jose. O Brigadeiro de Infantaria e engenheiro prático João Massé: um herege ao serviço del Rey. *In*: Simpósio Luso-Brasileiro de Cartografia Histórica, 8., 2019, Portugal. *Atas*... Disponível em: https://www.academia.edu/44614305/O_Brigadeiro_de_Infantaria_e_engenheiro_pr%C3%A1tico_Jo%C3%A3o_Mass%C3%A9_um_herege_ao_servi%C3%A7o_del_Rey. Acesso em: 10 fev. 2024.

Cunha, Lygia da Fonseca Fernandes da. *Uma raridade bibliográfica: o canto encomiástico de Diogo Pereira Ribeiro de Vasconcellos impresso pelo padre José Joaquim Viegas de Menezes, em vila Rica, 1806*. Edição fac-similar com estudo histórico bioblibiográfico de Lygia da Fonseca Fernandes da Cunha. São Paulo: Gráfica Brasileira, 1986.

Dangelo, André Guilherme Dornelles. *A cultura arquitetônica em Minas Gerais e seus antecedentes em Portugal e na Europa: arquitetos, mestres-de-obras e construtores e o trânsito da cultura na produção da arquitetura religiosa nas Minas Gerais setecentistas*. 2006. Tese (Doutorado em História) – Faculdade de Filosofia e Ciências Humanas, Universidade Federal de Minas Gerais, Belo Horizonte, 2006.

Dezobry, Louis Charles; Bachelet, Théodore. *Dictionnaire Général de Biographie et d'Histoire de Mythologie de Géographie Ancienne et Moderne comparée des antiquités et des institutions grecques, romaines, françaises et étrangères [...]*. Paris: Librairie Ch. Delagrave, 1888. 2 v.

Egbert, Donald Drew. *The Beaux-Arts Tradition in French Architecture*. Edited by David Van Zanten. Princeton: Princeton University Press, 1980.

Faria, Miguel. Joaquim Carneiro da Silva e a Aula de gravura do Arco do Cego. *In*: Campos, Fernanda Maria Guedes de (org.). *A Casa Literária do Arco do Cego, 1799-1801, bicentenário: sem livros não há instrução*. Lisboa: Imprensa Nacional – Casa da Moeda; Biblioteca Nacional, 1999. p. 127-137.

Ferguson, John. *Bibliographical Notes on Histories of Inventions and Books of Secrets*. London: Holland Press, 1981.

Franco, Afonso Arinos de Melo. *O índio brasileiro e a Revolução Francesa: as origens brasileiras da teoria da bondade natural*. 3. ed. Rio de Janeiro: Topbooks, 2000.

Frieiro, Eduardo. *O diabo na livraria do cônego*. Belo Horizonte: Itatiaia, 1957.

Furtado, Júnia Ferreira. *O mapa que inventou o Brasil*. Rio de Janeiro; São Paulo: Odebrecht; Versal, 2013.

Jean Palairet. *Wikipedia*. Disponível em: https://en.wikipedia.org/w/index.php?title=Jean_Palairet&oldid=730949054. Acesso em: 21 jul. 2016.

Kruft, Hanno-Walter. *A History of Architectural Theory: From Vitruvius to the Present*. Translated by Ronald Taylor, Elsie Callander, and Antony Wood. London: Zwemmer; New York: Princeton Architectural Press, 1994.

Luís, Pedro Fernando Catarino. *A Academia dos Humildes e Ignorantes (1758-1770): as letras e as luzes para o homem comum*. 2009. Dissertação

(Mestrado em História Moderna) – Faculdade de Letras, Universidade de Coimbra, Coimbra, 2009. Disponível em: https://estudogeral.uc.pt/handle/10316/13373. Acesso em: 10 fev. 2024.

Macedo, Danilo Matoso. *Biblioteca brasileira de Arquitetura: 1551-1750*. 2017. 944 f. Tese (Doutorado em Arquitetura e Urbanismo) – Faculdade de Arquitetura e Urbanismo, Universidade de Brasília, Brasília, 2017. Disponível em: https://repositorio.unb.br/handle/10482/24932. Acesso em: 10 fev. 2024.

Macedo, Danilo Matoso. O "Divertimento erudito" de João Pacheco: arquitetura e arte numa livraria em Vila Rica. *In*: Mello, Magno Moraes (org.). *Desenhando palavras e construindo geometrias: espaço escrito e espaço pintado no tempo barroco*. Belo Horizonte: Clio, 2016. p. 141-158.

Macedo, Danilo Matoso; Ficher, Sylvia. "O tema da arquitetura nas publicações da Casa Literária do Arco do Cego". *Linguagens nas artes,* 1, n. 2 (10 de dezembro de 2020), p. 76-88.

Machado, Diogo Barbosa. *Bibliotheca Lusitana, historica, critica, e cronologica. Na qual se comprehende a noticia dos authores portuguezes, e das Obras, que compuseraõ desde o tempo da promulgação da Ley da Graça até o tempo prezente.* Coimbra: Atlântida, 1965-1969. 4 v.

Marini, Luigi. *Biblioteca istorico-critica di fortificazione permanente*. Roma: Mariano de Romanis e figli, 1810.

Marx, Karl. *Crítica da filosofia do direito de Hegel*. Tradução de Rubens Enderle e Leonardo de Deus. São Paulo: Boitempo, 2005.

Moraes, Rubens Borba de. *Bibliographia brasiliana: livros raros sobre o Brasil publicados desde 1504 até 1900 e obras de autores brasileiros do período colonial.* 3. ed. São Paulo: Edusp; Fapesp, 2010. 2 v.

Moraes, Rubens Borba de. *Livros e bibliotecas no Brasil colonial*. 2. ed. Brasília: Briquet de Lemos Livros, 2006.

Morales de los Rios Filho, Adolfo. *Grandjean de Montigny e a evolução da arte brasileira*. Rio de Janeiro: A Noite, 1941.

Oliveira, Mário Mendonça de. *As fortificações portuguesas de Salvador quando Cabeça do Brasil*. Salvador: Fundação Gregório de Mattos, 2004.

Ribeiro, José Silvestre; Dias, Eduardo Augusto da Rocha; Academia das Ciências de Lisboa. *Historia dos estabelecimentos scientificos, litterarios e artisticos de Portugal nos successivos reinados da monarchia.* Lisboa: Typographia da Academia Real das Sciencias, 1871-1893. 18 v.

Rodrigues, A. A. Gonçalves. *A tradução em Portugal: tentativa de resenha cronológica das traduções impressas em língua portuguesa excluindo o Brasil de 1495 a 1950*. Lisboa: Impr. Nacional – Casa da Moeda, 1992-1994. 2 v.

Santiago, Camila Fernanda Guimarães. Os livros sobre arte editados pela Casa Literária do Arco do Cego: circulação e usos em Minas Gerais. *In*: Mello, Magno Moraes (org.). *A arquitetura do engano: perspectiva e percepção visual no tempo do barroco entre a Europa e o Brasil*. Belo Horizonte: UFMG, 2013. p. 21-34.

Santiago, Camila Fernanda Guimarães. *Usos e impactos de impressos europeus na configuração do universo pictórico mineiro (1777-1830)*. 2009. Tese (Doutorado em História Social da Cultura) – Faculdade de Filosofia e Ciências Humanas, Universidade Federal de Minas Gerais, Belo Horizonte, 2009.

Silva, Innocencio Francisco da. *Diccionario bibliographico portuguez: estudos de Innocencio Francisco da Silva applicaveis a Portugal e ao Brasil*. Lisboa: Imprensa Nacional, 1858-1923. 22 v.

Summerson, John. *The Architecture of the Eighteenth Century*. New York: Thames and Hudson, 1986.

Tavares, Aurélio de Lyra. *A engenharia militar portuguesa na construção do Brasil*. Rio de Janeiro: SPEME, 1965.

Vellozo, Diogo da Sylveyra. *Architectura militar ou fortificação moderna dividida em duas partes, a primeira ignográfica a segunda orthografica*. Organizado por Mário Mendonça de Oliveira. [Recife]: s.n., 1743.

Verri, Gilda Maria Whitaker. *Viajantes franceses no Brasil*. Recife: Universidade Federal de Pernambuco, 1994.

Villalta, Luiz Carlos. *Reformismo ilustrado, censura e práticas de leitura: usos do livro na América portuguesa*. 1999. Tese (Doutorado em História) – Faculdade de Filosofia, Letras e Ciências Humanas, Universidade de São Paulo, São Paulo, 1999.

Os modernistas na terra do ouro

Angelo Oswaldo de Araújo Santos

O Brasil sempre atraiu a atenção dos franceses. Os interesses econômicos recobriram-se do fascínio pela novidade do imenso território descoberto pelos portugueses no Hemisfério Sul, como demonstrou a famosa festa em que um grupo numeroso de tupinambás dançou, na cidade de Rouen, em 1550, em homenagem ao rei Henrique II e sua mulher, Catarina de Médici. Em museu de Rouen (Musée Départemental des Antiquités), encontram-se toras de pau-brasil entalhadas e utilizadas na ornamentação de casas da época em que os franceses tudo arriscavam para buscar a madeira vermelha nas costas brasileiras.

As experiências de implantação de uma colônia, com Nicolas Villegagnon (1510-1571), no Rio de Janeiro, entre 1555 e 1560, e Daniel de la Touche (1570-1631), em São Luís do Maranhão, no ano 1612, deixaram forte impressão no imaginário, mas não lograram o êxito de Duguay-Trouin (1673-1736), que saqueou, em 1711, o Rio, onde se dava o embarque para Lisboa do ouro extraído nos sertões do Distrito das Minas, então integrante da capitania de São Paulo. Façanha que levou o rei D. João V a mandar queimar os exemplares de *Cultura e opulência do Brasil por suas drogas e minas*, naquele ano publicado em Lisboa pelo jesuíta Antonil, já que continha a indicação do roteiro para se chegar às cobiçadas minas do Ouro Preto e do Sabarabuçu.

Alguns anos mais tarde, as "pérfidas ideias" francesas, assim chamadas nos Autos de Devassa da Inconfidência Mineira, rechearam as livrarias dos letrados de Minas Gerais, como a do cônego Luís Vieira da Silva, tema de um espirituoso ensaio de Eduardo Frieiro, e contribuíram para a fermentação do plano revolucionário de 1789 em Vila Rica. Mas os poetas emergentes, distanciando-se da metrópole intelectual que era a França, foram pastorear na Arcádia Romana os versos que moldaram a obra de Cláudio Manuel da Costa e Tomás Antônio Gonzaga.

O império napoleônico fez com que a família real portuguesa se transferisse para o Brasil, em 1808. Após a abertura dos portos pelo príncipe D. João, muitos franceses passaram a viver no país ou percorreram de ponta a ponta o fabuloso território. A chamada Missão Francesa foi a reunião, no Rio de Janeiro, de um grupo de artistas procedentes da França, no qual Jean-Baptiste Debret (1768-1848) e Grandjean de Montigny (1776-1850) tiveram protagonismo notável.

O naturalista Auguste Saint-Hilaire (1779-1853) visitou as províncias de Rio de Janeiro, Minas Gerais, São Paulo, Goiás, Espírito Santo, Santa Catarina e Rio Grande do Sul. Ao chegar ao Eremitério do Caraça, em 1817, nos ermos finais da região mineradora, Saint-Hilaire comoveu-se ao ser indagado pelo irmão Lourenço, fundador da obra da Senhora Mãe dos Homens, sobre o que havia sido feito de Napoleão, exilado em Santa Helena. Na primeira viagem que fez ao centro de Minas Gerais, em 1881, chegando a Ouro Preto, Mariana, Sabará, Santa Luzia, Lagoa Santa e Caraça, o imperador D. Pedro II valeu-se da narrativa de Saint-Hilaire, atido à sua leitura para melhor observar a natureza e os diferentes aspectos da vida mineira. D. Pedro II trouxe o francês Claude-Henri Gorceix para criar a Escola de Minas de Ouro Preto, em 1876.

A influência da França atravessa o Oitocentos e avança pelo século XX. Os escritores Anatole France (1844-1924) e Rémy de Gourmont (1858-1915) eram reverenciados. Anatole France visitou o Rio de Janeiro em 1909, sendo recebido pela Academia Brasileira de Letras e seu presidente, Rui Barbosa. Solitário em Mariana, o poeta Alphonsus de Guimaraens (1870-1921) sonhava "oficiar no mosteiro de Verlaine". O mecenas Freitas Vale (1870-1958) abriu em São Paulo, em 1904, as portas de sua Villa Kyrial e escrevia poemas simbolistas somente em francês, sob o pseudônimo de Jacques d'Avray.

Mas é com o compositor Darius Milhaud (1892-1974), secretário do poeta Paul Claudel (1868-1955), embaixador da França no Rio de Janeiro entre 1916-1919, que o Brasil exerce um impacto significativo na obra de um autor francês. Milhaud deixou-se contaminar pelos ritmos brasileiros, que animam suas composições, e admirava a obra de Ernesto Nazareth. "Le Boeuf sur le toit", inspirada numa canção do Carnaval carioca de 1918, marcou época em Paris.

Capital da República, o Rio de Janeiro festeja os cânones da *belle époque*, com seus neologismos, de maneira que as primeiras manifestações modernas ficam nos interstícios do padrão oficial. Em São Paulo, convergência de gente de toda parte, o movimento modernista expande-se desde os primórdios da década de 1910. O pintor lituano Lasar Segall (1889-1957) expõe em 1913 e vai fixar-se na cidade, na qual Anita Malfatti (1889-1964) mostra um conjunto impactante de pinturas em 1917, merecendo a crítica feroz do escritor Monteiro Lobato.

Entre os dias 11 e 17 de fevereiro de 1922, eclode a Semana de Arte Moderna, realizada no Teatro Municipal de São Paulo. Com repercussão em todo o Brasil, a Semana vem revelar a produção inovadora de músicos, poetas, atores e pintores. "O sapo", um poema de Manuel Bandeira, faz a plateia coaxar a fim de vaiar a nova poesia. E a música de Heitor Villa-Lobos anuncia sonoridades inauditas.

O poeta Oswald de Andrade e a pintora Tarsila Amaral estavam em Paris, nesse momento. Ao registrar os 30 anos da Semana, numa crônica de 29 de junho de 1952, Tarsila revela:

> A verdade é que, por essa ocasião, como muitas vezes declarei, recebi em Paris uma carta de Anita Malfatti comunicando-me o ocorrido, quando eu trabalhava candidamente no "atelier" de Émile Renard, "hors-concours" do Salão oficial, o dos Artistas Franceses. Émile Renard, inteligente e sensível, respeitava Picasso e outros vanguardistas, razão pela qual via com bons olhos minhas academias de tendência impressionista que, naquele meio francamente acadêmico, pareciam avançadas demais. É que eu levara àquele ambiente as lições do professor Elpons, de São Paulo, cujo "atelier" frequentara pouco antes de

> minha partida para a Europa. De volta ao Brasil, em junho de 1922, só aqui vim tomar contato com a arte moderna, acontecendo-me o mesmo que aconteceu a Graça Aranha (Amaral, 2004, p. 20).

Tarsila e Oswald voltam a Paris, em 1923. Na Place de Clichy, em Montmartre, eles anteveem um novo Brasil nascendo de suas raízes originais. No estúdio da Rua Hégésippe Moreau, Tarsila reúne a vanguarda artística de Paris e compartilha "feijoada, compota de bacuri, pinga e cigarros de palha" com Blaise Cendrars, Fernand Léger, Jules Supervielle, Brancusi, Robert Delaunay, Vollard, Rolf de Maré, Darius Milhaud e o príncipe negro Kojo Tovalou. E outro grupo, em que aparecem Jean Cocteau, Erik Satie, Albert Gleizes e André Lhote, além de, eventualmente, Picasso, Jules Romains e Valéry Larbaud.

Aproximando-se do poeta suíço-francês Cendrars, Tarsila e Oswald nele despertam a vontade de visitar o Brasil, o que veio a acontecer no início do ano de 1924. Sérgio Milliet, também em Paris, liga-se a Cendrars. Numa crônica de 19 de outubro de 1938, Tarsila evoca essa época: "Os artistas tateavam o novo caminho aberto pelo cubismo e, por toda parte, nos cafés, nos restaurantes, nos corredores dos teatros, nos intervalos dos concertos, na rua, em casa se falava sobre arte, entre críticas e divergências que se entrechocavam implacáveis. Cendrars, um dos pioneiros da nova poesia livre, ágil como o pensamento, forte, sadia, gostosa como um fruto selvagem, era atacado pelos surrealistas. Mas Cendrars não dava confiança" (Amaral, 2008, p. 352).

Blaise Cendrars (1887-1961) era um "*bourlinguer*", atraído pelas viagens aventurosas. Em 1915, em Châlons-sur-Marne, ferido gravemente no decorrer da 1ª Guerra Mundial, ele tem amputado o antebraço direito: Blaise "*sans bras*", como no sonho premonitório da pintora Sonia Delaunay, em que o poeta aparece sem um braço. Condecorado, torna-se cidadão francês em 16 de fevereiro de 1916. Mas logo Blaise Cendrars vai virar "*Braise, Brésil: Brésil cendré*", na saudação entusiástica dos modernistas de São Paulo.

Em fins de 1923, Oswald e Tarsila levam Cendrars ao encontro de Paulo Prado, no Hotel Claridge, nos Champs-Élysées. O mecenas paulista convida o poeta a visitar o Brasil. Iria concretizar-se a proposta que os modernistas lhe haviam feito. Em breve escala no Rio de Janeiro e é recebido por Paulo da Silveira; Américo Facó; Ronald de Carvalho; Sérgio Buarque de Hollanda; Graça Aranha; Prudente de Morais, Neto; e Guilherme de Almeida; conforme registrado em fotografia. Desembarcado do navio *Formose* em Santos, em 5 de fevereiro de 1924, um incidente marca a esperada chegada. Os fiscais alfandegários querem impedir sua entrada no Brasil, alegando ser ele um mutilado. Mário de Andrade, indignado, publica um artigo contundente, afirmando ser a mão perdida de Cendrars aquela de que mais necessita o Brasil na construção da sua nova cultura. Sérgio Milliet, Couto de Barros, Luiz Aranha e Rubens Borba de Moraes o conduzem a São Paulo, onde é homenageado com um jantar por dona Olívia Guedes Penteado, no seu célebre salão modernista, e faz palestra sobre a moderna poesia francesa.

"*Nulle part au monde je ne fus aussi frappé par la grandeur manifeste d'aujourd'hui et par la beauté immuable de l'activité humaine qu'en débarquant pour la première fois au Brésil*",[1] escreve ele no livro *Aujourd'hui* (1931), em texto recolhido por sua filha Miriam Cendrars, no volume de 600 páginas que ela dedicou à vida "*d'un homme qui a cherché la lumière*".[2] Visitei-a no seu apartamento em Paris, quando Miriam Cendrars assim escreveu no exemplar a mim ofertado: "*Pour Angelo Oswaldo, ce 'Blaise Cendrars' qui appartient aussi au Brésil*"[3]. Foi em 1º de dezembro de 1984.

A curiosidade de Cendrars provoca nos modernistas o desejo de mostrar-lhe o país, o que resulta no redescobrimento deles próprios como brasileiros. Entre os dias 1º e 4 de março, o poeta passa o Carnaval no Rio de Janeiro, com Olívia Penteado, Tarsila e Oswald. Em 18 de março, o *Correio da Manhã*, do Rio, estampa o "Manifesto Pau-Brasil", de Oswald de Andrade, no qual ele cita Cendrars.

Em abril, a ideia é ampliar e aprofundar a "redescoberta do Brasil", sugerida pelo mergulho no Carnaval carioca. A Semana Santa lembra os

---

[1] "Em nenhum lugar do mundo fiquei tão impressionado como com a grandeza manifesta de hoje e com a beleza duradoura da atividade humana como quando desembarquei no Brasil."

[2] "de um homem que buscava a luz."

[3] "Para Angelo Oswaldo, esse 'Blaise Cendrars' que também pertence ao Brasil."

altares barrocos de Minas e incentiva o roteiro. Em companhia de Oswald e seu filho Noné, Tarsila, Olívia, René Thiollier, Gofredo Silva Telles e Mário de Andrade, Cendrars viaja por Minas Gerais, assistindo às cerimônias da Semana Santa nas velhas cidades do ouro. O contato com as cidades históricas e a obra da Aleijadinho causa forte impacto no grupo excursionista. Mário de Andrade, quando foi a Mariana, em 1919, para estar com o simbolista Alphonsus de Guimaraens, já havia sido tocado pela genialidade de Aleijadinho, segundo ele o primeiro artista genuinamente brasileiro. Ao retornar a São Paulo, Mário não mais focaliza Alphonsus, mas escreve e faz palestra sobre a singularidade de Aleijadinho na história da arte. Para ele, a fealdade de algumas esculturas de Congonhas do Campo, tão criticada pelo poeta e cronista João do Rio (1881-1921), nada mais é que o corte expressionista do mestre dos Passos da Paixão.

A janela do trem, fazendo as vezes de câmera, sugere a Oswald a poesia *Kodak*, clicando versos como Blaise Cendrars faz exatamente nos poemas reunidos no seu livro intitulado *Kodak*. A caminho de Minas, Oswald fotografa:

> **Longo da linha**
> Coqueiros
> Aos dois
> Aos três
> Aos grupos
> Altos
> Baixos
> (Andrade, 1990, p. 132).

Tarsila descobre, com encantamento, as cores brasileiras que ficaram esquecidas na paleta de sua infância. Oswald replanta o pau-brasil. Aleijadinho foi o grande deglutidor da arte europeia. Como os indígenas caetés que devoraram o primeiro bispo, D. Pero Fernandes Sardinha, em 1556, o poeta antropofágico devora todas as influências estrangeiras para fazer a digestão com que Antônio Francisco Lisboa, filho de um europeu e de uma africana, logrou energia para criar a primeira arte a ser chamada de brasileira.

Ao contemplar Ouro Preto, em 1892, refugiado do arbítrio do marechal Floriano Peixoto, Olavo Bilac escreve um soneto parnasiano:

O ângelus plange ao longe em doloroso dobre.
O último ouro do sol morre na cerração.
E austero, amortalhando a urbe gloriosa e pobre,
O crepúsculo cai como uma extrema-unção.
(Bilac, 1997, p. 269).

Passados 32 anos, Ouro Preto não havia mudado, mas a poesia expressa a grande mudança provocada pelo modernismo. Oswald assiste às procissões da Semana Santa:

A matraca alegre
Debaixo do céu de comemoração
Diz que a Tragédia passou longe
O Brasil é onde o sangue corre
E o ouro se encaixa
No coração da muralha negra
Recortada
Laminada
Verde

Tarsila não será apenas a aluna aplicada de Fernand Léger, tampouco Oswald, o discípulo irônico de Apollinaire. A força criativa que moveu Aleijadinho no sentido da originalidade é a seiva que alimenta Tarsila no parto do *Abaporu* e leva Oswald a proclamar o "Manifesto Antropófago", de 1928. A discípula parisiense de Léger, Lhote e Gleizes torna-se agora uma artista genuína do Brasil. As formas novas trazidas da Europa devem prestar-se a exprimir ideias e linhas não importadas, porém essencialmente brasileiras. Não mais os navios para o Havre, diz Cendrars, mas os trens que levam a Minas. Oswald chama para o embarque:

Ide a São João del Rei
De trem
Como os paulistas foram
A pé de ferro

Autoridades mineiras se espantam com o fato de intelectuais de São Paulo quererem conhecer as cidades do passado, quando Minas tudo faz para antecipar o futuro. Diretor da Imprensa Oficial, Noraldino Lima (1885-1951) recepciona os visitantes e procura enfatizar-lhes os progressos de Belo Horizonte como um modelo de cidade. Em entrevista ao *Diário de Minas*, Oswald diz que é nas velhas cidades que se acham as raízes do Brasil. E critica "os versalhes de estuque" da jovem capital de apenas 26 anos (Andrade, 1990, p. 16-17). À época da construção da capital em Belo Horizonte (1894-1897), o pintor francês Emile Rouède havia registrado a forte impressão que lhe causara Ouro Preto, quando escreve: "Não é a construção de uma nova cidade que me deprime. Uma obra assim representa sempre um progresso [...]. O que me dói é ver que, para criar a nova 'Minas', se tenha de aniquilar a antiga Vila Rica" (Rouède, 1894). Também francês, o poeta Jules Supervielle (1931) visita Belo Horizonte menos de uma década depois de Cendrars e indaga: "Deixando Ouro Preto, Mariana e Sabará, em que me podia interessar essa cidade com seus armazéns novos e seus palácios ainda inacabados?".

Em Lagoa Santa, acompanhando os visitantes em nome do governo, o secretário de Estado de Agricultura, Daniel de Carvalho (1887-1966), oferece-lhes terrenos na região, o que excita os planos de Cendrars. O poeta imaginara envolver-se em negócios de terras no Brasil, a fim de sair das dificuldades financeiras em que se enredava, na França, com a família. Sempre visionário, ele quer fazer um filme e estudar possibilidades de ganhar dinheiro, com o apoio de Paulo Prado. Mas a proposta teria sido apenas um gesto do secretário, cuja aparência impressiona Mário de Andrade. No "Noturno de Belo Horizonte", belo e caudaloso poema publicado em 1925, síntese das imagens e impressões da viagem a Minas, o autor de *Pauliceia desvairada* visualiza-o:

> [...]
> Afinal Belo Horizonte não é uma tolice como as outras.
> São Paulo não é a única cidade arlequinal.
> E há vida há gente, nosso povo tostado.
> O secretário de Agricultura é novo!
> [...]

No entanto, Blaise Cendrars guardará para sempre o sonho de tornar-se um latifundiário no Brasil. Em carta a dona Olívia Guedes Penteado, datada de fevereiro de 1929, ele pergunta: "... *que deviennent nos terres et nos souvenirs? Saudades, saudades, saudades! O Nostra*

Signora do Brazil, je vous bénirait si vous pouviez m'envoyer des belles photos d'Aleijadinho..."[4] (Cendrars, 1925[2024]).

Para todos eles, o contato com a obra de Aleijadinho, em Congonhas, Ouro Preto e Sabará, traz consequência intensa e profunda. Cendrars identifica-se com o artista estropiado, quer fazer um filme sobre ele, apaixona-se pelas histórias que correm a respeito do grande escultor e arquiteto do Brasil colonial. Imagina uma personagem chamada "Manolo Seca", na qual vai misturar traços de um prisioneiro com quem conversa pelas grades da cadeia da cidade de Tiradentes e de outro detento, Febrônio Índio do Brasil, que chegará a visitar no Rio de Janeiro. Na crônica de 1938, Tarsila lembra que, para Cendrars, "a realidade só o interessa como ponto de partida para as suas narrativas (Amaral, 2008, p. 352). As suas impressões locais são transplantadas para o quadro que a imaginação requer" – arremata, recordando-se do episódio em Tiradentes e da visita à penitenciária do Rio de Janeiro.

Aleijadinho torna-se matriz, fonte, referência, exemplo para os devaneios de Cendrars, assim como para a nova percepção dos modernistas a respeito da cultura brasileira. De volta a São Paulo após a estada em Minas, Cendrars envia correspondência, em 17 de maio, a um escritor mineiro (não identificado na carta, publicada por Miriam Cendrars na biografia dedicada a seu pai e pertencente ao Arquivo da Biblioteca Nacional da Suíça), a fim de solicitar-lhe informações: "*Je viens de faire un voyage de trois semaines dans les vieilles cités de Minas. J'ai visité Congonhas et suis tout à fait enthousiasmé par l'oeuvre et les travaux d'Antonio Francisco Lisboa, dit l'Aleijadinho. J'ai décidé de faire connaître ce grand artiste en Europe et tout particulièrement en France, par une série d'articles dans les journaux et les revues d'art et je veux même lui consacrer un livre*".[5]

---

4 "O que acontece com nossas terras e nossas memórias? Saudades, saudades, saudades! Ó Nostra Signora do Brasil, eu te abençoaria se pudesses me enviar algumas lindas fotos do Aleijadinho."

5 "Acabo de fazer uma viagem de três semanas às antigas cidades mineiras. Visitei Congonhas e estou bastante entusiasmado com a obra e as obras de Antonio Francisco Lisboa, conhecido como Aleijadinho. Decidi dar a conhecer este grande artista na Europa e particularmente em França, através de uma série de artigos em jornais e revistas de arte e quero até dedicar-lhe um livro."

Junto ao santuário do Senhor Bom Jesus de Matosinhos de Congonhas do Campo, desde 1985 Patrimônio Cultural da Humanidade pela Unesco, escreve Oswald, em 1924:

> [...]
> As cúpulas brancas dos Passos
> E os cocares revirados das palmeiras
> São degraus da arte de meu país
> Onde ninguém mais subiu
> [...]

Em Belo Horizonte, o grupo paulista e Cendrars encontram-se no Grande Hotel, na Rua da Bahia, com o punhado de jovens mineiros que se iniciavam nas trincheiras do modernismo. Carlos Drummond de Andrade (1902-1987), Pedro Nava (1903-1984), Emílio Moura, Martins de Almeida e João Alphonsus são alguns dos moços que, entre a timidez e o fascínio, aproximam-se dos protagonistas da revolução deflagrada dois anos antes, na Semana de Arte Moderna. É o chamado Grupo da Rua da Bahia, frequentador do Café Estrela e da Livraria Francisco Alves, em preparativos para lançar, em 1925, os três números de *A Revista*, casamata do modernismo de Belo Horizonte, sob a liderança do poeta itabirano.

Pedro Nava (1978) conta que "uma das coisas mais importantes para a vida do nosso grupo foi a visita, logo depois da Semana Santa de 1924, da *caravana paulista* que andava descobrindo o Brasil depois do Carnaval passado no Rio de Janeiro". "Tive notícias do grupo na Rua da Bahia, por Carlos Drummond que estava convocando visitantes para irem ver os paulistas no Grande Hotel."

"– De repente vimos entrar com passo apressado e ágil, vindo do corredor que dava para a ala de quartos dos altos de Paraopeba, a figura escanhoada, arrumada e escarolada de um Imperador Romano de olhos verdes. Era Oswald de Andrade sofregamente perguntando – quais são Vocês?" E lembra ainda o memorialista: "O Oswald cintilava conversando. Nós ouvíamos tomados da maior admiração. Admiração por ele, por nós mesmos, de estarmos nos entretendo ali com a maior expressão do Modernismo". Adiante, Nava retorna ao salão de cima do Grande Hotel "para encontrar a coisa mais linda, senhores! que estava lá: Tarsilalá do Amaralalá. Vocês já imaginaram? O trem divino e inteligente como ela era, aos trinta e quatro anos. Exatamente aquela cara do autorretrato de frente, de frente simétrica direita igual à esquerda para mostrar que aqueles olhos prodigiosos eram mesmo dois, as narinas duas, as conchas das orelhas par, as metades da boca decalques". E a primeira visão de Mário de Andrade: "Senti de estalo a imensa simpatia, a amizade em estado nascente e a enorme influência de sua personalidade sobre o raro que eu escreveria em moço e o demais que venho fazendo depois que passei da idade".

A respeito de Cendrars, "figura admirável de homem livre, aventureiro e poeta", Nava afirma que, sem dizer o seu nome, não se pode escrever a história dos vanguardistas franceses e dos modernistas brasileiros. E desenha um retrato:

> Tinha trinta e quatro anos, uma guerra e uma mutilação quando o conheci em 1924. Fisicamente era magro, seco, musculoso, ágil, cara triangular, pele do rosto lustrosa como se tivesse sido envernizada, muito vermelho, e de expressão sempre sorridente. Cabelos dum castanho avermelhado e olhos gateados. Conversando, o que dizia era sempre de originalidade saborosa. Seu julgamento era profundamente rápido e arguto. Não se enganava de jeito nenhum em questões de arte, poesia e literatura.

"Esse 1924 seria como um píncaro galgado e um ano simbólico para nós" – reconhece Pedro Nava. "Simbólico já na morte de Anatole France. Depois seria o ano de *Kodak* e *Feuilles de Route* (*I. Le Formose*), de Blaise Cendrars; dos *Poemetos de Ternura e Melancolia* de Ribeiro Couto; dos *Estudos Brasileiros* de Ronald de Carvalho que tínhamos no altar desde os *Epigramas*, de 1922."

"*Ao Oswaldo, inteligência fina e penetrante, oferece o Oswald, por meu intermédio. Carlos.*" Com essa dedicatória, datada de agosto de 1924, portanto três meses após o encontro na Rua da Bahia, Drummond leva em mãos a José Oswaldo de Araújo (1887-1975), diretor do *Diário de Minas*, um exemplar de *Memórias sentimentais de João Miramar*, o que prova a imediata sintonia e cumplicidade dos modernistas paulistas e mineiros, a partir de abril de 1924. Drummond conhecera Oswald um ano antes, mas é o contato com Mário que vai fazer desabrochar o modernista mineiro. Em carta datada de 28 de outubro de 1924, Carlos Drummond se dirige a Mário de Andrade, na expectativa de ser lembrado pelo criador de *Macunaíma* para entabular o diálogo: "*Procure-me nas suas memórias de Belo Horizonte: um rapaz magro, que esteve consigo no Grande Hotel, e que muito o estima. Ora, eu desejo prolongar aquela fugitiva hora de convívio com o seu claro espírito*" (*apud* Miranda, 2003).

Desenvolve-se, desde então, a intensa correspondência entre os dois poetas. Na mesma ocasião, Cendrars continuará a incentivar os modernistas brasileiros.

> *Aux jeunes gens de Catacazes*
>
> *Tango vient de tanguer*
> *Et jazz vient de jaser*
> *Qui importe l'etymologie*
> *Si ce petit klaxon m'amuse*[6]

Datado de "Rio – 9-11-927", o poema de Blaise Cendrars, especialmente dedicado aos jovens poetas da revista *Verde*, da cidade mineira de Cataguases, evidencia a consideração em que tinha o movimento modernista em expansão no Brasil. O poema aparece no número 3 da *Verde*, lançado exatamente em novembro de 1927, e enche de orgulho os "ases de Cataguases". Ainda em 1927, em Itanhandu, no Sul de Minas, aparece a revista *Electrica*, cujo nome expressa a busca das coisas novas. E *Montanha* é publicada em Ubá, na Zona da Mata. *Verde* implode fatalmente em 1929, com a morte do jovem Ascânio Lopes Quatorzevoltas (1906-1929), uma das grandes promessas do grupo, "o mais forte desse pessoal", segundo Mário de Andrade. Levado pela "dama branca" dos românticos, o surpreendente poeta não teve a sorte dos modernistas Manuel Bandeira, Afonso Arinos de Melo Franco e Murilo Mendes, que venceram a tuberculose.

A Revista, editada por Carlos Drummond de Andrade, Martins de Almeida, Emílio Moura e Gregoriano Canedo, lança apenas três

---

[6] "Aos jovens de Catacazes // Tango acabou de lançar / E jazz acabou de conversar / Quem importa a etimologia / Se esse chifre me diverte."

números, em julho e agosto de 1925 e janeiro de 1926. Apoiada por autores do Rio de Janeiro e de São Paulo, merece crítica reveladora da estreiteza do ambiente cultural de Belo Horizonte. O ensaísta Eduardo Frieiro, sob o pseudônimo de João Cotó, desmancha o prazer dos modernistas: "Há nesta cidade quatro ou cinco jovens estudantes que cultivam certo subproduto literário a que o Sr. Mário de Andrade dá o nome de 'literatura pau-brasil'. Ditos rapazolas formaram aqui uma pequena tertúlia de iniciados no objetivo dinâmico do espírito moderno. Precisavam de um órgão. Veio o órgão, isto é, a *Revista.* A dizer a verdade, a insignificância do órgão não correspondeu à largueza da tarefa" (Cotó, 1976, p. 88).

Se há um esforço de poetas e escritores no avanço das experiências modernistas, em sucessivas publicações de curta duração e livros de tiragem reduzida, permanece o vazio com relação às artes plásticas. Em 13 de maio de 1929, aparece o tabloide *leite criôlo*, a seguir publicado como suplemento do jornal *Estado de Minas*, totalizando 19 edições. À frente do "criolismo" estão João Dornas Filho, Guilhermino César (originário do grupo Verde) e Achilles Vivacqua (em cuja casa, situada na Rua Bernardo Guimarães, esquina com Sergipe, os modernistas vivenciaram o "Salão Vivacqua" de poesia moderna). Segundo Dornas Filho (1929), "a finalidade do criolismo é mais ou menos a mesma da antropofagia. É a mesma de todos os movimentos nacionalizadores". Do que se faz, naquele trecho, em matéria de arte ressaltam-se desenhos e aquarelas de Pedro Nava, que se torna médico e passa a ser considerado bissexto em poesia e em artes plásticas até a explosão de sua obra memorialística, em 1972, com o lançamento de *Baú de ossos*.

A exposição pioneira de Zina Aita (1900-1967), em 1920, no salão do Conselho Deliberativo de Belo Horizonte (em estilo manuelino, satirizado por Mário de Andrade no poema de 1924), embora bem acolhida por Aníbal Mattos, não logra atrair o olhar da cidade dos ecletismos arquitetônicos. O diário oficial *Minas Gerais*, em 1º de fevereiro, dois anos antes da Semana paulista, comenta que "as cores 'bizarras' de suas telas ferem, não raro, a vista do visitante". O poeta Austen Amaro (1901-1991), que publica o livro de poesia *Juiz de Fora*, em 1926, com desenho de Pedro Nava na capa, comparece à exposição e revela: "Foi a primeira vez que vimos obras em que as cores eram muito diferentes da realidade. [...] Umas pessoas riam, debochavam, outras procuravam entender as obras que estavam ali, bem perto de nós". Natural de Belo Horizonte e tendo estudado na Itália, Zina Aita participa da Semana de 1922, que registra a presença do também mineiro Agenor Barbosa (1896-1976), poeta e jornalista nascido em Montes Claros, cujo poema "Os pássaros de aço", lido no segundo dia (15 de fevereiro) do programa, foi o único aplaudido, certamente pelo ritmo ainda passadista dos versos.

O modernismo nas artes somente emerge em Belo Horizonte cerca de 20 anos mais tarde, com a chegada do pintor Alberto da Veiga Guignard (1896-1962), em meio a iniciativas inovadoras do prefeito Juscelino Kubitschek. Em 1940, o prefeito convida Oscar Niemeyer, Candido Portinari, Roberto Burle Marx, Alfredo Ceschiatti, Paulo Werneck e José Pedrosa para a criação do conjunto da Pampulha, e patrocina, em 1944, a polêmica exposição de arte moderna na galeria do Edifício Mariana e a abertura da escola dirigida por Guignard no Parque Municipal. Oswald e Mário estiveram em Belo Horizonte nessa época e fizeram conferências sobre as duas décadas do movimento modernista de São Paulo, sempre exaltando a vertente mineira e, naquele instante preciso, o advento do modernismo visual em Belo Horizonte, com a Pampulha e Guignard.

Um pintor francês, Amédée Ozenfant (1886-1966), estudioso da arquitetura e amigo de Le Corbusier, chama a atenção internacional para o gesto criador de Oscar Niemeyer na Pampulha. Ressalta o emprego da linha curva como uma invenção genial de Niemeyer na arquitetura moderna. O historiador da arte e antigo conservador do Museu do Louvre Germain Bazin (1901-1990), responsável pela projeção do barroco brasileiro e da obra de Antônio Francisco Lisboa, o Aleijadinho, empenha-se na defesa da Igrejinha da Pampulha contra as críticas e atitudes arbitrárias e retrógradas do arcebispo de Belo Horizonte, D. Antônio dos Santos Cabral (1884-1967), responsável pelo fechamento, por cerca de 15 anos, da capela (hoje santuário) de São Francisco de Assis. Simultaneamente ao trabalho de Bazin, mais um francês contribui para a irradiação internacional dos valores do chamado barroco mineiro: o fotógrafo Marcel Gautherot (1910-1996). À sua sensibilidade extraordinária deve-se uma grande coleção de imagens do patrimônio artístico de Minas Gerais.

A contribuição dos escritores mineiros à produção modernista cresce após a excursão de 1924, é decisiva e será marcada pela comunhão com os autores de São Paulo e do Rio. O número 3 da *Revista de Antropofagia* (julho de 1928), dirigida por Antônio de Alcântara Machado, traz na primeira página o poema "No meio do caminho", a pedra fundamental da poesia de Carlos Drummond de Andrade, tanto uma ara de louvação como um alvo de apedrejamento. A redescoberta do país e da condição de ser brasileiro, a busca das raízes e da originalidade, a apuração de um caráter nacional diferenciador, a linha evolutiva da arte que começa com Aleijadinho, tudo isso faz com que os mineiros apreendam essas ideias e as pratiquem com a contundência que vai da poesia de Drummond ao memorialismo de Pedro Nava, princípio e desfecho da trajetória modernista.

Um poema do escritor e político Afonso Arinos de Melo Franco (1905-1990) reflete, com nitidez, a nova visão que os modernistas passam a ter da própria Minas:

> [...]
> No ano de 1925 o Sr. diretor de obras
> Deitou abaixo a Matriz da Boa Viagem
> (que lindo nome para um cemitério)
> E construiu no lugar dela
> Uma catedral gótica, último modelo.
>
> Eu achei que foi bobagem,
> Mas o povo de Minas disse que era progresso.

Ao analisar o "Noturno de Belo Horizonte", o ensaísta Wander Melo Miranda (1993, p. 163) diz que "o desenho de uma nação brasileira adquire aqui contornos que descartam a oposição excludente entre nacional e universal, cuja rigidez irá comprometer, até o limite do regionalismo ou do fascismo, parte do projeto modernista então em curso". Como Mário esclarece em 1924 a Drummond, a aludida oposição inexiste quando se pensa o ser nacional como portador de traços distintivos que são universais justamente por serem diferenciais, isto é, por contribuírem para incrementar a polifonia das civilizações – "o dia em que nós formos inteiramente brasileiros e só brasileiros a humanidade estará rica de mais uma raça, rica duma nova combinação de qualidades humanas. As raças são acordes musicais" (Andrade *apud* Nogueira, 2005, p. 63).

Cerca de meio século depois da Semana de 1922, Oswald de Andrade ressurgiu no tropicalismo dos compositores Caetano Veloso e Gilberto Gil e no teatro de Zé Celso Martinez Corrêa, que montou *O rei da vela*, em 1968. Mário de Andrade passou a ser referência e impôs-se como quem anteviu novas perspectivas e dimensões para a cultura brasileira e seus desafios. E a venda do *Abaporu* para o Museu de Arte Latino-Americana de Buenos Aires (Malba), em 1995, emblematizou a tela como ícone maior do modernismo, agitou os meios culturais e recolocou Tarsila Amaral na sua posição matricial da arte brasileira do século XX.

Em particular quanto a Minas Gerais, o modernismo ajudou tanto os poetas e escritores a reencontrar suas origens quanto os intelectuais a pensar a formação cultural de sua região para além de limites asfixiantes que deterioraram outras vertentes do nacionalismo saídas do movimento de 1922. "Tenho duas mãos e o sentimento do mundo", diz Carlos Drummond de Andrade. Ao lado de Pedro Nava, Drummond forma com o poeta Murilo Mendes (1901-1975) a trindade que Minas Gerais ofereceu ao modernismo brasileiro. Nascido em Juiz de Fora, Murilo Mendes viveu no Rio e no exterior, radicado em Roma, no final da vida, mas há todo um processo de leitura que conduz sua reinserção no conhecimento do público do Brasil como uma das maiores expressões advindas do primeiro modernismo.

A poesia e a ensaística de Affonso Ávila (1928-2012) sintetizam a força criativa do legado modernista na obra das sucessivas gerações de Minas. A revalorização do barroco mineiro na condição de patrimônio cultural e fonte de criatividade começa na viagem modernista de 1924, uma jornada que não tem fim. Ouro Preto, Congonhas, Diamantina e Pampulha foram inscritas no patrimônio mundial, e esse acervo é fonte de novas rupturas e invenções tanto quanto a herança do modernismo, no centenário de sua eclosão.

Referências

Amaral, Aracy (org.). *Tarsila cronista.* São Paulo: Edusp, 2001.

Amaral, Tarsila do. *Tarsila por Tarsila.* São Paulo: Celebris, 2004.

Amaral, Tarsila do. *Crônicas e outros escritos de Tarsila do Amaral.* Organização: Laura Taddei Brandini. Campinas: Ed. da Unicamp, 2008.

Andrade, Carlos Drummond de; Andrade, Mário de. *Carlos & Mário: correspondência completa entre Carlos Drummond de Andrade (inédita) e Mário de Andrade.* Organização e pesquisa iconográfica de Lélia Coelho Frota. Prefácio e notas de Silviano Santiago. Rio de Janeiro: Bem-Te-Vi, 1992.

Andrade, Oswald de. Manifesto Antropófago. *In*: *A utopia antropofágica.* São Paulo: Globo, 1990.

Andrade, Oswald de. *Os dentes do dragão: entrevistas.* São Paulo: Globo, 1990. p. 16-17.

Araújo, Laís Corrêa de (org.). *Sedução do horizonte.* Belo Horizonte: Fundação João Pinheiro, 1996. (Coleção Centenário).

Bilac, Olavo. *Obra reunida.* Rio de Janeiro: Nova Aguilar, 1997.

Cendrars, Blaise. *Aujourd'hui.* Grasset, Paris 1931.

Cendrars, Miriam. *Blaise Cendrars.* France: Balland, 1984.

Cotó, João. Brotoeja literária. *Avanti!*, Belo Horizonte, 20 ago. 1925. *Apud* Doyle, Plínio. *História de revistas e jornais literários*, vol. 1. Rio de Janeiro: Ministério da Educação e Cultura; Fundação Casa de Rui Barbosa, 1976.

Enciclopédia Itaú Cultural de Arte e Cultura Brasileira. *Correspondência de Blaise Cendrars para d. Olívia Guedes Penteado, na qual pede fotos de obras de Aleijadinho.* 1925. São Paulo: Itaú Cultural, 2024. Disponível em: http://enciclopedia.itaucultural.org.br/obra35578/correspondencia-de-blaise-cendrars-para-d-olivia-guedes-penteado-na-qual-pede-fotos-de-obras-de-aleijadinho. Acesso em: 18 mar. 2024.

Eulálio, Alexandre. *A aventura brasileira de Blaise Cendrars.* 2. ed. rev. e ampl. por Carlos Augusto Calil. São Paulo: Edusp, 2001.

Franco, de Afonso Arinos de Melo. Nossa Senhora da Boa Viagem. *In*: Guimaraens Filho, Alphonsus de (org.). *Antologia da poesia mineira: fase modernista.* Belo Horizonte: Cultura Brasileira, 1946.

Dornas Filho, João. In: *Revista de Antropofagia.* Segunda Dentição, n. 11, 19 jun. 1929.

Miranda, Wander Melo. O diálogo entre Mário e Drummond: Cartas que te quero. *Jornal de Resenhas*, São Paulo, 09 de agosto de 2003.

Miranda, Wander Melo. A cidade, o poema, a nação. *Aletria: Revista de Estudos de Literatura*, n. 1, p. 161-164. https://doi.org/10.17851/2317-2096.1.161-164

Miranda, Wander Melo. *Os olhos de Diadorim e outros ensaios*. Recife: Cepe, 2019.

Nava, Pedro. *Beira-mar: memórias 4*. Rio de Janeiro: José Olympio, 1978.

Nogueira, Antonio Gilberto Ramos. *Por um Inventário dos Sentidos: Mário de Andrade e a Concepção de Patrimônio e Inventário*. São Paulo: Hucitec/FAPESP, 2005.

Rebello, Ivana Ferrante; Paula, Fabiano Lopes de. *Uma tristeza mineira numa capa de garoa: Agenor Barbosa – um mineiro na Semana de Arte Moderna*. Belo Horizonte: Ramalhete, 2020.

Renault, Delso. O grupo do Café Estrela. *In*: *Chão e alma de Minas*. Rio de Janeiro: Francisco Alves, 1988.

Revista de Antropofagia. São Paulo: Metal Leve, 1975. Edição fac-similar.

Revista Verde. São Paulo: Metal Leve, n. 3, 1978. Edição fac-similar.

Rouède, Émile. Correspondance de Ouro Preto. *Le Republicain*, 23 maio 1894; *Revista Barroco*, Belo Horizonte, n. 9.

Ruffato, Luiz. *A Revista Verde, de Cataguases: contribuição à história do modernismo*. Belo Horizonte: Autêntica, 2022.

Santos, Angelo Oswaldo de Araújo. Belo Horizonte: uma semana de artistas modernos. *Minas Gerais*, 19 fev. 1972. Suplemento Literário.

Schwartz, Jorge (coord.). *Poesias reunidas de Oswald de Andrade*. São Paulo: Companhia das Letras, 2017.

Supervielle, Jules. Notas de viaje a Ouro Preto. *Sur: revista trimestral.* v. I, 1931, p. 74-86. Disponível em: https://www.cervantesvirtual.com/nd/ark:/59851/bmcdv3h4.

Os modelos arquiteturais e urbanísticos como diálogo entre as culturas franco-brasileiras, da Missão Artística a Oscar Niemeyer

Jean-Pierre Blay

Os espaços arquiteturais constituem emblemas de uma civilização, assim como a literatura e a música. Eles materializam as intenções de projetos tanto políticos como culturais e econômicos para responder às necessidades de uma época e a vontade de redefinir a modernidade. Tanto no Brasil como na França, os edifícios públicos revelam diversos estilos cujo valor se expressa em projeção internacional, alimentando um diálogo entre as culturas. "O espaço da cidade é o espaço da História" (Argan, 1984. p. 111), no sentido de que a construção de uma identidade nacional depende dos edifícios que ela produz. No caso da França e do Brasil, precisamos ir além da contextualização dos diversos projetos para entender as redes de normas simbólicas que encontramos na arquitetura desde 1816.

As normas e os estilos da arquitetura das cidades brasileiras foram analisados no conjunto de suas características materiais e estéticas, considerando que elas se incorporam a um organismo em mutação conforme a sociedade e as práticas dos habitantes.

O sistema de interpretação

A arquitetura faz parte de um sistema cultural que diferencia, para cada período, função e funcionamento segundo estilos particulares.

A arquitetura é aparência e estruturas, mas também simbolismo implícito através de suas formas. Dentro das metrópoles, o ecletismo é comum, sugerindo um leque de influências não necessariamente de origem nacional. Portanto, interpretar os modelos arquiteturais é analisar um diálogo entre as culturas. Dominação simbólica ou inspiração guiam as realizações desde o século XIX (Lamperière; Lomé; Martinez, 1998).

Na cidade do século XX, marcada pelo concreto, cada construção de um edifício de função inovadora (estádio de futebol, sala de cinema...) mudou não apenas a paisagem, mas também a percepção desta. Aqui, nossa intenção ignora voluntariamente o estudo do fundamento da memória coletiva de uma sociedade urbana definida, assim como as classes sociais-alvo, para se concentrar nos critérios e nas normas pelas quais foi elaborada cada construção. O primeiro estilo da época contemporânea que influenciou o Brasil encontra-se no campo das artes, com a Missão Artística Francesa (Carelli, 1993).

A missão artística de 1816, uma etapa na troca de talentos

Um sócio da Academia Francesa de Belas-Artes, Joachim Lebreton, constituiu um grupo de artistas que perderam influência com a queda de Napoleão e relançaram suas carreiras no Brasil, um país novo que desejava atrair talentos de notoriedade para a corte, assim como acontecia nas capitais europeias. Assim, o escultor Auguste Taunay, os pintores Antoine Taunay e Jean-Baptiste Debret, o arquiteto Auguste Grandjean de Montigny e o desenhista Charles Pradier desembarcaram no Rio de Janeiro em 26 de março de 1816, acompanhados de engenheiros. Uma estrutura oficializando essa cooperação polissêmica foi promulgada em 12 de agosto. Com esse ato oficial, assinado pelo príncipe regente D. João, a cultura francesa tornou-se um sistema de referências e de formação para o futuro monarca. Em 1826, a Academia Real de Desenho, Pintura e Arquitetura Civil foi inaugurada num edifício concebido por Grandjean de Montigny (1776-1851).[1] Este construiu com Debret a sede da Bolsa de Negócios (hoje Casa França-Brasil).

---

[1] A Academia Real vira Academia Imperial em 1831.

A cooperação se estabelece com a família Taunay, principalmente com Félix-Émile (o irmão), que dirigiu a academia de 1843 até 1851, e também através dos brasileiros, discípulos dos artistas franceses, como Manuel de Araújo, que o sucedeu na academia de 1854 até 1857, mantendo a referência das normas ensinadas pelo mestre.

O Brasil, uma nação jovem, é vista como um horizonte de possibilidades para quem deseja rapidamente buscar um estatuto social valorizante. Assim, no início do século XIX, após os artistas, são os engenheiros, arquitetos e paisagistas franceses que aproveitam as oportunidades oferecidas pelo imperador D. Pedro II, que desejava modernizar o Brasil.[2]

As cidades e as interações culturais

Essas diversas experiências reforçaram certa francofilia e motivaram as elites urbanas de Recife, Rio de Janeiro e Belo Horizonte a redesenhar espaços e edifícios públicos de acordo com os padrões franceses.

Já no momento da independência em 1822 e do reconhecimento internacional como Nação, o Brasil se conecta com outros estados-nações que obrigam o novo poder a construir na cidade-capital os locais oficiais da vida política e cultural, refletindo as mudanças históricas. Assim, Paris, a cidade da centralização do poder, inspirou as elites brasileiras a adotarem esse modelo como parte de uma estratégia de afirmação de sua identidade. Entre interações e inovações, identificam-se as inspirações segundo os objetivos determinados pela classe dominante.

O Rio de Janeiro de Grandjean de Montigny

Entre todos os colaboradores, Grandjean é considerado o especialista adequado para concretizar essa mudança. Desde 1799, ele é conhecido por sua participação na reforma dos Champs-Élysées.

---

2 O exemplo mais relevante é o de Henri Gorceix, que fundou a Escola das Minas, em Ouro Preto, em 1876.

Durante o reinado de Napoleão, trabalhou na corte do irmão do imperador francês, Jérôme, em Vestfália, em Cassel, onde experimentou sua teoria da "cidade-capital" aplicada a edifícios como o Museu Fridericianum e o Palácio dos Estados, entre 1808 e 1810.[3] O Rio de Janeiro serviu-lhe como campo de experimentação, especialmente no contexto da coroação de D. Pedro I, que apoiava a incorporação de marcas arquitetônicas do novo poder, definitivamente separado de Portugal. Para o soberano, Grandjean transformou o palácio dos vice-reis em palácio imperial (1825), e, para conectar esse local de poder ao povo, ele traçou uma rua dedicada a essa função simbólica (Grandjean..., 2021). Assim, ele reproduziu seu esquema da abertura da Rue de Rivoli, em Paris, em 1810.

Grandjean completou a rede urbana carioca com uma série de residências na Gávea. Em 1827, desenhou uma praça no campo da Aclamação. Apesar desse monopólio intelectual que irritava parte da imprensa, ninguém conseguiu diminuir a influência de Grandjean e Debret. Ambos aproveitaram a primeira exposição organizada na academia para declarar "a arquitetura como *res publica*" (Grandjean..., 2021) e reforçar sua posição privilegiada. Essa "retórica da cidade capital" (Grandjean..., 2021) difundiu-se após a abdicação do rei protetor. Grandjean lecionava sua arte ao mesmo tempo em que projetava uma Bolsa do Comércio (1834), uma biblioteca (1842), a peça da Imperatriz (1844) e o Senado (1847). Entre esses edifícios, ele melhorou o pavimento das principais ruas e a distribuição de água com fontes públicas. Entre a afirmação do poder e o esteticismo, nasceram as preocupações com a cidade moderna em relação à salubridade e à higiene, seguindo um alinhamento ao gosto francês. Grandjean, longe de remodelar a capital, implantou em uma cidade barroca estruturas em estilo neoclássico, fiel à regularidade e simetria do urbanismo clássico francês, onde o poder imperial se manifestaria. O prestígio político precedia a metrópole modernizada. "A cidade é concebida como um satélite do palácio, que lhe serve de moldura" (Benchimol, 1992, p. 37).

[3] A circulação discursiva das novas ideias sobre a cidade vem também da publicação da obra *Architecture toscane ou palais, maisons et autres édifices de la Toscane (1806-1815)* (Montigny; Famin, 1815).

Recife e as elites francófilas

Em Recife, em 1840, as burguesas vestiam-se à moda parisiense, e a sociedade sonhava em sair da época colonial, mesmo que o trabalho escravo ainda fosse importante (Louis-Léger..., 2009). Assim, os imigrantes europeus que chegaram com competências profissionais complementaram as necessidades do mercado. Um deles, o engenheiro Louis-Léger Vauthier,[4] dirigiu a construção do Teatro Santa Isabel, a partir do qual a vida cultural tentou inspirar-se na de Paris (Poncioni, 2009). Vauthier aproveitou essa situação para difundir as ideias do socialismo utópico em uma burguesia aberta às novidades e desejosa de se afastar da influência portuguesa e inglesa. O engenheiro bem-sucedido foi escolhido pelo governador Francisco de Rego Barros para realizar infraestruturas viárias e outros edifícios públicos. Com ele, uma dupla modernidade transformou a cidade e a elite culta de Pernambuco. Quando retornou à França, em 1846, ele permaneceu profundamente ligado a essa terra tropical. Em 1870, ao saber do incêndio que destruiu seu teatro, supervisionou as obras de restauração e aproveitou para projetar o Mercado de São José. Finalmente, esse é o primeiro exemplo de cooperação em torno de um patrimônio arquitetural, especialmente porque Vauthier difundiu um estudo inédito sobre a arquitetura brasileira para um público de especialistas, publicando em 1853 o artigo "Les Maisons d'habitation au Brésil", na *Revue Générale de l'Architecture & des Travaux Publics,* dirigida por seu amigo César Daly.

Os jardins da cidade maravilhosa e Auguste Glaziou (1828-1906)

Auguste Glaziou chegou ao Brasil devido à sua reputação como paisagista e diretor de parques e jardins, adquirida durante o Segundo Império em Bordeaux e depois em Paris. Foram Félix-Émile Taunay e o deputado F. J. Fialho que o recomendaram a D. Pedro II, por sua capacidade de aclimatar plantas tropicais e embelezar o espaço público (Auguste..., 2009). Glaziou foi encarregado de conceber espaços de

---

[4] Vauthier (1815-1901) formou-se na École des Ponts & Chaussées.

sociabilidade amplos para superar o desconforto das calçadas e das ruas estreitas do Rio de Janeiro, algo semelhante ao que já havia ocorrido em Paris com a reforma de Haussmann.

No entanto, a concepção de seus projetos diferenciou-se da dos arquitetos que impunham normas de fora do Brasil. Lendo os artigos do botânico J. P. Barillet-Deschamps na *Revue Horticole*, ele assimilou os princípios de concepção do Parc Monceau e do Parc des Buttes-Chaumont, em Paris. Equilibrou forma e conteúdo, fazendo uso de espécies vegetais nativas para criar o Passeio Público, o parque do Palácio do Catete (1860), o jardim do Palácio da Princesa Isabel (1862), o parque da residência imperial na Quinta da Boa Vista (1870-1878) e os jardins do Campo de Santana (1870-1880). A durabilidade dessas obras e a preservação da flora resultaram de sua competência em termos de circuitos hidráulicos. Os espaços hortícolas se integraram à cidade e criaram uma rede moderna que melhorou a qualidade do ar, o saneamento público e a vida social, objetivos já alcançados em Paris.

Capaz de sintetizar elementos culturais, ele adaptou esculturas francesas a esses espaços tropicais, inspirando-se em seu projeto do Pavilhão do Brasil na Exposição Universal de Paris, em 1889. E, se hoje a cidade maravilhosa deve muito à sua proximidade com a natureza, não podemos esquecer que foi Glaziou quem reflorestou os morros da Tijuca (1861-1897) a partir das reservas naturais da Mata Atlântica.

A obra de Glaziou, segundo Jean-Yves Mérian, "é considerada por Burle Marx como a de um precursor e inventor do jardim tropical brasileiro, bem como da ecologia e do desenvolvimento sustentável que inspiraram os paisagistas e urbanistas do século XXI, enfrentando a urbanização acelerada" (Auguste..., 2009).

A reforma urbana de Belo Horizonte, uma transferência cultural

O movimento de modernização das cidades envolvia as profissões que se consideravam integrantes do progresso, mas com a ambição de sair das visões utópicas e das teorias positivistas,[5] a fim de realizar obras

[5] Ou pelo menos de adaptar as teorias às realidades, ver mais adiante.

de ruptura com o passado. O caso de Belo Horizonte testemunha essa moda intelectual erguida pelos arquitetos, engenheiros e urbanistas mineiros, que finalmente decidiram seguir o modelo adotado pelas cidades europeias vistas como referência da civilização mais avançada. Na capital mineira, os políticos representantes do federalismo republicano nascente dirigiram suas ambições de modernidade para os projetos urbanísticos. A convergência dos interesses dos homens de poder e dos visionários da cidade permitiu que, na década de 1890, houvesse uma adaptação das ideias francesas à realidade local; ou seja, um novo pensamento urbano, uma nova forma de hábitat, uma nova maneira de viver a cidade. A história de Belo Horizonte se confunde com a da arquitetura e do urbanismo "pós-haussmanniano" e também com a história cultural, graças aos dinamismos da expansão geográfica do conceito e à transferência das ideias de Fourier ou Reynaud,[6] sobretudo porque as relações entre o Brasil e a França nunca foram interrompidas. Nessa continuidade, houve uma inflexão dada pela renovação do centro urbano, cogitada pelo engenheiro civil Aarão Reis (mapa) e pelo arquiteto José de Magalhães (edifícios públicos).

Para Heliana Angotti-Salgueiro (1994), essa influência francesa tem a ver com a formação intelectual dos criadores. "Reis, que organizou os estudos preliminares e desenhou o mapa da cidade, se inspirou em um pensamento herdado das Luzes – vindo do saint-simonismo e do positivismo mantido na Escola Politécnica do Rio de Janeiro. Magalhães, autor dos projetos de arquitetura pública, foi um dos poucos a frequentar a École des Beaux-Arts de Paris" (Angotti-Salgueiro, 1994, p. 85).

Se o projeto de Belo Horizonte foi concebido por volta de 1893, o emaranhado de referências teóricas e os contextos dentro dos quais ele apareceu são bem mais antigos e diversos, mas sempre dependentes dos pensamentos científicos franceses. No entanto, a aplicação destes não é sistemática, dada a produção sincrônica de levantamentos topográficos, mapas, estatísticas e relatórios. Efetivamente, desse conjunto emerge o conhecimento da situação geográfica, em linha com o pensamento

---

6 Charles Fourier (1772-1837) e Jean Reynaud (1806-1863), filósofos e teóricos de uma reforma social que preconizava uma distribuição harmoniosa dos edifícios segundo a utilidade.

positivista, que destacou a necessidade de uma adaptação às variações de altitude do local escolhido.

A finalização do projeto de Haussmann[7] em Paris era acompanhada pelos urbanistas que iniciavam obras em cidades como Chicago, Washington, Viena ou Rio de Janeiro, seguindo o paradigma da linha reta e das regras higienistas. Aos poucos, Reis e os engenheiros mineiros reinterpretavam os fundamentos científicos positivistas e estabeleciam uma atualização das referências com as obras parisienses mais avançadas. Aliás, a justificação do plano final de Belo Horizonte baseava-se em uma representação negativa do passado urbano da antiga capital, Ouro Preto, com suas ruas estreitas e sujas; críticas semelhantes voltadas, em torno de 1852, à capital francesa, que motivaram o projeto de "beleza e utilidade pública" encomendado pelo imperador Napoleão III (Blay, 1994b).

Observa-se, finalmente, nesse plano preparatório a metodologia de um projeto que reúne dados geomorfológicos e dados demográficos, como uma constante nas políticas de melhoria das cidades francesas. O culto da "linha reta" e a obsessão pela "desodorização do espaço público" (Corbin, 1986) exigiam destruições, expropriações e construções novas; o que envolveu uma articulação entre o urbanista e o arquiteto. O primeiro tratava do "útil", o segundo, do "estetismo" (Blay, 2006).[8] Assim, o argumento do sítio (relativamente) horizontal autoriza a valorização dos edifícios do poder, e o argumento inspirado na teoria da circulação "haussmanniana" elimina Ouro Preto, concebida na época colonial para ser um ponto final, quando Belo Horizonte é projetada como uma convergência de estradas. Esse princípio observa-se nas articulações entre a Praça da Liberdade com as avenidas Brasil, Bias Fortes etc., e o Parque da Cidade com a Avenida Afonso Pena.

A cidade como nó de comunicação irriga todos os componentes das políticas econômicas; a concentração das administrações que às

---

7 O ano 1900 corresponde à abertura da primeira linha subterrânea do Métropolitain, isto é, ao aproveitamento máximo da teoria da circulação. Essa rede de transportes completava as da água potável, do esgoto, do gás, da luz.

8 Nota de Blay: "análise do desenvolvimento urbano de Chantilly segundo os princípios do Barão Haussmann, sobre o duplo efeito da imigração inglesa e da economia do cavalo de corrida".

vezes passa de uma cidade para outra[9] – cidade dos bancos e sistema de seguro, e também aquela da vida artística. Se H. Angotti-Salgueiro (1994, p. 89) afirma que "a materialidade formal de uma cidade é inseparável da história intelectual dos seus desenhistas", podemos reparar que essa materialidade é inseparável da identidade cultural dentro do jogo das representações na memória coletiva, até que a simbiose entre os mineiros e Belo Horizonte os faz se esquecerem do diálogo inicial com os arquitetos e urbanistas franceses.

A arquitetura dos espetáculos do fim da época imperial (segundo reinado)

Na segunda metade do século XIX, além dos edifícios oficiais, havia vários teatros e comércios que lembravam, tanto em forma quanto em nome, os de Paris, mesmo que nem sempre fossem projetados por arquitetos franceses de forma sistemática. Isso é emblemático do contexto do Rio de Janeiro, que refletiu certa importação cultural, abraçada completamente pelos arquitetos brasileiros. Mesmo em 1876, Vieira Souto criticava esse método de conceber a arquitetura carioca segundo um modelo estrangeiro que às vezes não se adaptava às condições climáticas e ao estilo de vida local.[10]

No centro da cidade do Rio de Janeiro, havia teatros, mas nem todos eram muito sólidos e seguros, como o Teatro São Pedro, que sofreu um incêndio em 1851. Surgiu, então, o projeto de uma sala de espetáculos, que exigiu a organização de um concurso entre arquitetos, a pedido de D. Pedro II.[11] O esquema de reconstruir a partir de ruínas ou construções insalubres era inspirado pelo exemplo parisiense, onde se iniciou a reforma urbana no reinado de Napoleão III. O Rio não ganhou imediatamente uma nova aparência, como Paris ou Viena, mas melhorou o conteúdo artístico

[9] Como foi o caso entre Ouro Preto e Belo Horizonte.

[10] Ele achava ridículo "as chaminés de lareira, o que é um disparate numa cidade tão quente quanto a nossa" (*A Noite*, 22 jun. 1912 *apud* Lima, 2000, p. 47).

[11] Requerimento dirigido ao imperador em 12 de agosto de 1851 por Araújo Porto Alegre e Guilherme Schuch de Capanema (Lima, 2000, p. 47).

ao redor da Praça da Constituição, com novos teatros, como o Ginásio e o São Luiz,[12] onde a burguesia podia se divertir e ao mesmo tempo exibir sua posição social privilegiada. O Ginásio foi nomeado em referência ao Théâtre du Gymnase[13] parisiense e era uma réplica fiel do original, com destaque para a fachada, que apresentava "padrões estéticos neoclássicos, apresentando cinco portas-janelas protegidas por grades abauladas, e encimadas por óculos emoldurados. Quatro colunas da ordem jônica adossadas à fachada [...] [onde] era arrematada por um frontão triangular ornado com baixos-relevos e um medalhão central" (Lima, 2000, p. 76). O Casino Franco-Brésilien e o Teatro Variétés, inaugurados, respectivamente, em 1872 e 1877,[14] também confirmaram esse francesismo.

Assim, quase logicamente, a arquitetura inspirou muitos espetáculos baseados em peças francesas. Isso não escapou à observação do embaixador francês Gustave Aymard, que, em 1886, notou sete salas de espetáculos apresentando comédias dramáticas clássicas ou do tipo Théâtre des Folies Bergère (Aymard, 1886, p. 128).[15] A concentração desse tipo de arquitetura moldou um espaço urbano considerado elegante, senão mundano, devido aos hábitos do público vistosamente trajado.[16] Outro fator que contribuiu para a população carioca adotar e incorporar essa cultura foi a rede de bondes que a ligava a outros bairros. A urbanidade nasceu a partir da arquitetura.

Pereira Passos: um urbanismo que constrói uma urbanidade

Essas várias colaborações encerram o processo de francesismo de parte da sociedade brasileira que vivia nessas cidades abertas ao modelo

---

[12] O Ginásio, reformado em 1864, está colado ao São Luiz, que foi inaugurado no dia 1º de janeiro de 1870, na Rua do Teatro!

[13] Concebido por Rougin e Guerchy em 1820.

[14] O Casino ficou no lugar do antigo Hotel Richelieu, na esquina da Rua do Espírito Santo com o Largo do Rossio. O Variétés é localizado também na Rua do Espírito Santo.

[15] O Teatro Alcazar é comparado ao Folies Bergère.

[16] Proximidade dos clubes Mozart, Fluminense, Derby.

cultural francês. O exemplo mais relevante é a reforma urbana realizada pelo prefeito do Rio de Janeiro, Francisco Pereira Passos, que adotou os princípios de Haussmann no início do século XX (Blay, 1999a). Esse engenheiro, convertido às teorias higienistas, coincidiu com a fase de apropriação da jovem República do espaço público.

Expropriações, destruições de edifícios privados e alargamento de ruas eram características do projeto do engenheiro, que buscava ação rápida. Ele aspirava a que o Rio substituísse Buenos Aires como uma capital notável, mas principalmente copiando Paris (Rosso Del Brenna, 1985, p. 21). Para tornar a cidade mais atraente, era necessário eliminar mendigos e vendedores ambulantes (Rosso Del Brenna, 1985)[17] do espaço público, reservando as calçadas para pessoas que tinham uma razão social aceitável, condizente com a de uma capital (Rosso Del Brenna, 1985).[18] Consequentemente, a população mais pobre foi deslocada para a periferia da cidade. Na nova rede de avenidas e ruas retas, foram construídos edifícios que atendiam à cultura elitista, incluindo restaurantes e clubes sociais. Nesse contexto, era necessário criar uma arquitetura de prestígio para alcançar as ambições da burguesia carioca, uma urbanidade focada em espetáculos, tanto artísticos quanto sociais.

O projeto do Teatro Municipal marcou o fim dessa visão ambiciosa. A Praça Marechal Floriano, na Cinelândia, ajudou a destacar esse edifício imponente à distância, igual à Avenue de l'Opéra, que revela a beleza da ópera parisiense. O Teatro Municipal harmonizou-se com outros dois edifícios culturais, a Biblioteca Nacional e o Museu de Belas Artes, fortalecendo a densidade e a variedade da vida intelectual em uma cidade-capital. A ideia de abrir o espaço com uma avenida[19] aumentou o tráfego e permitiu certa contemplação ociosa do local, a partir dos restaurantes e das calçadas ao redor (Blay, 1994a).

A fisionomia geral lembra a obra de Tony Garnier, mas isso foi resultado de um concurso de arquitetos, no qual os dois finalistas eram

---

[17] A autora cita os Decretos n.ºs 370, 371 e 372 e o boletim I.M., 1903, I, p. 22-23.

[18] Decreto n.º 368.

[19] Avenida Central, hoje Rio Branco.

o próprio filho do prefeito, Francisco de Oliveira Passos, e o francês Albert Guilbert. O projeto final é atribuído ao brasileiro, mas parece ser uma síntese dos dois. Esse diálogo não terminou em conflito, talvez porque o Teatro Municipal foi inaugurado no dia da festa nacional francesa, em 14 de julho de 1909, na presença do presidente da República do Brasil, Nilo Peçanha, como uma resposta diplomática que confirmava as convergências.

O Hipódromo da Gávea: um modelo neoclássico no centro do projeto de saneamento da lagoa (1922-1926)

Na história da arquitetura do espetáculo, não podemos esquecer a arquitetura esportiva (Blay, 1999b). O *Almanaque Garnier* de 1911 destaca uma situação esportiva excepcional. O mapa da capital revela quatro hipódromos situados na Zona Norte. Sob a liderança do presidente do Jockey-Clube Fluminense, o banqueiro Linneo de Paula Machado, o projeto de fusão dos clubes de corridas de cavalos tinha como finalidade a construção de um hipódromo moderno na Zona Sul. Esse projeto foi amplamente aceito pelas elites sociais cariocas, que gradualmente se mudavam para os bairros do Leme ao Leblon. Ele se integrou a uma visão global de política urbana conforme aos princípios higienistas e haussmannianos desde 1903. Estrategicamente, a diretoria do Jockey Clube defendeu temas sedutores, como a circulação de pessoas, a desodorização e o saneamento dos espaços públicos, para conseguir a distribuição dos custos da obra com a prefeitura.

O projeto, que surgiu em 1922, ano do centenário da Independência, também atraiu o governo, que via nele a realização de uma obra civilizadora. No dia da inauguração, o jornal *O Paiz* declarou que era "o início da transformação da vida social no Rio de Janeiro".[20] Na verdade, testemunhamos o lento processo de reterritorialização do espaço esportivo pela arquitetura, que transformou, na Zona Norte

[20] *O Paiz*, 12 jul. 1926: "o hipódromo da Gávea: um modelo de civilização brasileira" (*apud* Blay, 2008).

carioca, o antigo Prado Fluminense (hipódromo) em Estádio do Maracanã, em 1950. Houve, ali, a substituição do cavalo pelo jogador de futebol. Consequentemente, na Zona Sul, mais elegante, o hipódromo conferiu destaque à burguesia (Blay, 1994a).

Na Gávea, as quatro tribunas espalhadas ao longo da reta final podem acomodar o turfista anônimo, mas o arquiteto Mário de Azevedo Ribeiro reservou uma tribuna para os sócios, visto que poucos se interessavam por uma mistura social. De estilo neoclássico, reminiscente do hipódromo parisiense de Longchamp, a estrutura que abrigava os 410 privilegiados estava completada com espaços de recepção e restauração projetados pelo arquiteto francês do Copacabana Palace, Joseph Gire. A Gávea é verdadeiramente uma colaboração franco-brasileira, pois, quando Paula Machado visitou o hipódromo da cidade de Chantilly com o barão de Rothschild, ele declarou: "quero fazer o Chantilly da Lagoa", razão que explica o traçado da pista (Blay, 2008).

A arquitetura do espetáculo e o *art déco*

A comemoração do centenário da Independência proporcionou a oportunidade de conhecer diferentes estilos arquitetônicos ao visitar os pavilhões das nações presentes no Rio. Durante a década seguinte, novas concepções chegaram ao Brasil, e São Paulo parecia mais receptiva para desafiar o academicismo, adotando o padrão de verticalização em novas construções. No entanto, essa não foi a única indicação de modernidade, já que as vanguardas estavam se multiplicando na Europa. Em 1925, a Exposition Internationale des Arts Décoratifs et Industriels, realizada em Paris, impulsionou no mundo princípios derivados da aeronáutica: linhas fluidas e aerodinâmicas, esqueletos de ferro, concreto e detalhes ornamentais geométricos.

Quando surgiu o projeto de reformar o Teatro João Caetano, na Praça Tiradentes, o prefeito Antônio Prado Júnior[21] exigiu que fosse respeitado o alinhamento do edifício com a Avenida Passos e a Rua

---

[21] Prefeito de 1926 a 1930.

Luiz Camões. Os arquitetos-urbanistas concorrentes, os franceses Joseph Gire e Alfred Agache, discutiram sobre como proceder.[22] A questão não era apenas a melhoria contínua da capital seguindo o paradigma da linha reta, mas também a consideração da dimensão histórica do local: a inauguração por D. João VI, em 1813, e a assinatura da primeira Constituição, em 1824. Esse local era uma parte importante da memória de uma nação jovem. Como resultado, houve inevitavelmente uma disputa entre um projeto de conservação e outro de modernização. Agache impõe a necessidade de recuar a fachada, o que, consequentemente, implicou a destruição do teatro.

O diálogo entre essas correntes opostas levou à fundação das revistas *Movimento Brasileiro*, *Forma* e *Base*, entre 1929 e 1930, que refletiram a influência da arquitetura europeia. A capa do número 12, de dezembro de 1929, da *Movimento Brasileiro* foi ilustrada por Le Corbusier, e o primeiro número da *Forma* (setembro de 1930) apresentou trabalhos em concreto de Alejandro Baldassini e outros autores. Embora tenham escolhido a modernidade, todos eles questionaram "o compromisso com o projeto de uma cultura brasileira marcada pela questão identitária" (Trajano Filho, 2019, p. 98). Ou seja, modernos, sim, mas de um jeito brasileiro.

Inspirado na arquitetura do Théâtre des Champs-Élysées (Paris, 1913), de Auguste e Gustave Perret, o projeto de reconstrução foi atribuído a Baldassini e seus associados Dourado e Gusmão. Eles conceberam uma fachada futurista *art déco* e uma volumetria purista, o que dividiu a opinião pública.[23] De acordo com Evelyn Furquim Werneck Lima (2009, p. 143), "a Velha República estava agonizante, e nada melhor do que um monumento como o novo João Caetano". Portanto, houve tensão. Entre o conservadorismo da imprensa nacional e as revistas de arquitetura vanguardista, podemos observar, em 1930, uma arquitetura de transição (Lima, 2019).

---

[22] Agache (1875-1959) foi convidado, em 1927, por Prado Júnior para trabalhar em um projeto de remodelação urbana. A questão do alinhamento das ruas e calçadas do Rio fez com que ele entrasse para o projeto da reforma do teatro.

[23] *Fon-Fon*, 24 maio 1930; *O Malho*, 7 jun. 1930; *O Jornal*, 13 jul. 1930; *O Cruzeiro*, 9 ago. 1930; *Jornal do Brasil*, 21 dez. 2008 (Wanderley, 2023).

A qualidade da programação ajudou a renovar também o público que lotava os espetáculos, e, de certa forma, Prado Júnior ganhou a batalha pelas ideias novas, marcando seu mandato com uma construção que simbolizava os tempos modernos, anunciados pelo jazz, o cinema falante e todas as tendências da arte contemporânea.

O arquiteto Nazareth de Castro, encarregado da edificação do Teatro Carlos Gomes, na Praça Tiradentes, em 1931, seguiu o mesmo processo criativo. Para aproveitar ao máximo a volumetria, ele resolveu o problema da curvatura, que se encontrava na Rua da Carioca com a Rua Pedro I, imaginando uma fachada redonda dotada de uma marquise sobre as portas de cada lado das ruas, oferecendo máxima visibilidade aos pedestres. A resposta *art déco* também se entende na harmonização geométrica de losangos e retângulos no espaço interno. O conjunto, obviamente, foi realizado com concreto armado, seguindo a técnica usada nos teatros parisienses da mesma época. Essa matéria-prima da época contemporânea tinha um valor semântico na linguagem comum da arquitetura franco-brasileira, que evoluiria com Oscar Niemeyer.

Oscar Niemeyer, a curva que inverte a influência

Assim, a modernização das cidades ocorre paralelamente à circulação de novas ideias entre os arquitetos, e, às vezes, o político colabora. Esse movimento secular também conheceu um retorno. O Brasil de Juscelino Kubitschek deu uma nova capital ao Brasil. Num planalto seco, floresceu uma cidade de concreto que maravilhou o mundo por sua ousadia e se tornou assunto de reflexão para muitos.

Com esse projeto, a identidade brasileira foi redefinida a partir das teorias gerais defendidas por Lucio Costa e Niemeyer, bem como pelo governo, que desejava um novo Brasil e uma nova sociedade através do "nacionalismo desenvolvimentista" (Vidal, 2002).

Sem dúvida, as circunstâncias políticas influenciaram o reconhecimento da obra de Niemeyer no exterior, pois estava ligada à afirmação da modernidade do Brasil, que se afastava do estilo lírico ensinado por Le Corbusier. Como observou a antropóloga Cécile Bourgade, Niemeyer poderia ter seguido a facilidade de replicar as lições do mestre, como foi o caso das realizações neoclássicas observadas anteriormente. Pelo contrário, "a vontade de manifestar e defender a emancipação cultural (do Brasil) situa plenamente as obras do arquiteto carioca na busca nacional de uma identidade" (Bourgade, 2013, p. 178).

Depois da inauguração de Brasília, Niemeyer beneficiou-se de sua notoriedade para fugir da ditadura e se estabelecer na França. Como um embaixador de sua profissão, ele representou esse estilo internacional que caracterizou as construções usando aço, vidro e concreto para formar volumes geométricos simples, mas com curvas que se tornaram sua assinatura. Apesar desse estilo bem-sucedido, Niemeyer sempre teve a preocupação de conceber edifícios cuja forma não entrasse em contradição com a arquitetura existente. Sua temporada francesa demonstra os valores humanistas que o inspiram.

Projetada, desde 1967, pelo Departamento de Seine-Saint-Denis, a Bourse du Travail de Bobigny foi realizada por Niemeyer entre 1974 e 1980. Foram construídos dois edifícios: um paralelepípedo montado sobre pilares e uma "concha virada para baixo" que proporciona uma visão poética no espaço dedicado a eventos de auditório. O boletim de informação da cidade destacou que o gênio brasileiro projetou, em uma área restrita, uma entrada aberta para uma praça: "algo simples, livre, lírico para o grande auditório que deve caracterizar o conjunto" (Bulletin d'Information Locale de Bobigny, 1972).

Entre 1978 e 1982, na Maison de la Culture de Le Havre, Le Volcan, ele estava consciente da integração suave de sua obra à cidade. Por isso, harmonizou as oposições de escala, volume e nível para não prejudicar a obra de Auguste Perret. Melhor ainda, ele ofereceu, com sua linha fluída, um diálogo entre curvas audaciosas e discretas, mergulhando em um urbanismo onde predominam linhas mais ortogonais e altas do mestre francês.

Na memória[24]

Com as obras de Niemeyer, a França enriqueceu seu patrimônio arquitetônico do século XX. Isso requer responsabilidade para ensinar

[24] Para ler mais sobre a obra do Niemeyer na França, cf. Grossmann; Pouvreau (2021).

o alcance da obra e preservar os monumentos. O arquiteto é regularmente objeto de pesquisas, conferências e exposições, e até mesmo um selo postal foi lançado com Le Volcan para comemorar os 500 anos de existência da cidade de Le Havre, em 2017.

No entanto, a homenagem que o integrou definitivamente na vida cultural francesa ocorreu em 2002, quando o Musée du Jeu de Paume organizou uma retrospectiva. Maquetes, fotografias, desenhos, filmes... abrangem uma produção de mais de 500 obras realizadas no mundo. Obviamente, Brasília é muito comentada, e ele recebe elogios, enquanto Lucio Costa é criticado pela evolução da capital federal. O que fica na memória, para estudá-lo ou passear por suas obras, é que ele sempre se comportou como um arquiteto-artista, habilidoso e inspirado com lápis na mão, mas, ao mesmo tempo, um *expert* racional em medidas. A beleza da construção sempre deve permitir um uso sereno. No entanto, Niemeyer foi um escultor de nosso espaço e tempo, aqui e lá.

O arquiteto, seja qual for, não conhece fronteiras para exercitar sua criatividade. Ele é chamado pelas necessidades para organizar o espaço social. Com Niemeyer, o diálogo estético estabelecido com a França nos séculos passados retornou, e as influências fluíram sem perturbar a diplomacia.

Referências

Angotti-Salgueiro, Heliana. La Pensée française dans la fondation de Belo Horizonte: des représentations aux pratiques. *Revue de l'Art*, n.106, p. 85-96, 1994.

Argan, Giulio-Carlo. *História del arte como história de la cuidad*. Barcelona: Laia, 1984.

Auguste Glaziou. BnF – Patrimoine partagé – France – Arts, sciences et techniques – Architecture et urbanisme. Notice biographique rédigée par Jean-Yves Mérian. 2009. Disponível em: https://heritage.bnf.fr/france-bresil/pt-br/auguste-glaziou-artigo. Acesso em: 5 maio 2023.

Aymard, Gustave. *Le Brésil nouveau. Mon dernier voyage*. Paris: E. Dentu, 1886.

Benchimol, Jaime Larry. *Perreira Passos: um Haussmann tropical*. Rio de Janeiro: Prefeitura Municipal do Rio de Janeiro, 1992. (Coleção Biblioteca Carioca).

Blay, J. P. *De l'avenue de l'Opéra à l'avenida Rio Branco: paradigmes de la modernité urbaine à Paris et Rio de Janeiro.* France: Ministère des Affaires Etrangères; Brasil: Ministério da Educação, 1999a. CD-ROM du Vingtième anniversaire des accords CAPES-COFECUB.

Blay, Jean-Pierre. Gentleman tropical e mundo hípico na cidade do Rio de Janeiro (1868-1932). *Revista do Instituto Histórico e Geográfico Brasileiro (IHGB)*, ano 155, n. 382, p. 54-73, jan.-mar. 1994a.

Blay, Jean-Pierre. Les Elites urbaines et le monde hippique dans la ville de Rio de Janeiro, 1868-1932. *Revue d'Histoire Moderne et Contemporaine*, t. 46-3, juil.-sept. 1999b.

Blay, Jean-Pierre. *Les Princes et les jockeys. Tome I: Chantilly: la ville du cheval souverain.* São Paulo: Atlantica, 2006.

Blay, Jean-Pierre. Spectacle sportif et fête mondaine, l'exemple des hippodromes cariocas (1868-1926). *Revue PLURAL*, Université de Paris-Nanterre, n. 2, 2008.

Blay, Jean-Pierre. Uma imagem da civilização francesa no século XIX: as utopias sociais e as politicas urbanas. *In*: Reunião da Sociedade Brasileira de Pesquisa Histórica, 13, 1994. *Anais...* Brasília: Editora CNPq, 1994b.

Bourgade, Cécile. Oscar Niemeyer et le Brésil: précédents et influences d'un contexte de création. *Journal des Anthropologues*, n, 134-135, 2013.

Bulletin D'information Locale De Bobigny, n. 5, juil.-août 1972.

Carelli, Mario. *Cultures croisées: Histoire des échanges culturels entre la France et le Brésil de la découverte aux temps modernes.* Paris: Nathan, 1993.

Corbin, Alain. *Le Miasme et la jonquille (l'odorat et l'imaginaire social au XIXe).* Paris: Champs-Flammarion, 1986.

Grandjean de Montigny, la rhétorique des villes capitales. BnF – Patrimoine partagé – France – Arts, sciences et techniques – Architecture et urbanisme. Notice biographique rédigée par Margareth da Silva Pereira. 2021. Disponível em: https://heritage.bnf.fr/france-bresil/fr/grandjean-de-montigny-article. Acesso em: 5 maio 2023.

Grossmann, Vanessa; Pouvreau, Benoît. *Oscar Niemeyer en France, un exil créatif.* Paris: Carnets d'Architecte, 2021.

Lamperière, Annick; Lomé, Georges; Martinez, Frédéric; Rolland, Denis (coord.). *L'Amérique latine et les modèles européens.* Paris: L'Harmattan, 1998.

Lima, Evelyn Furquim Werneck. *Arquitetura do espetáculo.* Rio de Janeiro: Editora UFRJ, 2000.

Lima, Evelyn Furquim Werneck. Uma arquitetura de transição na paisagem urbana do Rio de Janeiro, três obras de Alejandro Baldassini (1928-30). *arquitextos*, v. 232.07, set. 2019. Disponível em: https://vitruvius.com.br/revistas/browse/arquitextos/20.232. Acesso em: 18 maio 2023.

Louis-Léger Vauthier. BnF – Patrimoine partagé – France – Arts, sciences et techniques – Architecture et urbanisme. Notice biographique rédigée par Claude Poncioni. 2009. Disponível em: https://heritage.bnf.fr/france-bresil/fr/louis-leger-vauthier-article. Acesso em: 5 maio 2023.

Montigny, Grandjean de; Famin, Auguste. *Architecture toscane ou palais, maisons et autres édifices de la Toscane (1806-1815).* Paris: Editeur P. Didot l'aîné, 1815.

Poncioni, Claudia. *Ponts et idées, Louis-Léger Vauthier, un ingénieur fouriériste au Brésil (1840-1846).* Paris: Houdiard, 2009.

Rosso Del Brenna, Giovanna. *O RJ de Pereira Passos, uma cidade em questão II.* Rio de Janeiro Editora Index, PUC-RJ, 1985.

Trajano Filho, Francisco Sales. Ensaios de pretensa vanguarda: revista cultural arquitetônica moderna no Brasil (1928-1933). *Oculum Ensaios*, v. 16, n. 1, 2019. Disponível em: http://dx.doi.org/10.242 20/23 18-0919v16n1a4090. Acesso em: 18 maio 2023.

Vidal, Laurent. *De Nova Lisboa à Brasília, l'invention d'une capitale.* Paris: l'IHEAL, 2002.

Wanderley, Andrea C. T. O Teatro João Caetano, no Rio de Janeiro, no Dia Mundial do Teatro. Brasiliana Fotográfica, 23 mar. 2023. Disponível em: https://brasilianafotografica.bn.gov.br/?m=202303. Acesso em: 18 maio 2023.

Belo Horizonte e seu lendário Centro antigo

Vivências e narrativas da paisagem

Celina Borges Lemos

Para Altamiro Sérgio Mol Bessa

Narrativas na paisagem da Cidade de Minas

Inicialmente denominada Cidade de Minas, a concepção e a fundação da nova capital mineira tornaram-se um marco referencial na história local e nacional. Ela simboliza a vontade de mudança presente no Brasil republicano ao final do século XIX. O plano de transferência da antiga capital colonial, depois imperial, para a nova cidade assumira um papel de destaque, na medida em que tinha como meta a inovação econômica e política, bem como o estímulo à modernização paisagística e o desenvolvimento social (Lemos, 2010).

Na busca de uma eficácia da urbanística neoclássica, de inspiração francesa, com estudos técnicos voltados para o desenho e a localização das atividades, a Comissão Construtora da Nova Capital (CCNC), dirigida, incialmente, pelo engenheiro paraense, formado no Rio de Janeiro, Aarão Leal de Carvalho Reis (1853-1936), planificou uma organização funcional e estética estrategicamente distribuída no espaço e na paisagem.

Na primeira República, durante a denominada *belle époque*, renovações diferenciadas já se registravam na paisagem da então capital federal, Rio de Janeiro. Estas referenciadas nas modernizações presentes em algumas capitais europeias e mesmo na norte-americana. Para Needell (1993, p. 42), "a *belle époque* significou tanto a continuidade do passado colonial quanto o potencial de mudança do novo período". Principalmente no Rio de Janeiro, esse processo de inovação se deu passo a passo e recebeu novo impulso durante o governo do republicano Campos Salles (1898-1902), que assumiu a presidência menos de um ano após a inauguração da capital mineira.

A importância dada à modernização socioeconômica e política, protagonizada nas capitais do Rio de Janeiro e de São Paulo, repercutiu no âmbito do urbanismo, entre outros aspectos, e alcançou relevância durante na primeira fase republicana (Sevcenko, 1992). Notabiliza-se uma conjunção de fatores sociais, políticos e urbanísticos em âmbito nacional e internacional, os quais culminaram na e alçaram maior eficácia através da Reforma Urbana de Paris, durante a segunda metade do século XIX (Needell, 1993).

Para o autor, as reformas urbanas, operacionalizadas em Londres durante o século XIX, tornaram-se um exemplo para Luiz Napoleão, quando se exilou na capital britânica, entre 1846 e 1848. Esse ímpeto reformista, sobretudo presente na Inglaterra, inspirou o depois imperador Napoleão III. Reformas urbanas de saneamento, as intervenções no aristocrático Hyde Park, a valorização do espaço público e do lazer popular, e as melhorias nas praças representaram um destaque na paisagem. "Esses elementos somados ao apelo político do aumento de empregos no setor público, levaram-no, assim que se tornou imperador, a dar início à Reforma de Paris" (Needell, 1993, p. 50).

Os princípios reformistas e os ideais de mudança na paisagem, como a importância dada ao saneamento, às reformas urbanas higienistas e à consequente modernização da paisagem cultural, entre outros aspectos, estiveram presentes no Rio de Janeiro. E se tornaram pauta entre os republicanos, muitos deles especialistas e técnicos responsáveis pela gestão dessas iniciativas (Abreu, 1999). As renovações, as planificações e o afrancesamento da capital federal repercutiram na ideia de criação de uma cidade para sediar o governo do Estado, bem como na elaboração do plano da Comissão Construtora da Nova Capital.

O desenho da nova capital se estruturou na planimetria de três zonas, organizadas hierarquicamente como Zona Urbana, Zona

Suburbana e Zona Agrícola (Barreto, 1950). A primeira corresponde à Área Central, configurada como a malha mais detalhada do plano, em que se sobrepõem uma malha ortogonal, formada pelas ruas, e uma malha diagonal, determinada pelas avenidas. A valorização da paisagem natural e da topografia local define vários planos que, escalonados, compõem, juntamente à distribuição hierarquizada da arquitetura dos serviços, uma malha tensionada. Todo esse repertório da paisagem cultural e suas articulações, caracterizadas pelos elementos ambientais das praças e dos parques e pela arquitetura, complementam a intenção inicial dos idealizadores do projeto (Lemos, 2010).

O transcorrer do tempo revela, entre outros fatores, um distanciamento do domínio público daquilo que representou a capital mineira nos seus tempos pós-fundação, em 1897. No sentido de restituir parte dessa memória, este estudo destaca alguns vestígios e características identificados nas narrativas registradas e lembradas sobre os seus primeiros decênios, especialmente naquelas territorializadas na sua malha principal.

Depois de mais de 100 anos de história, a forma espacial da primeira malha urbana, depois denominada Área Central, materializa-se num palimpsesto, em que se articulam "sobras incongruentes" ao lado de um conjunto de composições artística e ambientalmente desenhadas (Boyer, 1996). Especialmente o Centro, situado no interior dessa área, por integrar a região mais detalhada no projeto, predominantemente ocupado e adensado nos primórdios da capital, apresenta-se parceladamente renovado na sua paisagem por decênios. Ele se configura numa matriz de contradições entre os interesses privados, públicos, mediante uma significativa desigualdade social e uma intricada mobilidade urbana. Simultaneamente, apesar das contradições, o Centro demarca um espaço referencial, temporalmente lendário, em que se processam, por exemplo, a imaginação, a lembrança, a narrativa, como um arcabouço imaterial.

A imaginação e a lembrança pressupõem uma experiência do olhar. Elas definem um procedimento em sintonia com o processo paisagístico, que elabora relações de paisagem entre vários lugares organizados (Leite, 2021). Para a autora, as paisagens se configuram em representações ativas do universo cultural de uma sociedade.

E, nesse contexto, o ato de narrar essas paisagens resulta de um percurso aberto e contemporâneo que reúne relatos sobre elas daquilo que foi ou ainda será. "Além de simples registros da realidade ou das ideias que engendram sua própria construção, as paisagens narrativas conformam expressões cumulativas das ações sociais e dos processos materiais de um lugar" (Leite, 2021, p. 21).

O palimpsesto belo-horizontino da inaugural malha urbana, por ter sido pioneira no processo de adensamento, conjuga diferenciadas narrativas das gerações que viveram e fruíram aqueles lugares. As narrativas sintetizam um discurso em que as pessoas expressam sua concepção de universo e o modo como se relacionam com o ambiente (Alencar, 2007). Portanto, elas constituem uma linguagem, uma maneira distinta de abordar a experiência vivida (Gow, 1995). De tempos em tempos, os registros de poetas e escritores que viveram ou passaram pela capital ressaltam olhares, nuances e lembranças da paisagem local. Na condição de verossimilhanças, muitas vezes elas se transmutaram em referências para estudiosos e historiadores da cidade.

Como ensina Walter Benjamin (1985), a memória, distintamente da história, vai responder mais que registrar, visto irromper em cena de maneira inesperada. Referenciado no filósofo, David Harvey (2015) observa que a memória desloca para o presente alguns poderes latentes no passado que, do contrário, permaneceriam adormecidos dentro das pessoas. E a narrativa, de acordo com Benjamin (1985, p. 205), "está mais interessada em transmitir o 'puro em si' da coisa narrada como uma informação ou um relatório. Ela mergulha a coisa na vida do narrador para em seguida retirá-la dele". Em um olhar mais amplo, a memória também pode atuar na condição coletiva. "Pode-se dizer que a própria cidade é a memória coletiva do seu povo e, como a memória, ela está associada a objetos e lugares. A cidade é o *locus* da memória coletiva. [...] Nesse sentido, inteiramente positivo, grandes ideias fluem através da história da cidade e dão forma a ela" (Rossi, 2001).

Em uma atmosfera de renovação, o plano urbanístico da capital, inspirado na Paris de Baudelaire, Balzac, apresenta, como observa Harvey (2015, p. 91), "as ruas, os bairros, os apartamentos, escadas e portas todos eles impregnados de significado social". E a capacidade de imaginar, textualizada nas narrações, sempre que possível, contribui para restituir e atualizar esses lugares. Nesse sentido, compartilham imaginações com potencial de reconstituição de lugares muitos distantes daquele presente. "Por isso, qualquer reconstrução das coisas envolve uma reconfiguração das relações sociais: ao criar e recriar a cidade nós criamos e recriamos a nós mesmos, tanto individual quanto coletivamente" (Harvey, 2015, p. 91).

Nesse contexto, elas inspiram e fortalecem a capacidade de imaginar dos leitores e, ao mesmo tempo, distanciam-nos do banal dia a dia urbano regido pelo imperativo dos interesses econômicos (Leite, 2021). "A cidade do passado é sempre pensada através do presente, que se renova continuamente no tempo do agora, seja através da memória/evocação, individual ou coletiva, seja através da narrativa histórica pela qual cada geração reconstrói aquele passado" (Pesavento, 2007, p. 16).

Em 1901, Belo Horizonte, a nova denominação da capital recuperada do antigo arraial, contava com um conjunto diferenciado de serviços, e suas primeiras localizações confirmam a gênese da ocupação dos bairros residenciais e dos espaços institucional e comercial, o que deixa vislumbrar o cenário prospectivo da vida urbana do Centro (Barreto, 1950). No processo de ocupação seminal, os grupos sociais e as atividades estavam organizados e devidamente separados nas zonas Urbana e Suburbana, conforme o urbanismo e suas ambivalências e injustiças. O dia a dia na cidade recém-estabelecida, as dificuldades enfrentadas pelos primeiros moradores e a luta desenfreada pelo espaço estão presentes no registro do historiador João Antônio de Paula (1987, p. 56): "O barro preto e a terra vermelha que tudo manchavam, a especulação e a falta de caráter que sempre se apresentavam, os encontros, as adversidades, a precariedade de uma cidade em construção, o desfazimento de sonhos e a vitória das boçalidades e da venalidade".

A Comissão Construtora da Nova Capital e seu líder, Aarão Reis, intencionaram a urbanística moderna haussmanniana, e, por isso, uma das suas atribuições seria homogeneizar e propor a organização funcional e estética das edificações públicas e privadas, bem como as técnicas de deslocamento (Lemos, 2010). A CCNC atuava na planimetria e na circunscrição através de um microzoneamento de três setores do funcionamento da cidade: setorização dos edifícios públicos, comerciais e habitacionais. Os edifícios públicos tiveram sua localização definida a partir de pontos estratégicos, nos aspectos paisagístico, simbólico e de conexão. Essas edificações públicas e as habitações dos funcionários se concentravam, principalmente, no entorno da Praça da Liberdade, definida como o centro cívico de Belo Horizonte, região de maior preservação dessa urbanística (Lemos, 2010).

A formação inicial da paisagem arquitetônica da capital se integrava à sua planimetria e a reforçava, e, por isso, também se referenciou nos princípios neoclássicos e da *Beaux-Arts* francesa. Esse período se encontra demarcado, segundo Luciano Patetta (1987, p. 10), "por uma dialética constante entre razões da arquitetura e razões éticas, sociais, políticas e de que existia uma única clientela – a burguesia em ascensão". A concepção da escala da arquitetura define a dimensão e a composição integradas ao tecido urbano. A paisagem abriga cenários próximos aos concebidos na capital francesa do final do século XIX. Nesse enquadramento, a inserção do edifício público, segundo Patetta (1987, p. 38), "dentro do espaço urbano mostra um claro e decidido interesse em potenciá-lo como monumento".

O traçado urbano e a paisagem arquitetônica seguiram essas referências neoclássicas, enfatizadas, inicialmente, pelas contribuições francesas. A urbanística resultante tornou-se um paradigma em algumas capitais renovadas no final do século XVIII e durante o século XIX, predominantemente. Sua estética se fundamentou na planificação da paisagem, através do geometrismo e da ideia de perspectiva, complementada pelos bulevares, a escala e a composição da sua arquitetura, e finalizada pelas ambiências do paisagismo.

No caso mineiro, essa planimetria atinge sua intensidade na monumentalidade da arquitetura e na captura da paisagem natural, representada, especialmente, pela Serra do Curral. A serra já havia sido enaltecida pelo bandeirante João Leite da Silva Ortiz, fundador do então Curral del Rey, depois Arraial Bello Horizonte, lembrado por Nava (1986, p. 110): "o primeiro que amou a Serra das Congonhas, que viraria Serra do Curral, o mesmo que fez o Cercado, donde sairia o Curral d'El-Rey, a Cidade de Minas e por fim Belo Horizonte – Belorizonte belo".

Os dirigentes, através de alguns estudos e identificação de componentes dos primeiros comerciantes, orientaram um processo de estabelecimento desse setor, predominantemente, em uma área mais central. As diretrizes urbanas voltadas aos serviços, e em especial do comércio, assim, ocuparam, principalmente, o entorno das avenidas Afonso Pena e Amazonas. O adensamento, no início ainda bem fracionado, acresceu até as ruas Espírito Santo, Rio de Janeiro, São Paulo, dos Tamoios, Guajajaras e da Bahia (Lemos, 2010).

E, do outro lado da Avenida Amazonas, o espessamento ocupacional se estendeu mais rarefeito pelas ruas dos Caetés, Tupinambás, Guaranis, Guaicurus, e nas avenidas Oiapoque, do Comércio, entre outras. Os lugares e a personalização das vias estiveram nas memórias de Nava (1986, p. 110):

> Assim também Belo Horizonte. Quem caminha nas calçadas de Aimorés, Sergipe, João Pinheiro e Guajajaras, que se avizinham da Boa Viagem, está perlustrando na Cidade de Minas, o que foi a *Cité* para Paris. Está na *Lutécia* sertaneja e, dançando naqueles quarteirões e em mais alguns, que os circundam (até um pouco do Parque, até Bernardo Guimarães, um pouco de Bahia, de Goiás, um pouco de Afonso Pena).

Monteiro Lobato visitou a capital no início do século e constatou uma paisagem ainda em constituição. Sua crônica maliciosa captou aquilo que o ainda recém-chegado vivenciava: "se via era uma extrema escassez de gente pelas ruas larguíssimas, a cidade semiconstruída, quase que apenas desenhada a tijolo no chão, um prédio aqui e outro lá. Tudo semi-feito e a tudo envolver um pó finíssimo e finissimamente irritante [...] (Lobato, 1947, p. 220). O escritor percebe a paisagem pouco habitada da nova cidade, ou seja, um tédio reinante nas ruas e por onde uma raridade de transeuntes circulava: "os passantes [...], positivamente funcionários [...], subiam e desciam lentamente a fingir de transeuntes. Transeuntes públicos. Daí o sono que dava aquilo. Uma semana passada lá deixava a impressão de meses" (Lobato, 1947, p. 220).

E o olhar arguto do sabarence Avelino Fóscolo não deixa de denunciar, no seu romance ambientado na capital, as falcatruas da distribuição de lotes. Além disso, como um narrador melancólico, corrobora Lobato: "As avenidas solitárias com raros transeuntes morosos e tristonhos

[...], o canal da grande avenida inacabada, obstruído, já em ruínas no alvorecer da existência e por toda a parte, como um sudário imenso, a luz empalidecida do sol ecoando-se por entre nuvens, afogando em ondas de melancolia a capital – envelhecida ao nascer, com a pacatez das velhas cidades coloniais" (Fóscolo, 1979, p. 220).

E, nessa melancolia, os versos drummondianos reforçam a pouca familiaridade dos transeuntes com a planimetria moderna da nova cidade:

> Meu passo torto
> Foi regulado pelos becos tortos
> De onde venho
> Não sei andar na vastidão simétrica
> Implacável
> Cidade grande é isso?
> (Andrade, 1985, p. 781).

Vale lembrar que, apesar da crescente presença dos serviços nessa área, as atividades de moradia também se circunscreveram, ainda que em menor porte, por essas vias. Nesse processo parcializado pela ocupação e pela concentração, o Bairro Comercial, no interior mais central da primeira malha, apresenta-se como o lugar-síntese da experiência social, vocacionado a receber os diferenciados atividades, frequentadores, valores e indicativos de estilos de vida.

As ocupações e práticas sociais, somadas àquelas que ocorreram antes mesmo da inauguração, conformavam atividades que, além de comporem um estilo de vida local, destacaram ainda mais a região e as paisagens em constituição. Tudo isso devido à qualidade das suas respectivas arquiteturas e ao singular processo irregular de concentração. Como se verifica nessa área, na dinâmica de funcionamento, algumas necessidades básicas já estruturam a cidade. Elas reúnem lojas, escritórios, instituições públicas, residências, escolas, principalmente (McKenzie, 1974).

Durante a sua primeira década, após a fundação, apesar das dificuldades políticas e socioeconômicas, todo um conjunto de características urbanísticas atribuem à capital a denominação de metrópole em formação. O poeta e contista Artur Azevedo, em 1901, testemunhou essa cidade que procurava se consolidar: "Apesar de se ostentarem na avenida Afonso

Pena soberbos prédios particulares, entre os quais, o do Congresso... estão ali [...] um grande *theatro* e o palácio do Congresso e a estação de *bonds*, os prometidos *bonds* pelos quais suspiram as pernas e os pés dos belo-horizontinos... Ao meu espirito, ao meu temperamento de turista, faltava alguma cousa: a vetustez" (Azevedo, 1901, [s.p.]).

Logo depois, vinha o consolo quando do andamento das obras de implantação do plano: "o adiantamento é real e irrecusável. Somente lhe falta o que depende do espaço [...], o que depende do tempo, em tempo há de vir" (Figueiredo, 1903, [s.p.]). No entanto, o jornalista e poeta parnasiano Olavo Bilac, em 1903, só fez admirar a cidade. Ou seria esse mais um diálogo do que um contraponto com a paisagem parisiense... Apesar de tudo, nos seus nove anos de fundação, o poeta enaltece a *modernité* dessa paisagem: "foi criada como milagre no meio de um rude sertão, uma bela cidade moderna, com avenidas imensas, com palácios formosos, com admiráveis parques. Pelas ruas largas e arborizadas, rolam bondes *electricos*, lâmpadas *electricas* fulguram entre os prédios elegantes e *hygienicos*, motores *electricos* põem em ação, nas fábricas, as grandes *machinas* cujo ronrom contínuo entoam os hinos do trabalho e da paz" (Bilac, 1903, [s.p.]).

Como uma cidade moderna, estruturada pelo estabelecimento de mercado, o surgimento parcial das centralidades e, consequentemente, dos modos de viver encontra-se articulado com as dinâmicas da produção e do consumo. O Bairro Comercial, como o próprio nome indica, começou a exercer o papel de "centro urbano", no contexto dos primeiros 20 anos da capital. Sua supremacia suplantava qualquer previsão, principalmente pela ausência de um planejamento mais amplo em termos funcionais, espaciais e sociais. Uma maior demanda para adensamento da Zona Urbana ocorria, visto que apresentava melhores condições de infraestrutura urbana, além do fator locacional e de fácil acesso. Pois, naquela área, diferenciados serviços se estabeleceram desde a fase inaugural da cidade (Lemos, 2010).

Tais fatores propiciaram a concentração de coisas e pessoas, atraíram todas as camadas sociais. Ao lado da população que se deslocava para o trabalho, em grande parte concentrado nessa primeira malha urbana, surge a necessidade de nova infraestrutura que assegurasse uma mobilidade urbana mais eficiente. Como narra o memorialista Pedro Nava

(1986, p. 113): "Assim que começou esse crescimento, Belo Horizonte demandou outra condução além dos cavalos de que todos se serviam. Da gente do povo aos professores de Direito que vinham dar aulas da Faculdade – de chapéu coco, fraque, colarinho alto e botas. Estas eram indispensáveis, até para os pedestres, como único meio de vencer a poeira vermelha que tingia tudo na cidade nascida sobre o solo de ferro".

Apesar da necessidade eminente de transporte coletivo urbano, as primeiras tentativas de implantação desse serviço decorrem de inciativas particulares, mesmo com a intenção da municipalidade em regulá-las e subsidiá-las. O serviço se estruturaria nos bondes de tração animal, além da presença já iniciada da operação dos cocheiros e carreteiros, entre outras modalidades. Em 1900, o serviço de bondes elétricos foi regulado no sentido de atender uma demanda latente dos moradores, além das permanentes críticas verificadas pelos jornais locais (Foureaux, 2017). E, com essa regulação, o poder público funda a Seção de Viação, e, devido aos detalhamentos dessa modalidade de organização institucional, apenas em 1902 houve o registro oficial sobre a operação dessa modalidade de transporte.

A primeira linha atuou apenas com quatro bondes, mas chamou atenção, principalmente dos moradores pouco privilegiados, que em grande parte demandavam seus direitos de infraestrutura e mobilidade, fundamentais para a dinâmica de uma cidade moderna. "Na medida em que o adensamento populacional crescia, fora da zona urbana privilegiada pelo serviço, os movimentos populares pressionaram a gestão pública para que a mesma proporcionasse a extensão do transporte para as áreas fora do centro urbano" (Foureaux, 2017, p. 30). Com a implantação de novas linhas e as revisões sistemáticas vinculadas à regulação, a construção de abrigos de bondes também representou uma reivindicação dos moradores de grande relevância e significado na época.

E apenas em 1910 instalou-se a principal Agência de Bondes no Centro Comercial, como recorda Murilo Rubião (1947, p. 147):

> Em 6 de setembro de 1910 foi inaugurada a estação de bondes, que, durante muitos anos, existiu no cruzamento da Avenida Afonso Pena com a Rua da Bahia, ao lado do Parque Municipal. Com um torreão central, onde havia um relógio, a estaçãozinha era um característico

paisagístico de Belo Horizonte. Naquele local da avenida, a que se convencionou chamar de 'Bar do Ponto', passavam todos os bondes da cidade e aí se estacionavam os que procuravam tal meio de transportes para os diferentes bairros da cidade.

Essa esquina do ponto de bondes, local em que havia baldeações e controle dos horários e pontos dos condutores, integra e fortalece sua contraface. Nela se estabeleceram o conhecido Palácio Hotel, que reunia vários serviços no seu térreo, entre eles o lendário Bar do Ponto. "Chamava-se Bar do Ponto o *rond-point* formado pelo cruzamento de Afonso Pena e Bahia, que era onde desaguava também a ladeira de Tupis. Todo o primeiro quarteirão dessas ruas era caudatário da estação de bondes - o *ponto* - que ficava em cima da ribanceira do Parque Municipal e de um café chamado o Bar do Ponto" (Nava, 1986, p. 132).

As linhas de bonde coordenadas pela Agência de Bondes, com seu relógio instalado na sua torre central, exerciam seu papel controlador para além do controle do ponto dos condutores e as marcações da chegada e saída dos comboios. O local se tornou uma referência, ou seja, um marco temporal do ir e vir da cidade, que iniciava a consolidação e uma primeira fisionomia paisagística. Na medida em que as linhas de integração entre o Centro e os bairros se ampliavam, o bonde adquiria sua pertinência e relevância. E, com ele, o encurtamento do espaço numa paisagem, até certo ponto, pouco dominada e identificada pelos moradores inaugurais.

Com isso, emergia uma peculiar representação desses espaços efêmeros, os quais permitiam aos seus frequentadores descobrir essa cidade tão vasta e mediada pela planimetria, geometria... com segmentos convertidos em lugares. Para além da sua funcionalidade e seu controle do ponto, o bonde se tornou uma entidade intangível e adentrou na poética drummondiana:

> O bonde, sede da democracia em movimento,
> Esperado com pachorra no Bar do Ponto
> Nos abrigos Pernambuco e Ceará,
> O arejado, pacífico, oportuníssimo
> Salão onde se leem de cabo a rabo
> O expediente das nomeações e demissões
> (Andrade, 1985, p. 824).

Enquanto isso, a cidade se estabelecia numa urbanidade emergente, a configuração do estilo de vida. Numa unidade histórica pautada pelas confluências, os espaços apontavam para as experiências do moderno nessa metrópole nascida ao final do século XIX (Simmel, 1983). Entre os valores e costumes que acompanharam os primeiros moradores da capital, percebe-se que o processo de urbanização reuniu pessoas provenientes de pequenas cidades e de centros mais avançados, inclusive de outros países. Esse fato sugere que as comunidades oriundas de vários locais tendem a se pulverizar e muitas vezes a se fragmentar, dada a notória desigualdade socioeconômica. E com isso a cidade adquiria, paulatinamente, as características do urbano capitalista.

E eis um cotidiano, lugares da vida urbana...

As características da formação urbana belo-horizontina se tornam referência nos processos de renovação citadina da era republicana. Nessas representações integradas à atmosfera da *belle époque*, a recém-fundada cidade, como a capital federal, também se distanciava da metrópole parisiense, como analisa Needell (1993). Costumes tradicionais vieram com os moradores interioranos, e, com eles, um cotidiano bucólico de Belo Horizonte: "das meninas brincando de rodas, à frente das casas, [...] as senhoras fazendo renda e *crochet* sentadas nas cadeiras de palhinha e esperando [...] os homens, que discutiam política nas farmácias" (Belo Horizonte..., 1947, p. 43).

Irrompiam a vivência do dia a dia, as corridas de bicicleta no Parque Municipal aos sábados ou domingos e as retretas da Banda da Polícia Militar.

> As retretas mobilizavam grande número de pessoas, que permaneciam acordadas até seu termino. Nos meses mais frios, além da banda, era comum encontrar, no meio das ruas, a fogueira e a brincadeira do "pau de sebo". Por qualquer motivo lá estava fincado o esquio mastro ostentando uma cédula de cinco, dez ou vinte mil réis na extremidade. E juntava muita gente no local, inclusive cidadãos de reponsabilidade, curiosos de se certificarem a quanto montava a nota (Belo Horizonte..., 1947, p. 17).

A Igreja São José iniciou suas atividades religiosas em 1904, mesmo antes da conclusão da obra, em 1910, e cumpria seu papel imponente e referencial, tendo se tornado um ponto de encontro nas celebrações e festas religiosas. Numa dimensão profana, a festas carnavalescas, desde a fundação, deram continuidade às tradições interioranas, e mesmo as da antiga capital. O Centro se transformou no palco das festividades, especialmente a Avenida Afonso Pena, que se convertia em palco da festa e do inesperado, lugar da permissividade à mineira. "Os de cheiros e as bisnagas davam a nota de elegância, enquanto os baldes de água eram atirados das janelas mais altas, nos folgazões desprevenidos ou nos transeuntes descuidados" (Belo Horizonte..., 1947, p. 43).

Enquanto isso, o cotidiano voltava a seu dia a dia, e as famílias mais aristocráticas, advindas de Ouro Preto, costumavam promover saraus, encontros para o chá, tudo ao final ou depois do expediente do serviço público. Em geral, eles aconteciam nas varandas das casas nobres e também nos jardins da parte posterior das residências. As residências que compunham o panorama urbano central tinham como principal característica as fachadas ricas com platibanda decorada e pintada a óleo. Como analisa Sylvio de Vasconcellos (1946, p. 42): "são várias ordens e o sentido usado, pilastras jônicas, coríntias, arcos romanos, frisos, ramagens, almofadas, molduras e iniciais do proprietário ou a data de construção colocadas ao alto em centro de composição".

Principalmente na área central, na malha planificada, os acessos às residências se davam na fachada frontal e ou na lateral. As casas maiores e os sobrados usufruíram de jardins, os quais limitavam ao fundo com o pomar. A paisagem arquitetônica inicial, em geral concebida por engenheiros e arquitetos muitas vezes egressos da CCNC, reunia um conjunto de tipologias residenciais. Nas memórias de Pedro Nava (1985, p. 115), "as castas da Cidade de Minas tinham sido demarcadas duramente pelo número de janelas das fachadas das casas dos funcionários. Dos intocáveis dos pardieiros A, aos desembargadores dos palacetes F, de inúmeras janelas. Sem mistura, cada um no seu lugar". Nesse contexto, surgia uma paisagem afrancesada das sofisticadas casas:

> Às vezes descia Bahia a pé, até o Bar do Ponto. Visão de fachadas que ficaram na minha lembrança como caras de velhos amigos.

> A da residência senhorial dos Carneiro de Rezende, a dos Junqueira, a Chefatura de Polícia, Lourdes, o Claret. As do Tamm, do Seu Augusto Halfeld, da Viúva Jose Pedro Drummond. Num futuro próximo levantar-se-iam entre as duas últimas os pórticos gregos do consultório e do palacete do Dr. Borges da Costa e o novo bangalô, da própria D. Madalena Drummond (bela senhora, cabelos grisalhos, lindas pupilas azuis que faziam minha Mãe dizer: a viúva do Dr. Zé Pedro tem olhos de Pinto Coelho) (Nava, 1985, p. 45).

Na lembrança com certo humor de Cyro dos Anjos, a arquitetura se constituía como parte dessa *modernité,* demarcada pelo ecletismo das fachadas próximas à Praça da Liberdade: "observo que o academismo do fim do século aí saracoteou à vontade: janelas solteiras, entre falsas colunas, outras geminadas com os seus cogumelos, e mais capitéis, frontões, grinaldas, cornijas, tudo rematado por uma platibanda balaustrada, de ornatos pontiagudos a espetarem o ar, como para defenderem o morador de inimigos que viessem de cima" (Anjos, 1982, p. 228).

E, à medida que a cidade se adensava, os estabelecimentos de lazer se multiplicavam, e, numa via de mão dupla, os rituais citadinos alternavam-se entre os mais tradicionais, demonstrados anteriormente, e os novos, impostos pelo mundo suntuoso do consumo e vinculados à sociedade moderna industrial. E, nesse passo, multiplicavam-se os teatros, cafés, casas de chá, bares e restaurantes, alguns deles destituídos de barreiras sociais. Eles alcançaram notoriedade com a inauguração do Teatro Municipal: "Na noite de 21 de outubro de 1909 a casa de espetáculos da Rua Goiás iluminou-se para aquele serão de gala. Senhoras e cavalheiros trajados a rigor chegavam para ver e aplaudir Nina Sanzi" (Mourão, 1970, p. 126).

O historiador registra o surgimento do cinema, lugar de consumo que se tornou uma identidade no cotidiano central. "A primeira sala de cinema se instalou no Teatro Paris, adaptado para esse fim e em seguida surgiu o Cine Teatro Comércio. Ele se tornou pioneiro como cinema com espaço para uma orquestra completa, o qual acompanhava a exibição dos filmes" (Barreto, 1950, p. 234). Os cinemas se integraram perfeitamente ao espírito de *modernité* da capital e, além das sessões noturnas, ainda promoviam matinês, saraus e apresentações de shows. As salas e saídas dos cinemas marcam presença após o final de cada dia e da luta pelos deslocamentos nos bondes. Como lembra Nava (1985, p. 268): "Mas já iam começar os cinemas e o centro enchia-se de cavalheiros, senhoras, famílias e estudantes em magote a porta do Odeon e até mais longe, nos confins de Afonso Pena, a entrada do Avenida. Essas multidões do dia e da noite, dos bairros ou das estações do ano eu as vejo em conjunto, vultos amalgamados, escuros das vestes masculinas ou bariolado das femininas".

Junto aos cinemas, o Centro, na sua parte mais adensada, tornou-se um palco para a localização e a difusão de clubes, incialmente uma tradição herdada da antiga Ouro Preto. Segundo Barreto (1950), os clubes buscaram suprir a falta de locais de diversão e a necessidade de superar a crise financeira que deprimiu a cidade durante seu primeiro decênio. Com eles, despontaram os grupos literários e o consequente estímulo ao cultivo das letras, com a edição de jornais e a realização de palestras, entre outras inciativas. Os clubes literários também inspiraram e atribuíram importância à frequência aos cafés, livrarias, restaurantes e lojas de chá, os quais se consolidam a partir dos anos de 1920.

Os clubes de festividades noturnas, como os renomados e lembrados bailes, tiveram presença desde os primeiros anos e impulsionaram a vida noturna. E eles, assim como o cinema, adentram a vida noturna do belo-horizontino: "o namoro tinha um ciclo certo: o *flert*, a frequência, juntos, aos cinemas, o *footing* na Avenida, os bailes nos clubes elegantes" (Andrade, 1964, p. 254).

Alguns hotéis, e em especial o Grande Hotel, construído em 1897, ofereciam um amplo salão de festas, restaurante e bar e se tornaram lendários na capital. Em seu currículo constam grande jantares de congraçamento político, encontros de artistas ligados à música e ao teatro, além de poetas, escritores. Mas o hotel também esteve presente no dia a dia dos moradores mais afoitos: "Dentro do Clube, nossa disponibilidade era total. Fazíamos mesmo nada de nada senão sonhar, conversar, tomar café, sapear o xadrez na sala da frente, onde os personagens eram sempre os mesmos" (Nava, 1985, p. 353). Situado na Rua da Bahia, esquina com a Avenida Paraopeba, depois renomeada Augusto de Lima, O Grande Hotel fez história e se tornou a referência lendária dos hotéis, como também a própria Bahia dos idos anos de 1920, cenas para a próxima paisagem.

Fatores próprios do tão proclamado progresso, razão substantiva da construção da nova capital, inspiravam gradativamente os hábitos e o estilo de vida de tão variada população. "Na cidade, a comunidade de interesses se fragmenta com uma divisão do trabalho que atinge de modo muito mais diferenciado os indivíduos, sem que haja qualquer novo elemento de ligação que substitua laços como aquele representado por uma propriedade comum no campo" (Waizbort, 2000, p. 199). A atmosfera de *modernité* também se traduz na implementação de novos valores ancorados na economia monetária e no estilo de vida mais moderno. Ser moderno é estar em movimento, e a capital irá incorporar tal condição de formas inusitadas (Lemos, 2010).

Essa reflexão se aproxima da Paris no ambiente da *belle époque*, como analisa Ortiz (1991), na virada francesa do século XIX para o XX, que se caracteriza pela entrada do país em um novo tipo de sociedade. No início do novo século, Paris se notabilizava pelos inúmeros cafés, ao lado de outras formas de diversão, como o cinema, e a visita aos diferentes feitios de diversão, consumo e lazer. A frequência desses locais se reforça pela prática dos esportes modernos, que se tornam espetáculos que adquirem progressivamente um apelo popular (Ortiz, 1991).

No decurso dos decênios constituintes da paisagem, os habitantes da nova cidade reafirmam práticas sociais, ainda numa pequena cidade em crescimento, segundo o registro de Renault (1988, p. 17): "A população se conhecia e se cumprimentava. Aquele que mora no bairro dos Funcionários sabe o nome de todos os seus residentes. Em setembro de 1920, Minas faz a conta de seus habitantes. No Estado são 5.888.174. No Município de Belo Horizonte somos 55.563. Trinta e oito habitantes por quilômetro quadrado. Sobrava muito espaço para todos. A mais moça do Brasil crescia a passos largos".

A cidade se avolumava rapidamente a partir dos anos de 1920 e chamou a atenção de Cyro dos Anjos (1982, p. 199): "com seus quase setenta mil habitantes, seus edifícios de três e quatro andares, palácios e jardins, a capital me havia embasbacado [...]. largas e vazias eram as ruas de Belo Horizonte em 1923 [...]. A pequena metrópole me esmagava".

O Centro, ainda mais dinamizado com os modernos serviços e pelo sistema de transporte de bondes, atinge uma renda fundiária especialmente valorizada. Os serviços de comércio, consumo e lazer, ao lado dos pequenos estabelecimentos semi-industriais, atacadistas e financeiros, demarcam a estruturação de atividades do lugar. A microrregião da Rua da Bahia se torna a grande conjunção estelar da malha urbana central, mesmo com o registro de várias áreas ainda em processo de implantação e seus desafios urbanísticos, arquitetônicos, sociais e econômicos. Ancorado nessa fisionomia paisagística, o Centro reúne uma arquitetura marcada pela convergência de gostos e estilos. O jornal da época menciona:

> A confusão dos *estylos architeturaes* em Bello Horizonte é a primeira coisa que logo de entrada fere a *attenção* do forasteiro sedento de observações interessantes. [...] Com o progresso quase vertiginoso que a cidade alcançou neste último lustro, começou então claramente a confissão bélica dos *estylos* que empresta à urbe um aspecto pitoresco interessantíssimo como uma afirmativa cabal de que a nossa terra não quiz esperar pacientemente a passagem do *annos* para progredir devagar, tomando de cada *anno* ou década época uma característica especial (Comentários, 1927, [s.p.]).

A segunda paisagem arquitetônica da capital inaugura a presença dos "palacetes-comércio" e dos "bancos-palacetes", dos "bangalôs" e dos edifícios de uso misto de dois a seis pavimentos. O escritor João Alphonsus registra suas impressões dessa renovação:

> certos aspectos de Belo Horizonte envelhecem depressa: os bairros burocráticos cheios de platibandas que foram nos primeiros tempos a última palavra em arquitetura [...]. Os beirais voltaram com os bangalôs, que surgiram aos milhares. A revivescência da casa colonial [...] se misturou com os estilos metecas, insinceros, complicados, literários [...]. Podia-se notar ainda as tentativas de um estilo nítido – linhas cruas e secas, cimento amado e ferro, ousadia de varandas avançando sem apoio, em balanço de concreto, terraços em vez de telhados, tudo geometricamente simples (Alphonsus, 1976, p. 88-93).

Como analisa Vasconcellos (1946), as cópias e repetições proliferam-se através das "casas-tipo" e das revistas importadas. Elas divulgam as inovações advindas da França, entre outras referências europeias, ao lado da denominada pelo autor "fase nacionalista" neocolonial, caracterizada pela protuberância dos volumes e detalhes decorativos. Os *années folles*, anos de esfuziantes acontecimentos na arte, na música e na cultura, fazem-se presentes na arquitetura. Os elementos decorativos e as técnicas construtivas se inovam, inspirados nos movimentos das *arts and crafts*, do *art nouveau*. Eles conformam um panorama arquitetônico divulgado por catálogos, revistas e fotografias, em que a capacidade e a habilidade de elaboração dos detalhes se destacam nas fachadas e nos interiores. Nessas arquiteturas se evidencia a presença das platibandas que coroam as janelas, alternadas com pilastras, numa cadência rítmica repetitiva integrada às bandeirolas, aos balcões e às amplas portadas de metal torneado (Vasconcellos, 1946).

Os "palacetes-comércio" de uso misto protagonizam o pós-guerra, harmonizam as paisagens das esquinas ao estilo parisiense de Haussmann e acompanham a curvatura da esquina angulosa. Os interiores dos cafés e restaurantes exibiam requintes nos detalhes do tardio *art nouveau*, como descreve Nava (1985, p. 99-100): "O salão do Estrela era um prodígio de decoração [...]. Havia cinco portas na frente. Serviam só as três do meio porque as dos extremos tinham sido viradas em vitrines [...]. Quem entrava dava logo a vista para um par de estantes, uma de cada lado do café, com prateleira circulares que diminuíam de tamanho na medida que se sobre punham. Pareciam fruteiras antigas altas de metro e meio".

O memorialista se recorda do vestíbulo do Cinema Odeon: "era empapelado de verde e vermelho, tendo nas paredes, também colados grandes painéis coloridos de filmes Nordisk [...]. Duas escadas de grades prateadas levavam a uma escada de orquestra e às duas portas que davam para os balcões" (Nava, 1985, p. 49-50). O autor narra em detalhes a sofisticação da arquitetura da sede dos Correios e Telégrafos, situada entre as ruas dos Tamoios e da Bahia e a Avenida Afonso Pena:

> Era róseo, de arestas pintadas de branco, alternando largos janelões com elegantes janelas finas. [...] Seu maior requinte estava no vestíbulo cuja altura era a dos seus dois andares, juntos. As escadas e a galeria circundante eram de uma serralheria tão graciosa como as antigas e muito semelhantes, as cariocas, da *Garnier* e da *Torre-Eiffel*

> – na velha rua do Ouvidor. Entrava-se na repartição postal por Afonso Pena e caía-se na doçura luz do *hall*, tamisada pelas imensas claraboias (Nava, 1985, p. 9).

Esses anos ostentam também um cenário de remodelação das praças e de seus entornos, apesar do curto espaço-tempo da cidade. Mesmo com esses investimentos, contudo, a permanência de problemas diferenciados de saneamento e infraestrutura urbana e a escassez de programas habitacionais voltados para as camadas menos favorecidas se fazem presentes. Parte dessas renovações na malha principal se tornou um destaque estratégico nos anos 1920, quando da visita dos reis belgas à capital mineira. Com elas se inovam as vias públicas, o edifício da Estação Central, as praças da Liberdade e a Rui Barbosa.

Um redirecionamento da economia na época possibilitou novos investimentos nos âmbitos público e privado. O dinamismo e a consequente modernização dos serviços públicos e de consumo, bem como dos centros comerciais e institucionais, beneficiam o surgimento de novas arquiteturas (Lemos, 2010). Nesse processo, várias linguagens arquitetônicas mais modernas marcam presença, como o *art déco*, o protomoderno e depois o início da verticalização dessa paisagem.

Cantadas em prosa e verso pela literatura moderna, algumas ruas e artérias funcionavam como verdadeiras passagens a céu aberto. Percebidas como uma tela, onde se projeta a poética urbana, as passagens compõem uma original modernidade. Nesse processo, revelam-se também os laços de continuidade entre a concepção original de Aarão Reis e suas cumplicidades com o mundo europeu, especialmente com a Paris de Haussmann.

À medida que locais notórios da área principal se transformavam, nasciam, nesse movimento, os elementos significativos da sua escrita. As atividades de lazer e entretenimento, ao lado do comércio, multiplicavam-se e marcavam sua *modernité* (Ortiz, 1991). Como na análise sobre os cenários da Cidade-Luz, enaltecida pelo autor: "a cidade em busca da metrópole guarda um passo provinciano, um tempo lento que se contrapõe à rapidez de sua modernidade a vapor" (Ortiz, 1991, p. 227). As espacialidades dessa região revelam especialmente dois grandes territórios, que podem ser dinamizados pela Rua da Bahia e pela região polarizada pela Estação Central e pelo Mercado Municipal. Numa fantasmagoria do novo, a Praça da Estação se converte no marco da moderna capital, viabilizando a chegada e a circulação de produtos industrializados.

A região revelava uma heterogeneidade de uso, com muitos hotéis, pensões, bares, restaurantes e comércios instalados nas proximidades. Próximo à estação, o quadrante delimitado pela Rua da Bahia e pelas avenidas Amazonas, Afonso Pena e do Contorno definia o perímetro da região mais popular do Centro. Junto ao Mercado Municipal, as pensões mais simples se multiplicaram e se tornaram conhecidas pela rotatividade social (Lemos, 2010). Na atribuição de ponto de chegada dos tropeiros, serviu, posteriormente, como abrigo de bondes, e a área contígua foi ocupada também por negociantes, vendedores e biscateiros que circulavam pela capital. Ao final dos anos 1920, a implantação da Feira de Amostras cria um diferencial de paisagem e de uso no local, com sua arquitetura *art déco*. Estilizada pela rígida geometria, distribuída em cubos de numa forma escalonada como uma cascata, a Feira se torna um santuário de novidades, mercadorias, curiosidades, além de abrigar um cinema, uma rádio e uma quadra de esporte, entre outras inciativas efêmeras.

Rumo ao vetor sul, o Parque Municipal, os teatros, os cinemas e bares, além de propiciarem o lazer e o entretenimento, ampliavam a animação das ruas e avenidas do Centro. O Teatro Municipal, os clubes e os cinemas representaram os primeiros lugares da cultura do consumo, que se traduzia em diferentes práticas sociais pautadas pelos novos *habitus* da população (Bourdieu, 1983). Na sua marcha, os passantes e amantes da cidade não se enganam: para eles, o espaço estruturante conforma uma sequência dos signos que os guiam cuidadosamente. Na deambulação do poeta, as referências que pontuam o espaço estruturam, através dos seus ritos, a socialidade do cotidiano (Maffesoli, 1984).

A inscrição espacial do novo decênio define uma paisagem mais moderna e consolidada na cidade, nas emblemáticas ruas, e estas instigam os narradores dos idos *années folles*. Essa inscrição promove uma microrregião dentro de um centro de tudo na capital em prospecção. O ambiente paisagístico da Rua da Bahia e adjacências se consolida como um notório cenário que estimula a fugacidade, o prazer da frequência e da permanência em diferentes locais e percursos. O passante olha, locomove-se e consome, e a rua supera as expectativas no seu transbordamento, sua atração e sua sedução.

A confluência da Rua da Bahia com a Rua dos Tupis e adjacências, como lugar referencial, configura-se como uma *centralité moderne*. E, com ela, a identidade paisagística que demarca uma característica não apenas funcional, mas também simbólica (Claval, 2003). Os lugares públicos, os estabelecimentos de comércio, os teatros, os cinemas, os hotéis, o vaivém dos bondes, enfim, as esquinas significam as várias ocasiões em que se vive, ou seja, simbolizam os primeiros hábitos da vida cotidiana do Centro.

Narrada pelos poetas, memorialistas e ensaístas, a Rua da Bahia seria lembrada mesmo que para uma parada rápida: "Tomei um cafezinho na rua da Bahia, olhei os jornais e, na Avenida, veio-me o palpite de pegar o primeiro bonde, que não fosse dos meus, para um giro qualquer. Aparece o da Floresta e fui até o fim da linha" (Anjos, 1982, p. 141). E a rua vai além dessa lembrança do momento fugaz:

> Sacudirá o jugo do velho crepúsculo, daquela tristeza da tarde morrendo varrida de ventos, da lembrança submarina dos fícus e dos moços que subiam e desciam a Rua da Bahia. Não a Rua da Bahia de hoje. A de ontem. A dos anos vinte. A de todos os tempos, a sem fim no espaço, a inconclusa nos amanhãs. Nela andarão sempre as sombras de Carlos Drummond de Andrade, de seus sequazes, cúmplices, amigos, acólitos, satélites (Nava, 1986, p. 111).

Nessa direção, a Rua da Bahia, no seu quadrante mais particularizado com a modernidade dos *années folles*, definia seu perímetro entre as avenidas Afonso Pena, Amazonas e Liberdade. Todos os caminhos levavam à Rua da Bahia, denominada também de "solo sagrado", principalmente seus quarteirões, onde tudo era possível, e que, pelas vivências do cotidiano, recebeu um processo de "privatização progressiva" do espaço público (Mayol, 1996). Para o memorialista, o "solo sagrado" envolvia o percurso do Bar do Ponto até as esquinas das ruas dos Goitacases e Goiás:

> Estamos em 1921 e no lado ímpar. A primeira porta encontrada era a casa do seu Arthur Haas. Logo acima, o número 893 ficava a

> "*Bomboniere* Suíça" [...]. Não me lembro bem se depois da Suíça vinha o "Coscarelli" de baixo ou o "Trianon", ou se esse é o que se instalou onde tinha sido a alfaiataria [...]. O "Trianon" era outra instituição [...]. Vinha depois o "Fioravanti" [...], passava-se um gradil chegava-se à esquina de Goiás e ao "Municipal". Havia os andares de cima do bloco formado pelas lojas que descrevemos. Escritórios de médicos. "Advogados" [...]. Quem atravessava Bahia na altura de Goiás ia dar direto na esquina de Goitacases onde ficava a "Casa Narciso". Aí acabava o "Grande Bar do Ponto" (Nava, 1985, p. 7-10).

No caminho de volta desse quadrante da rua, relembra Nava (1985, p. 9-12):

> Por cima do térreo do seu Narciso ficava a residência da família Rocha Melo [...]. Seguiam-se prédios de um andar onde ficavam o 928 e a "Farmácia Americana" [...]. Logo abaixo o mais novo prédio do quarteirão, o segundo "Parc Royal" [...]. Ainda descendo era a "Casa Decat", artigos dentários [...]. Encostado era a "Charutaria Flor de Minas" [...]. Seguia-se o prédio fabuloso cujo andar térreo era o "Cinema Odeon", que tinha por honra ser sobrepujado pelo piso do "Clube Belo Horizonte" [...]. Últimas portas do seu trecho da Bahia, as do "Giacomo Aluotto", com o balcão de loterias, dum discreto joguinho do bicho e a fileira de engraxates [...]. Do lado esquerdo, virando a esquina, a porta do "Hotel Globo" seus cômodos e dependências ocupavam todo o andar que correspondia, embaixo, à "Sapataria Central", à "Oliveira & Costa", ao "Café Bar do Ponto".

Vizinha ao bairro Funcionários, a microrregião apresentava uma polaridade exuberante, não só pelos palacetes, mas também pelo requinte da aristocracia e da burocracia herdeiras de outros poderes. A Praça da Liberdade exibia o novo projeto concebido para receber reis belgas e, com isso, perdera seus ares de um paisagismo pitoresco para deixar fluir a simetria ritualizada de influência francesa. Na lembrança do poeta, "Jardim da Praça da Liberdade, Versailles entre bondes. Na moldura das Secretarias compenetradas, a graça inteligente da relva, compõe o sonho dos verdes" (Andrade, 1996, p. 116-117).

Ao lado da maestria da Praça, à época ponto de encontro de jovens bem-nascidos e funcionários do poder, a Rua da Bahia protagonizou o estilo de vida belo-horizontino. O comércio mais requintado se edificou na rua e na Avenida Afonso Pena num convívio harmônico com palacetes e casas nobres dispostos nos seus quarteirões contíguos.

Marcou esses anos a inauguração do *grand magazin* Parc Royal na Rua da Bahia. No olhar arguto do poeta Carlos Drummond de Andrade (1985, p. 838), o edifício reunia "três andares das mais finas futilidades, vindas diretamente da *Rue de la Paix*". Cyro do Anjos (1982, p. 314) completa: "as damas não tinham problemas: na 'Casa Narciso', no 'Parc Royal', na 'Casa Bicalho', encontravam o tafetá, o crepe georgete e o da China, as miçangas e mais aviamentos que requeresse o vestido".

A encenação cotidiana vista através da experiência do consumo ratifica-a e ao mesmo tempo denuncia os dispositivos para sua mudança. Juntamente ao Funcionários, o Centro Comercial, apesar da curta temporalidade, representa uma das regiões mais tradicionais da capital. Ao final dos anos 1920, salvaguarda características de bairro e, simultaneamente, abre-se como um portal de entrada e saída entre espaços qualificados e quantificados em nome do *ex-novo*.

Os hábitos e as passagens ditavam a moda. A frequência aos cinemas, cafés, clubes, confeitarias e *magazins* e o *footing* nas portas dos cinemas, na Avenida e na Praça da Liberdade compunham um estilo de viver e se inscreviam num verdadeiro ritual. Ao salientar o aspecto do mundo cotidiano, esse ritual revela sua inserção no ambiente sagrado da festa (Leach, 1974).

Na condição de uma peculiar paisagem em que o habitante pode muitas vezes ser reconhecido e reconhecer-se nos locais, a espacialidade também permite uma superação do desconhecido na vida cotidiana. Os espaços de uso coletivo, anônimos e pertencentes a todos, tendem a se insinuar, pouco a pouco, em um espaço privado particularizado (Mayol, 1996, p. 40). Priorizam-se o reconhecimento, o certificar-se e a forma como essa condição se torna singular e, simultaneamente, ritualiza-se no cenário dos anos 1920. A experiência do consumo, vista através dos caminhos e encontros, dinamiza-se pelas localizações e pelos papéis que institui nesses anos. Eles se tornam elementos propulsores da consolidação da capital.

Ao lado do cotidiano dos habitantes, o roteiro dos historiadores, poetas, intelectuais e literatos, narradores dessa paisagem, atribui às espacialidades características específicas e conforma sua fisionomia lendária dos primeiros anos. A cena mineira desenrola-se pelos locais e percursos eleitos pelos habitantes, os quais, para Williams (1977), conformam o prenúncio constituinte de uma estrutura de sentimento, ou seja, o verdadeiro sentido de ali viverem. Esses constituem os prelúdios das cenas que estão por vir...

Referências

Abreu, Maurício de A. *Evolução urbana do Rio de Janeiro*. Rio de Janeiro: Instituto Pereira Passos, 1999.

Alencar, Edna. Paisagens da memória: narrativa oral, paisagem e memória social no processo de construção da identidade. *Teoria & Pesquisa*, v. XVI, n. 2, p. 95-110, jul.-dez. 2007.

Alphonsus, João. *Totônio Pacheco*. Rio de Janeiro: Imago, 1976.

Andrade, Carlos Drummond de. Jardim da Praça da Liberdade. *In*: Miranda, Wander Melo (org). *Narrativas da Modernidade*. Belo Horizonte: Alemg; Editora UFMG, 1996. p. 116-117.

Andrade, Carlos Drummond de. *Nova reunião: 19 livros de poesia*. Rio de Janeiro: José Olympio, 1985.

Andrade, Moacir. *Memórias de um chauffeur de praça, e República Decroly*. Belo Horizonte: Itatiaia, 1964.

Anjos, Cyro dos. *A menina do sobrado*. São Paulo: Brasiliense, 1982.

Azevedo, Artur. Um passeio a Minas. *Diário de Minas*, 28 fev. 1901.

Barreto, Abílio. *Resumo histórico de Belo Horizonte (1701-1947)*. Belo Horizonte: Imprensa Oficial, 1950.

Benjamin, Walter. *Magia e técnica, arte e política*. São Paulo: Brasiliense, 1985. (Obras Escolhidas, 1).

Bilac, Olavo. Minas. *Minas Geraes*, 25 maio 1903.

Bourdieu, Pierre. *Questões de sociologia*. Rio de Janeiro: Marco Zero, 1983.

Boyer, Christine M. *The City of Collective Memory: Its Historical Imagery and Architectural Entertainment*. Cambridge: The MIT Press, 1996.

Claval, Paul. A contribuição francesa ao desenvolvimento da abordagem cultural na geografia. *In*: Corrêa, Roberto Lovato; Rosendahl, Zeny (orgs.). *Introdução à geografia cultural*. Rio de Janeiro: Bertrand Brasil, 2003. p. 147-166.

Comentários. *Diário de Minas*, 7 jun. 1927.

Figueiredo, Afonso Celso de Assis. Impressões de Bello Horizonte. *Minas Geraes*, 30 nov. 1905, p. 2-3.

Fóscolo, Avelino. *A capital.* Belo Horizonte: Imprensa Oficial, 1979.

Foureaux, Francisco Amorim Gontijo. *Mobilidade urbana e burocracia em Belo Horizonte, 1897 a 2017*. 2017. 222 f. Dissertação (Mestrado em Administração) – Faculdade de Ciências Econômicas, Universidade Federal de Minas Gerais, Belo Horizonte, 2017.

Gow, Peter. Land, Paper and People in Western Amazônia. *In*: Hirsch, Eric; O'hanlon, Michael (ed.). *The Anthropology of Landscape: Perspective on Place and Space*. Oxford: Clarendon Press; New York: Oxford University Press, 1995. p. 43-62.

Harvey, David. *Paris: capital da modernidade*. São Paulo: Boitempo, 2015.

Leach, E. R. *Repensando a antropologia*. São Paulo: Perspectiva, 1974.

Leite, Maria Ângela P. F. Criar paisagens: expressão artística ou instrumento civilizatório? *In*: Bessa, Altamiro S. Mol (org.). *A unidade múltipla: ensaios sobre a paisagem*. Belo Horizonte: Escola de Arquitetura da UFMG, 2021. p. 14-25.

Lemos, Celina Borges. *Antigas e novas centralidades: a experiência do consumo no centro tradicional de Belo Horizonte*. Belo Horizonte: Escola de Arquitetura da UFMG, 2010.

Lobato, Monteiro. Impressões de um paulista. *In*: Belo Horizonte completou 50 Anos. *Revista Social Trabalhista*, 1947. p. 220.

Maffesoli, Michel. *A conquista do presente*. Rio de Janeiro: Rocco, 1984.

Mayol, P. *L'Invention du quotidien ll: Habiter, cusiner*. Paris: Union Générale, 1996.

McKenzie, Roderick Duncan. The Ecological Approach to the Study of Human Community. *In*: Park, Robert E.; Burgess, Ernest W.; Mackenzie, Roderick Duncan. *The City*. Chicago: Chicago Press, 1974. p. 63-79.

Mourão, Paulo K. C. *História de Belo Horizonte de 1897 a 1930*. Belo Horizonte: Imprensa Oficial, 1970.

Nava, Pedro. *Balão cativo*. Rio de Janeiro: Nova Fronteira, 1986.

Nava, Pedro. *Beira-mar*. Rio de Janeiro: Nova Fronteira, 1985.

Needell, Jeffrey D. *Belle époque tropical: sociedade e cultura de elite no Rio de Janeiro*. São Paulo: Companhia das Letras, 1993.

Ortiz, Renato. *Cultura e modernidade*. São Paulo: Brasiliense, 1991.

Patetta, Luciano. Considerações sobre o ecletismo na Europa. *In*: Fabris, Annatereza (org.). *Ecletismo no Brasil*. São Paulo: Nobel; Edusp, 1987. p. 8-28.

Paula, João Antônio de. *Memória da economia da cidade de Belo Horizonte*. Belo Horizonte: BMG, 1987.

Pesavento, Sandra J. Cidade visíveis, cidades sensíveis, cidades imaginárias. *Revista Brasileira de História*, v. 27, n. 53, p. 11-23, jun. 2007.

Renault, Delson. *Chão de Minas*. Rio de Janeiro: Francisco Alves, 1988.

Revista Social Trabalhista. *Belo Horizonte completou 50 anos*. Belo Horizonte, 1947, edição especial.

Rossi, Aldo. *Arquitetura da cidade*. São Paulo: Martins Fontes, 2001.

Rubião, Murilo. Belo Horizonte. *In*: Belo Horizonte Completou 50 Anos. *Revista Social Trabalhista*, 1947. p. 147.

Sevcenko, Nicolau. *O Orfeu estático na Metrópole*. São Paulo sociedade e cultura nos frementes anos 20. São Paulo: Companhia das Letras, 1992.

Simmel, Georg. Especial. Individualidade, interação, tipo social. *In*: Moraes Filho, Evaristo de (org.). *Georg Simmel: sociologia*. São Paulo: Editora Ática, 1983. p. 90-182.

Vasconcellos, Sylvio de. Contribuição para o estudo da arquitetura civil em Minas Gerais II. *Arquitetura e Engenharia*. Belo Horizonte, v. 1, n. 3, p. 42-49, nov.-dez. 1946.

Waizbort, Leopoldo. *As aventuras de Georg Simmel*. São Paulo: Editora 34, 2000.

Williams, Raymond. *Marxism and Literature*. Oxford: Oxford University Press, 1977.

Um sonho com Vichy

A paisagem termal na região Sul de Minas Gerais

Esther Aparecida Cervini de Melo

Quando se fala em aproximações entre o Brasil e a França, é inegável o quanto este país trouxe, como repertório de conhecimento, as imagens de *belle époque* a povoar a nossa cultura.

E não foi diferente na região do Sul de Minas Gerais, que, em particular, devido à presença das águas termais e minerais, foi criando a construção de uma estrutura de paisagem muito singular, como se pode observar nas cidades de Poços de Caldas, Pocinhos do Rio Verde, São Lourenço, Caxambu, Lambari e Baependi, com estabelecimentos relacionados à geografia da Serra da Mantiqueira.

Embora haja uma distinção fundamental de origens entre Poços de Caldas e as demais cidades que compõem o Circuito das Águas mineiro, quando se percorre hoje essas cidades, alguns elementos arquitetônicos se repetem na estrutura urbana: balneários, a localização ao lado de uma montanha, um lago, o parque, fontes, tipologias palacianas, um cassino, um grande hotel, pontes graciosas, cursos d'água centrais, praças, o coreto, tudo ainda preservado, muito vivo na vida local e guardando uma graciosidade herdada das paisagens europeias ancestrais.

Esse encantamento, enfim, encontra-se no caso de Poços de Caldas, uma cidade balneária de águas termais sulfurosas, localizada na Serra da Mantiqueira, que ao longo de sua história soube constituir um modo de ser específico decorrente da aproximação de seus viajantes, que vinham em busca das propriedades curativas das águas termais e também da apreciação da natureza em suas serras locais. Desde relatos iniciais da região encontra-se a descrição de uma paisagem aprazível pela presença da natureza exuberante, mas que ao mesmo tempo inspirava medo naqueles que se estabeleceram ali no povoado, pelo fato de o súlfur impregnar o ambiente de águas quentes e borbulhantes, paisagem que era comparável às visões dantescas na configuração geográfica de formação vulcânica. Um povoado tímido de início, a criação de um largo, vieram depois as primeiras ocupações que se consolidaram no século XVIII e no século XIX. Uma mudança fundamental afetou a vida desse lugarejo, quando médicos da área da crenologia vieram do Rio de Janeiro, no período imperial, e iniciaram suas pesquisas científicas com as águas, na forma de tratamentos mais criteriosos. Durante todo esse período, acreditou-se no valor terapêutico e também simbólico de cura, e, por seus poderes terapêuticos, as águas chamaram a atenção das autoridades das províncias de São Paulo e de Minas Gerais, por se tratar de uma região fronteiriça. Assim, no século XX, o governo de Minas Gerais perpetrou um grande investimento público na cidade, culminando em significativas obras de infraestrutura e instalações de hotéis, termas e cassinos, principalmente durante as décadas de 1920 e 1930 (Figuras 1 e 2).

FIGURA 1 - Palace Hotel de Poços de Caldas na década de 1930

Fonte: Photo Selecta. Cartão-postal da coleção de Antônio Carlos Rodrigues Lorette.

FIGURA 2 - Thermas Antônio Carlos, em Poços de Caldas, na década de 1930

Fonte: Foto Brasil. Cartão-postal da coleção de Antônio Carlos Rodrigues Lorette.

A construção dessa paisagem termal é a maior herança a ser transmitida para as futuras gerações, e ela não está representada apenas por suas edificações, mas, também, pela qualidade urbana dada pelas obras notáveis e pela escala humana que era coadjuvante no tratamento pelas águas, modelando, assim, a subjetividade daqueles que vinham em função dos tratamentos, assim como constituiu uma personalidade hospitaleira e agregadora por parte dos moradores da cidade, proporcionando um modo de ser característico local.

Nesse contexto, levou-se em consideração a especificidade do estudo de paisagem cultural termal, composta por uma área central em que se encontra preservada de maneira significativa e simbólica para a população local, constituindo seu *genius loci*.

Enquanto Poços de Caldas refletia mais a presença de visitantes paulistas em virtude da proximidade limítrofe com o estado de São Paulo, do ponto de vista histórico, Lambari, Caxambu e São Lourenço tiveram maior influência cultural de médicos e visitantes vindos da corte no período imperial, estendendo-se até hoje na presença de cariocas nessas cidades. Mas, em ambas as situações, o termalismo que se afirmou em meados do século XIX fez ressoar a escola francesa na formação de médicos da Escola de Medicina do Rio de Janeiro.

Tanto a medicina quanto a arquitetura andaram em conjunto para transformar pequenas vilas em cidades de urbanismo diferenciado, com componentes sanitaristas e de aspirações estéticas decorrentes das imagens que as cidades balneárias europeias podiam inspirar.

Observa-se que essa paisagem cultural, devido ao seu aspecto de "perpetuação histórica" de uso e preservação dos seus principais espaços de representação (alguns naturais, outros construídos historicamente), foi mantida, apropriada, (re)significada, constituindo um repertório de identificação do patrimônio para a população. Simultaneamente à preocupação da sociedade atual, de corte histórico e ambiental, geógrafos e urbanistas têm se interessado em multiplicar as perspectivas de abordagem da paisagem. Nesse sentido, considerando as atitudes dos sujeitos em relação às paisagens, elas significam a produção de representações, expressando suas relações sociais e subjetivas que acontecem num determinado lugar. A partir do século XX, com o caminho apresentado pela fenomenologia, sobretudo com o papel da filosofia heideggeriana, viu-se que as experiências cotidianas dos sujeitos estão em constante processo de construção e que os aspectos simbólicos associados à paisagem espelham os desejos e as memórias de seus habitantes.

Encontram-se na Carta Conpadre n. 01/2010, em proposta coordenada por André de Argollo Ferrão e Joaquín Sabaté Bel, as premissas do conceito de paisagem cultural como resultado do processo de trabalho do homem sobre o território, o que significa que essas vinculações sobrepesam a noção de patrimônio no sentido conservacionista, mas trazem a contribuição para pensá-lo como legado do esforço de uma comunidade, como lugar da memória e herança. O trabalho humano representa formas de como utilizar os recursos culturais para a construção do desenvolvimento local, proporcionando um nível melhor da educação e qualidade de vida. A manutenção dos recursos patrimoniais tangíveis e intangíveis é fundamental para as pessoas que habitam um território.

Observa-se o entrelaçamento entre geografia e história na concepção de metodologias para se trabalhar com paisagem cultural. O próprio Carl Sauer ([1925] 1998, p. 23) abordou a complexidade dessa relação quando define que "os fatos de geografia são fatos de lugar, sua associação origina o conceito de paisagem, enquanto que fatos de história são fatos de tempo". O termo "paisagem cultural" designa uma forma estritamente geográfica de se pensar a cultura, seria a transformação da paisagem pela interferência do homem, e a expressão cultural, como um "texto" que se pode escrever e interpretar, entendendo o território como construção humana. A interação da paisagem natural com a ação humana vai transformando a superfície terrestre num imenso "depósito de signos" (Secchi, 2006, p. 15), construindo o território como um palimpsesto, tendo seu significado original, na Idade Média, atribuído a um papiro ou pergaminho cujo texto primitivo foi raspado ou apagado para dar lugar a outro, permitindo, assim, a reutilização do material e a posterior sobreposição de um novo escrito. De modo figurado, o palimpsesto traz a ideia de um texto que existe sob outro texto, e, se pensássemos assim a cidade de hoje, ela faria aflorar também outras cidades anteriores, na mesma paisagem, desenhada por gerações que têm escrito, corrigido, apagado e acrescentado.

Ao mesmo tempo que a paisagem vai ganhando novos contornos físicos, outro nível mais abstrato é acessado, que corresponde ao estrato cultural da ocupação humana, sendo revelado pelas narrativas escritas e visuais de seus habitantes. Essas narrativas contêm paisagens idealizadas, concretas, ou seja, num mesmo lugar é possível ouvirmos várias vozes que em camadas tecem, no espaço, a chamada paisagem cultural.

É nessa perspectiva que, para se ter cidades balneárias como Poços de Caldas e o Circuito Mineiro das águas, foi necessário sonhar com Vichy, visitá-la historicamente. A atmosfera emergente do curismo europeu, especialmente da cidade portuguesa de Caldas da Rainha, mas sobretudo da *belle époque* francesa dos balneários de Vichy, Ax-les-Bains, Ax-les-Thermes, Amélie-les-Bains, Avène, Bagnerès-de-Luchon, entre muitos outros no final do século XIX, tornou-se referência da medicina hidroterápica e inspiradora para a vida burguesa vibrante e festiva que pairava no espírito do *tourisme de aux*.

FIGURA 3 - Balneário Hidroterápico de Caxambu, no Parque das Águas, construído em 1912, ricamente ornamentado com vitrais franceses

Fonte: Cartão-postal da década de 1920. Casa Esperança. Coleção de Antônio Carlos Rodrigues Lorette.

FIGURA 4 - Jardins do Parque das Águas de São Lourenço, fundado em 1936. Cartão-postal da década de 1930

Fonte: Coleção de Antônio Carlos Rodrigues Lorette.

Para estudar a paisagem cultural em Poços de Caldas, recorremos a outras paisagens, como as demais cidades balneárias do Sul de Minas Gerais (Lambari, Caxambu e São Lourenço) aqui apresentadas (Figuras 3 e 4), não pelo aspecto de trocas ou comunicação entre elas, mas no sentido de estrutura da paisagem de águas e de como em suas histórias haviam compartilhado a medicina ligada ao meio ambiente.

Ainda que desfrute de um reconhecimento oficial, hoje, "paisagem cultural" constitui um termo pouco comum para um conceito relativamente opaco. A definição complexa da Unesco a partir de 1992, a define como um novo instrumento de reconhecimento e proteção do patrimônio cultural de valor universal.

Através das representações simbólicas, a paisagem vai ganhando concretude, tornando-se produto das práticas sociais e de seus valores socioculturais, mas também resultante do imaginário construído pela população do local. Dessa forma, a paisagem também se torna inspiração para novos valores simbólicos e novas práticas sociais. A partir do desenvolvimento da geografia no final do século XIX, e elencando o objeto de estudo – a paisagem –, surge uma nova forma do olhar: [...] para que exista a paisagem "é necessário um ponto de vista e um espectador e é preciso um relato que dê sentido ao que se vê e ao que se sente para melhor compreensão do mundo e das relações humanas nele inseridos" (Capel *apud* Lucena, 2015, p. 25). Vê-se nisso o posicionamento do homem não apenas como observador, mas também como parte integrante da paisagem que observa e estuda (Lucena, 2015, p. 25).

Fenomenologia da paisagem termal

Temas como o ambiente, os ambientes restauradores, o apego ao lugar, as relações entre espaço e lugar, a identidade de lugar, a identidade social urbana, as perspectivas temporais são todos relacionados à percepção da díade pessoa-ambiente e ganham contornos da paisagem-ambiente, como se observa em Augustin Berque, quando a fenomenologia se debruça sobre uma realidade que é perceptível aos sentidos e propõe estudar os atos da consciência sobre o mundo vivido, em que o mundo exterior não é algo propriamente que está fora do pesquisador, mas resultado do que se pode chamar, no campo psicanalítico, de introjeções e projeções da pessoa, conformando um olhar. Esses mecanismos do aparelho psíquico são extremamente elaborados, mas haveria, de modo inicial, a ideia de uma área transitória na qual a paisagem se manifesta, como nos escreve Collot em *Poética e filosofia da paisagem*: "A paisagem seria algo como o 'espaço transicional', no sentido em que o entende Winnicott, uma vez que relacionamos o seu protótipo com a experiência que uma criança faz da área de jogo na qual aprende a trocar os dados de seu mundo interior com o mundo exterior. Sabe-se que esse espaço e essa troca são, para o psicanalista, as condições de surgimento da criatividade" (Collot, 2013, p. 28).

Para Bourdin (*apud* Costa, 2003, p. 152), "o sentido de pertença é resultado do conjunto de recortes que especificam a posição de um ator social e a inserção de seu grupo de pertença a um lugar". Tecer a paisagem cultural de Poços de Caldas e das cidades do Circuito das Águas mineiro significa trazer à tona as várias camadas de significação subjacentes nos lugares. Portanto, uma confluência da história na geografia da cidade intrincada pela subjetividade de seus habitantes. Assim, a identidade que o indivíduo mantém com o lugar é articulada por uma relação de proximidade imediata, e aí ele se define, construindo-se através dos conhecimentos de seu entorno imediato. Portanto, essa experiência cognitiva do indivíduo nos é apresentada pelo autor a partir de três ideias: a) o entorno imediato, que é ao mesmo tempo material e social, dando ao indivíduo o sentido de pertença; b) o conhecimento que dele temos se exprime e se organiza na representação do território; c) a definição do indivíduo através da apreensão do entorno imediato. Quando invocamos a questão do patrimônio, nós o associamos imediatamente à memória (Bourdin, 2001). O que está subjacente a esse lugar, na verdade, é a teia simbólica, cuja materialidade traz também o imaterial na relação entre o indivíduo e a paisagem, mostrando-se visível algo do invisível, um gesto que significa um valor. O símbolo presente na paisagem pode também ser definido como um elemento mediador entre os diferentes registros da experiência e da comunicação humana.

Enquanto marca espacial, a paisagem estabelece uma conexão entre o mundo conhecido e o imaginado, e a atividade humana se converte em um complexo de significados, manifestos em uma realidade geográfica que é representada através de suas categorias de paisagem e lugar: suportes privilegiados do processo de simbolização, da conversão em símbolos dos elementos concretos presentes no cotidiano. Isso significa não somente a memória objetiva da história, mas também a busca de uma abordagem afetiva, em que o vínculo social com o lugar é um processo de construção da memória de cada um de nós. Para Andreotti (2012) é possível perceber que a paisagem cultural não é a paisagem genérica que é dada pelos contingentes, que é provisória, ajustada, cotidiana e objetiva. A paisagem cultural, ao contrário, continua em desenvolvimento e transformação: vem da Antiguidade enriquecendo-se a cada século, integrando-se de espírito em espírito, modelando-se segundo as ideias, os sentidos, as expectativas dos povos que a construíram.

A arquitetura, nesse sentido, celebra um *unicum*, o momento sagrado, entendida como encontro e exaltação da ética e da estética, como descendência e como fio condutor de uma civilização inteira. Detém potencial e amostra expressivos que permitem aprofundar-se nos infinitos motivos, nas causas ou nas forças que têm gerado as paisagens (Andreotti, 2012, p. 8). A metodologia utilizada para esse estudo traz uma visão fenomenológica da paisagem e, nesse cenário, inclui os trabalhos do homem como sua vivência integral num lugar.

Em analogia, a abordagem fenomenológica proposta por Sauer ([1925] 1998, p. 60) permite pensar nos seguintes modos: a) categorização das formas definindo um sistema de paisagens; b) ordenação de paisagens culturais através da leitura da geografia regional; c) reconstrução de paisagens culturais passadas a fim de demarcar as mudanças pelas quais as paisagens se transformaram; d) utilização de um grande acervo de cartões-postais antigos, do arquiteto Antônio Carlos Rodrigues Lorette, sendo possível constatar a face arquitetônica, urbanística e cultural desses vários momentos durante as décadas do século XX.

O poder da imaginabilidade

Quando se pensa em paisagem termal, a identidade, a estrutura e o significado são fundamentais para caracterizar uma imagem ambiental. Mas também sua identidade vem da característica de se constituir como depositária da memória dos seus habitantes, seja por seus valores práticos ou emocionais. A imaginabilidade está relacionada aos atributos de identidade e estrutura da imagem mental, o que a torna capaz de conferir uma alta probabilidade de evocar uma imagem forte em qualquer observador. Para Lynch (1997), uma cidade altamente "imaginável" convidaria o olho e o ouvido a uma atenção e participação maiores, em que o domínio sensorial seria amplificado, ampliado e aprofundado.

Dentro dessa hipótese, a sensorialidade das cidades termais europeias, sobretudo as francesas, estaria presente nos projetos de cidades balneárias da região do Sul de Minas Gerais, pois, responsáveis por um modelo de continuidade e hibridação da urbanização mineira de fins do século XIX, esses modelos europeus criariam no observador um sentimento de *déjà-vu*, que, assim familiarizado, poderia absorver novos impactos e mudanças sem o rompimento de ligação com elementos já existentes. Os elementos patrimoniais de uma cidade constituem-se nos elementos referenciais de ancoragem da memória coletiva, possibilitando que outros elementos sofram a mudança e se mantenha uma continuidade narrativa da história. Mas muitos outros edifícios passam despercebidos. E não são nomeáveis.

FIGURA 5 - Parque José Affonso Junqueira, em Poços de Caldas, inaugurado em 1929

Foto: Esther Cervini de Melo, 2011.

FIGURA 6 - Parque Allier, em Vichy

Foto: Sebleouf via Wikimedia Commons.

É possível falar numa psicologia dos espaços, na qual a espacialização é um desenvolvimento inconsciente, de modo que cada cidadão pode atravessar fronteiras e adentrar os nódulos de intimidade do urbano, escolhendo seus lugares mais evocativos, como se vê nas Figuras 5 e 6, nas imagens dos parques de Poços de Caldas e de Vichy. Há cidades mais ou menos acolhedoras. Ao caminhar pelas ruas centrais de Poços de Caldas, a escala urbana da cidade termal ainda sobrevive em meio aos edifícios altos que, na década de 1960, começaram a surgir. Esse microambiente é responsável pela paisagem acolhedora, à escala humana, com fachadas pequenas e ativas, e permeia o cheiro dos fogões de lenha dos hotéis e restaurantes, anunciando o nascer da manhã. Alguns idosos da cidade falam da memória da neblina de certas estações frias do ano, criando uma atmosfera introspectiva, e relembram som do apito do relógio das Thermas Antônio Carlos, coordenando a vida da cidade. Esse espaço traduz-se como espaço potencial, ou seja, aquele que é proporcionador da integração do self e que parte da própria integridade estrutural que não se altera com a projeção humana, mas serve de referência coletiva.

São espaços que podem evocar os lugares vividos de trabalho, de interesses familiares, de devaneio nas horas de almoço, no centro. No entanto, quando a cidade vai crescendo, numa visão apenas econômica, parece também empobrecer-se desses atributos. Para Freud, as intensidades psíquicas vividas durante o dia seriam o alimento para os estímulos da produção de sonhos à noite. Quando uma cidade faz o cidadão se sentir aborrecido e com certo mal-estar ou estressado, é como se uma rica parcela vital de sua vida psíquica fosse negada. Para Bollas (2000), toda pessoa precisa alimentar-se de objetos evocativos – que são chamados de alimentos do pensamento –, despertando interesses psíquicos, vida subjetiva e comprometimento, além de desejo com o mundo dos objetos construídos. Vemos, assim, na paisagem cultural aqui estudada, em Poços de Caldas, um alto grau de imaginabilidade, e seu aspecto turístico com grande poder afetivo para seus habitantes e visitantes. A longa existência dos cartões-postais realizados para a cidade na verdade captura o olhar dos sonhos e da maneira como os fotógrafos retratavam como a cidade gostaria de ser vista.

FIGURA 7 - Thermas de Friedrichsbad, Baden, Alemanha

Fonte: Annette Schindler/Adobe Stock

FIGURA 8 - Palace Cassino, em Poços de Caldas, inaugurado em 1929

Fonte: Acervo de Esther Cervini de Melo, 2020.

Um mergulho nos vestígios da história

Em Poços de Caldas, a amálgama entre paisagem natural e cidade construída transmite a sensação de que seus espaços públicos sempre estiveram lá, sobretudo na área central. As águas sulfurosas, os jardins, a serra de São Domingos, os aquíferos em seus vales, as urbanizações nas encostas, os processos de extrativismo na paisagem são componentes de sua história, sendo também o território sobre o qual se atua. Essas paisagens se configuram sempre como os vetores do processo de transformação da sociedade, e nunca sua resultante.

O registro no segundo fascículo do primeiro número da *Revista do Arquivo Público Mineiro*, de 1896, indica que as fontes termais e suas propriedades terapêuticas já eram conhecidas anteriormente a 1786, conforme ofício do comandante João Almeida da Fonseca, de Santa Anna de Sapucahy (Comarca de Rio das Mortes e Campanha do Rio Verde), ao governador da capitania de Minas Gerais, Luiz da Cunha Menezes, e deste ao ministro Martinho de Melo e Castro. Além da observação da cura de feridas no gado, percebeu-se também que as virtudes curativas dessa água se destacavam no tratamento da lepra, doença que atingia uma grande parcela de pessoas naquele período. Mas, para entender essa paisagem, o planalto recebeu a atividade pecuária, devido às características de relevo favorável no interior da caldeira vulcânica, enquanto, nas bordas, em serras, predominava uma vegetação mais exuberante. Em 1833, o renomado médico português

Manoel da Silveira Rodrigues publicou memória sobre as "águas que vertiam das entranhas da terra" para a cura de seus males, o tifo. Esse médico, formado em Edimburgo, tornou-se uma das figuras mais importantes para as academias de medicina do Rio de Janeiro e da Bahia, e do próprio grupo de médicos da Imperial Câmara de D. Pedro I, em 1823. Coletou notícias sobre o uso das "águas hidro-sulfuradas", que já eram conhecidas, desde 1772, na região de Caldas, mas seu uso ocorria de maneira indiscriminada, para beber e para banhos sem observância médica ou critério.

Em princípio, acreditava-se que o enxofre gasoso fosse venenoso, mas a evolução da medicina mudou esse quadro, e o uso terapêutico dessas Caldas mostrou ter propriedades semelhantes às da famosa Caldas da Rainha, em Portugal. O médico Silveira Rodrigues começou a implantar critérios médicos e científicos às águas do local e propôs planos para as casas de banho, arruamento, hospedarias, separação das águas e modificação dos cursos dos ribeirões. A disputa entre os territórios paulista e mineiro continuou até 1801, quando a Ordem do Príncipe Regente D. João, de 7 de fevereiro, demarca o termo da Vila da Campanha da Princesa, confirmando os limites com a capitania de São Paulo pela Serra da Mantiqueira, ficando o Campo de Caldas sob a jurisdição de Minas Gerais. Como observa Marrichi (2015, p. 48-49), para os fins do século XIX, permeava ainda um medo aterrorizante dos homens do passado frente aos fenômenos da natureza referentes às águas, pois estas escondiam mistérios, e a lenda das Águas Santas se disseminava pelas regiões interiores do Brasil. Os relatos de curas, não mais anônimas, mas reais, eram citados com o aproveitamento das águas virtuosas como de Baependy ou Caxambu.

O que caracterizou uma postura mais científica frente às águas virtuosas, a partir do século XIX, justamente correspondeu ao processo civilizador da época, que colocava um distanciamento dos fenômenos da natureza, vinculados a uma imagem ameaçadora, e o autocontrole destes, proporcionado pelo contato com a água termal, produzindo os efeitos terapêuticos nos corpos dos indivíduos. O modo de apropriação das águas em Poços de Caldas iniciou e caracterizou, assim, a diversidade de paisagens culturais que se estabeleceram e se sucederam na região, e que, por seu dinamismo, ainda resistem aos novos tempos, em vestígios, em objetos arquitetônicos, em tecidos urbanos e, sobretudo, em valores humanos capazes de preservar sua coexistência. No Brasil, são os viajantes naturalistas do século XIX os primeiros a chamar a atenção dos médicos e das autoridades para os valores e as localizações das fontes termais no território. O zoólogo J. B. Spix e o botânico F. Martius relacionaram as fontes termais de Mato Grosso, Bahia e Santa Catarina, além das fontes termais do estado de Minas Gerais, como observa Marrichi (2015, p. 50). Em 1819, em torna-viagem da estrada São Paulo-Goiazes, passou pela região o viajante naturalista Auguste de Saint-Hilaire, e este, juntamente a seu arrieiro, permaneceu um dia às margens do Rio Pardo, para que pudessem caçar alguns papagaios, que eram muito abundantes junto às fontes desse rio, como narrou em sua *Viagem à província de São Paulo*, no período de 1816 a 1822.

Notou-se, posteriormente, um esforço muito grande e de engenhosidade no momento histórico em que foi possível construir uma caixa d'água e elevar as águas das fontes, como descreveu detalhadamente o Dr. Pedro Sanches em *As águas thermaes de Poços de Caldas* (1904), possibilitando que por gravidade elas chegassem às banheiras. Isso foi decisivo, pois aquelas águas que eram tidas como abundantes e abertas ao público passam a ser controladas pelos balneários, portanto animais e pessoas da cidade não tiveram mais seu acesso gratuito. Somente em 1886 foi inaugurado o primeiro balneário da cidade, o Pedro Botelho, no qual o imperador D. Pedro II e a imperatriz dona Tereza Cristina se banharam quando vieram à cidade para inaugurar o ramal de Caldas da Estrada de Ferro da Mogyana. Em 1896, inaugurou-se o segundo balneário da cidade, o Balneário dos Macacos, na Praça D. Pedro II.

A paisagem natural descrita por seus primeiros viajantes foi transformando-se, no século XX, numa amálgama de visão cientificista sobre o meio e sobre o urbano, atingindo seu máximo com as soluções sanitaristas adotadas nos projetos da segunda década na cidade.

A figura do médico e cientista Pedro Sanches Lemos veio consolidar essas duas tradições e o espírito novo na cidade, pois, doutor pela Faculdade de Medicina do Rio de Janeiro, em 1870, interessou-se pelas águas termais sulfurosas e resolveu estabelecer-se na freguesia de

Nossa Senhora da Saúde das Águas de Caldas. Coube a Pedro Sanches estruturar a vida terapêutica dos curistas, com seus tratamentos, e difundir os valores da ciência e da civilidade aos sujeitos locais, muitas vezes percebidos como "atrasados" ou "caipiras", de acordo com uma nova ordem social do processo civilizatório social que se aproximava. Mas foram inúmeros os benefícios da junção da política e da medicina científica, e somou-se a elas a nova civilização do café, como apresenta Marras (2004, p. 44): "trocavam o produto agrícola por últimos bens de consumo ingleses e franceses, transformando a paisagem cultural vigente num território propício aos ritos das elites em vilegiatura da Belle Époque".

As quatro primeiras décadas do século XX foram de enorme importância para a consolidação de uma mentalidade civilizatória calcada entre a política e a medicina. Mas a eficácia simbólica dessas soluções advinha muito mais de uma disposição subjetiva e cultural das pessoas e de suas constituições de ideário de cidade, tanto que, ao final de 1940, com a descoberta da penicilina por Fleming, a crença nas águas não foi suficiente para segurar o processo econômico e social seguinte. Houve um enfraquecimento simbólico e científico da hidrologia, tendo eficácia no tratamento somente pela disposição subjetiva do curista ao uso terapêutico das águas. No entanto, Marras levanta uma pequena questão que vai além da documentação abundante da historiografia da cidade e da descrição de homens e feitos banhados em imaginação elitista, pois a paisagem cultural, advinda de um povo simples, com valores e modos de vida rústicos, também está presente na tradição das águas. Pretende-se evidenciar os espaços urbanos que surgiram à margem da cultura da *belle époque*, que hoje alimentam o reservatório da vida imaterial em seus patrimônios históricos não construídos: o que era a cidade em suas nucleações fora do centro, os caminhos e as chegadas, seus remanescentes de memórias que ainda persistem no crescimento da cidade e na passagem dos tempos.

É interessante observar que não apenas Poços de Caldas, mas também outras cidades balneárias do Sul de Minas, a exemplo de Caxambu, Lambari, São Lourenço e Baependi, tiveram suas inspirações na França, sobretudo em Vichy. O fato de a princesa Isabel e o conde d'Eu, em 1868, terem frequentado Caxambu para resolver o problema de infertilidade da princesa, creditado à terapêutica das águas, certamente conferiu uma imagem de credibilidade a respeito das curas. Fazendo uma retrospectiva sobre as obras realizadas na área dos poços, desde 1852 o governo se empenhou de tal maneira para qualificar o espaço onde nascem as águas virtuosas, consolidando algumas leis para sua utilização. E é com a Lei n.º 606, de 22 de maio de 1852, sancionada pelo presidente, Doutor José Lopes da Silva Viana, que se dá a criação da Repartição de Obras Públicas da Província de Minas Gerais. Com base nessa lei, foi dada a ordem para que se contratassem três engenheiros para atender às obras públicas. Os primeiros foram os engenheiros Júlio Borel du Vernay, Thomaz Martins e João Hitchens, seguidos, em 1854, de Bruno von Sperling e Francisco Eduardo de Paula Aroeira. Em 1856, a província contrata os jovens mineiros Honório Henrique Soares do Couto (que iria implantar o plano de 1872) e Francisco Salles Queiroga, para, em Paris, estudarem as disciplinas necessárias ao curso de Engenharia que lá deveriam fazer.

A construção do termalismo científico e a figura do médico Pedro Sanches de Lemos em Poços de Caldas

Segundo Étienne Chabrol (*apud* Marrichi, 2015, p. 116), o século XIX foi classificado na história do termalismo como um período de intensa observação clínica, fortemente amparada por análises científicas. Em 1853, foi fundada a Academia de Medicina de Paris, que incentivou pesquisadores de todo o país para o estudo das águas medicinais francesas, a partir do espírito científico. A academia serviu de referência para outras sociedades balneoterápicas nas principais capitais europeias. Dois nomes se destacaram nos estudos da medicina termal, alcançando destaque internacional. Um deles foi Michel Bertrand, o médico-inspetor das águas de Mont-Dore, que publicou, em 1823, o livro *Recherches sur les propriétés physiques, chimiques et médicales des eaux du Mont-d'Or*. O outro foi o médico-inspetor de Vichy, Maxime Durand-Fardel, com seus importantes tratados de hidrologia, publicados em 1860, no *Dictionnaire general des eaux minérales de la France et de l'hydrologie médicale*, e, em 1885, também de termalismo. Em 1900, o ensino prático de hidrologia pela Faculdade de Medicina de Paris foi instituído pelas *Œuvre des Voyages d'Études aux Eaux Minerales*, sendo, então, organizadas viagens científicas pelos centros hidrológicos da França. Marrichi (2015), em sua dissertação sobre a cidade termal de Poços de Caldas, destaca a importância das bibliotecas dos médicos Pedro Sanches de Lemos e Benedictus Mário Mourão, com obras que versavam sobre a cura pelas águas termais e seu modo de aplicação. Para entender o que significava o tratamento, ou seja, a modelação do indivíduo às estações de águas, havia indicação no *Manuel pratique de médecine thermale*, de 1879, pelo doutor Henri Candellé. Essa modelação do indivíduo frente às práticas balneoterápicas instituiu hábitos no interior das cidades termais.

O autocontrole das emoções, fator indispensável para o sucesso do tratamento terapêutico, fazia parte dos formulários de águas minerais e de balneoterapia que se propagavam no interior da classe médica. Fazer uma cura dentro de uma estação não era somente submeter-se à ação química das águas empregada sob diversas formas de banhos, à inalação ou à água ingerida. Evidentemente, a influência mais importante, profunda e modificadora das emoções humanas diante de uma fonte mineral foi a submissão aos fatores higiênicos, sendo os mais indicados o repouso, o clima, o regime e os exercícios (Marrichi, 2015, p. 119). O ilustre médico Dr. Pedro Sanches de Lemos (1846-1915), de Poços de Caldas, nome tutelar de Caldas, uma figura proeminente da vila, foi incumbido de uma viagem de 88 dias para visitar as cidades balneárias da França, da Alemanha e da Suíça, tendo registrado suas impressões no seu *Notas de viagem*, em 1903. Já havia um desejo de transformar Poços de Caldas num empreendimento termal. A respeito de Vichy, ele escreve: "Como é natural, em Vichy abundam as árvores, as flores e a relva. A cidade tem doces parques, o velho e o novo: este mandado fazer por Napoleão III, vasto, espaçoso, interminável, admiravelmente bem disposto, encontrando o banhista frescura, repouso e sossego por toda a parte, sendo tudo mantido e conservado pelo syndicato, que explora as fontes termais minerais" (Lemos, 1903, p. 182).

As referências das cidades termais europeias na constituição da cidade balneária de Poços de Caldas

A partir de documentação sobre as viagens do Dr. Pedro Sanches, um importante fundador do termalismo científico na cidade no início do século XIX, aos centros termais europeus, traçamos um paralelo com o processo de urbanização de Poços de Caldas e outras cidades hidrominerais no Sul de Minas Gerais. Nos estudos da formação da paisagem, discute-se, sob diversos aspectos, a atenção que merecem a região e as áreas limítrofes marcadas por estâncias hidroterápicas, na perspectiva das relações culturais entre a Europa e o Brasil. Observa-se que, entre os problemas teóricos a serem enfrentados, destaca-se o posicionamento focado, sobretudo, no patrimônio cultural de Minas Gerais. Encontram-se já longas histórias de estudos culturais de cidades termais iniciados em fins da década de 1960, no Brasil, e que tiveram o seu prosseguimento em vários centros europeus. Após a Independência (1822), com o advento da República, várias expressões artístico-culturais começam a ser desenvolvidas, com ressonâncias internacionais. Destaca-se na América Latina a cidade de Poços de Caldas como um importante centro do termalismo, alinhado com as descobertas científicas do uso das águas termais, acompanhando o debate médico da época. Várias outras cidades do Sul de Minas Gerais vão se estruturar na exploração e no uso das águas, como Lambari, Caxambu, São Lourenço, Pocinhos do Rio Verde e Cambuquira.

O patrimônio dessas cidades decorrente, sobretudo, da evidência de grandes edifícios representativos, como os balneários e hotéis de passado recente, muitos deles fazendo um diálogo com a arquitetura termal europeia, tem sido injustamente tratado pela existência de posicionamentos estéticos e ideológico-culturais modernos, do século XX, desvalorizando as expressões de cunho historicista e eclético. Esses posicionamentos por ideologias acabam sendo, eles próprios, fruto das suas expressões históricas. No que se refere à apreciação de edificações, já se registram mudanças com uma crescente orientação cultural dos estudos de arquitetura, porém, o mesmo não tem acontecido, com a necessária intensidade, nos estudos do urbanismo e paisagismo. É necessário pensar as cidades balneárias do Sul de Minas numa visão de paisagem termal como categoria cultural do século XIX e início do século XX.

Os parques e os jardins, a ordenação urbana e a inserção ambiental dessas cidades e seus edifícios representam também paisagens construídas da história cultural, expressões de processos em parte ainda vigentes, e elementos de primeira grandeza sob o aspecto de um patrimônio cultural compreendido nas suas relações com a natureza. Cabe ressaltar que, na atualidade, vê-se um direcionamento privilegiado da atenção ao urbanismo e ao paisagismo, residente no fato de valorizar, necessariamente, o meio ambiente. De nada adianta conservar e valorizar edifícios representativos de termas e hotéis se o contexto é descaracterizado e desvalorizado por desmatamentos, arruamentos, assentamentos e construções não planejadas sob uma perspectiva de conjunto. Agrega-se a isso, muitas vezes, um imperceptível comprometimento da qualidade ambiental na preservação do recurso natural.

A tipologia das cidades termais

Também existem publicações e teses dos estudos artísticos e arquitetônicos, principalmente referentes a edificações termais. Mas, como apresenta Farré (2015) em publicações científicas, haveria um vazio na relação entre os centros termais e a tipologia de cidades balneárias com seu território e sua paisagem. Ainda que, em geral, associe-se uma peculiaridade às cidades balneárias em termos urbanísticos, começam a ser investigados os estudos acerca da relação dessas cidades com o território e a paisagem. Trazendo diálogos com as estâncias termais europeias, a autora faz uma interessante investigação sobre o território. As cidades balneárias estariam posicionadas em determinada localização.

Geralmente elas se encontram em uma conjunção de características específicas, como acidentes geográficos ou fraturas tectônicas com a existência de fontes termais; lugares onde as águas aproveitam as fraturas para brotar na superfície. Assim, então, observa-se que as cidades balneárias europeias geralmente são encontradas em locais de acidente geográficos, como os Pirineus, maciço central da Europa, os Alpes, os Cárpatos, enfim, onde há presença de falhas. Desse modo, pode-se considerar o território termal como um suporte com fraturas geológicas, em que os núcleos de população se localizam nos pontos da presença das águas termais. Com suas diferentes localizações no território, as águas termais têm qualidades diferentes, e, com isso, os territórios se organizam em paisagens específicas e diferentes, o que confere a singularidade a cada uma. Em Poços de Caldas acontece de modo semelhante, uma vez que a cidade está localizada na formação da caldeira vulcânica, de onde afloram as águas termais de suas fraturas geológicas.

FIGURA 9 - Vista parcial da área central de Poços de Caldas com a Serra de São Domingos ao fundo, 2017

Fonte: Voo de drone. Autor: Daniel Argould.

Ideário e modelos apropriados do termalismo europeu

A paisagem termal começou a se tornar de interesse turístico, na Europa, com o Renascimento e as primeiras viagens de humanistas à Itália e à antiguidade com vistas aos centros termais e à experiência das águas vinculadas aos seus espaços arquitetônicos. Depois de um período de declínio no século XVII, teve início no século XVIII, na Europa, um florescimento do interesse termal. Depois, no XIX, o crescimento do termalismo associado à evolução das técnicas médicas, ao discurso higienista e à melhoria da acessibilidade territorial. No século XVIII, a frequência aos balneários indicava aos jovens aristocratas, por alguns anos, certa distinção social, principalmente na realização do Grand Tour.

Como as mais desenvolvidas cidades balneárias da Europa, nos séculos XVIII e XIX, destacam-se Vichy, na França, e Baden-Baden na Alemanha. E, se esses locais serviram de fonte inspiradora para a urbanização de Poços de Caldas, no início do século XX, vemos que hoje esses centros ainda se destacam por suas qualidades turísticas, com planos que souberam captar o espírito do lugar e fazer dessas cidades símbolos de sofisticação e bem-estar. A partir da cartografia apresentada por Farré (2015), muitas cidades termais europeias, inclusive Vichy, permanecem com muralhas até o século XVIII. Nelas existiam os recintos destinados aos banhos, uma vez que nas duas cidades europeias apareceram também fontes termais fora do circuito das muralhas. Quando as muralhas foram demolidas para a expansão da estrutura urbana, houve um desenvolvimento desses centros urbanos no território. Pode-se observar que cada uma das cidades aproveitou maneiras diferentes de abordar os espaços livres. Enquanto, em Vichy, os espaços livres se baseavam em eixos dos percursos; em Baden-Baden, centravam-se na relação entre o território e a paisagem, localizando as fontes entre o limite da cidade e do território. A presença do passeio (*promenade* ou *walks*), mesmo não sendo exclusiva das cidades balneárias, acompanha o ideário das correntes contemporâneas de cada uma das cidades e os planejamentos sociais em grande parte da Europa, ou seja: as correntes higienistas do século XIX, apoiadas nos Select Committee Public Walks, em 1833, na Inglaterra, e nos planos de Haussmann e Napoleão III, em meados do século XIX, para o território francês. No caso de Vichy – partindo do século XV, a cidade era amuralhada, e as fontes termais estavam vinculadas ao monastério, que exercia o controle das águas. O desenvolvimento medieval da localidade insere-se na história da presença dos beneditinos nessa parte da França. Como em outros locais afastados, próprios ao retiro, à concentração e a uma vida de oração e trabalho, de cultivo da terra e de suas riquezas, um mosteiro de nome Célestin marcou essa fase medieval das águas e perpetuou-se na denominação de uma de suas fontes.

Sabe-se que, no século XVI, o local era procurado pelas suas águas, consideradas como virtuosas ou mesmo miraculosas. Em 1853, inicia-se, em Vichy, uma política de reestruturação urbana, com a melhoria das instalações para banhos e o aparecimento dos hotéis, dos quiosques comerciais e dos cafés, com espaços exteriores para a vida termal. Impulsionada por Napoleão III, em 1870, tem-se a maior transformação da cidade para o embelezamento da estação termal, contemplando a ferrovia e a adequação dos espaços verdes ao redor do Rio Allier. As características do modelo de verde urbano que se propõe consistem na abertura de grandes eixos de comunicação e na sistematização das áreas verdes, com a presença de grandes praças centrais e o saneamento das ruas. O higienismo se situa no centro do debate e nas ações que respondem à vontade de fazer a cidade de Vichy mais salubre, de modo que seus habitantes copiassem os modelos de atuação para os espaços privados. Esse último representou um dos principais projetos valorizadores de Vichy, tendo prendido a atenção dos visitantes e residentes do balneário na segunda metade do século XIX e no início do XX.

Originalmente, com objetivos pragmáticos de barragem de proteção contra as enchentes do Rio Allier, a formação de um lago como centro de uma paisagem-parque refletiu ideais de embelezamento da época de Napoleão III, quando o imperador ali esteve pela segunda vez, em 1862. A principal personalidade a quem é atribuído o prestígio de Vichy, em meios aristocráticos, foi Marie de Rabutin-Chantal, marquesa de Sévigné (1626-1696). Tendo encontrado alívio para dores reumáticas em visitas de tratamento, em 1676 e 1677, tornou-se uma das grandes promotoras das águas termais. Desde então, o renome de Vichy difundiu-se em círculos aristocráticos, sendo visitada, sobretudo, por damas da nobreza, entre elas duas filhas de Luís XV (1710-1774). Esse prestígio intensificou-se à época de Luís XVI (1754-1793), quando este ordenou, em 1787, que ali se construíssem novas instalações balneárias.

A principal figura feminina que desencadeou o movimento que levou ao florescimento de Vichy, no século XIX, foi Laetitia Bonaparte (1750-1836), mãe de Napoleão (1769-1821), que ali realizou estação de águas em 1799. Sob a sua influência, Napoleão mandou que ali se instalasse o Parque das Fontes, em 1812, marcando decisivamente a aura imperial bonapartista que passou a caracterizar Vichy. Por isso, a aura de Vichy perpassou continentes e continua a inspirar balneários e estâncias hidrotermais na América, inclusive na região estudada, com seu urbanismo voltado para os passeios desenhados e sua arquitetura delicada e luxuosa.

FIGURA 10 - Quiosque no Parc des Sources, em Vichy

Fonte: Lucia Cervini, 2017.

FIGURA 11 - Hall des Sources, em Vichy, construído em 1903 por Charles Le Cœur e Lucien Woog

Fonte: Lucia Cervini, 2017.

O Parc des Sources (Figura 11) é o destino final do passeio, de modo que se converte em percurso médico para chegar ao pulmão verde da cidade, que é o parque. O parque e o passeio se transformam em "lugares" da cidade, não somente um espaço de natureza recreativa; são os pontos nevrálgicos da vida da cidade, gerando o espaço público. Conjuntamente aos locais de banho e às fontes de água, e coadjuvante no tratamento, está o teatro, onde eram oferecidas óperas, operetas, peças teatrais e música.

FIGURA 12 - Cassino-teatro de Vichy, construído em 1864

Fonte: Lúcia Cervini, 2017.

FIGURA 13 - Balneário Hidroterápico de Caxambu

Fonte: Econt via Wikimedia Commons.

Tipologias termais e diálogos com as cidades balneárias no Sul de Minas Gerais

Nos estados de Goiás, Minas Gerais e São Paulo surgiram as primeiras pesquisas e relatórios que divulgavam as águas termais do ponto de vista da sua cientificidade e diziam respeito ao modo de sua utilização em tratamentos e à sua composição química. Conforme a circulação de ideias francesas vai chegando ao Brasil, por meio de títulos de obras que já haviam sido publicadas nas estações hidrominerais europeias, na busca da cura pelas águas, os médicos iniciaram um novo discurso a respeito dos locais onde existiam essas águas minerais. Ao apreciar o imaginário das cidades de água europeias, lugares de moda, considerados devidamente ricos e civilizados, estrutura-se a sociabilidade urbana nas vizinhanças das fontes. As imagens que elas suscitavam eram de lugares harmoniosos, aposentos cômodos e companhias requintadas, sendo, de certo modo, o arquétipo das cidades de Poços de Caldas, Caxambu, Lambari, Araxá, São Lourenço e Águas de São Pedro, entre outras cidades hidrominerais. Enquanto Poços de Caldas teve sua ocupação vinculada mais a São Paulo, devido a sua proximidade e aos turistas que vinham da capital paulista, as cidades de Lambari, Araxá e São Lourenço têm sua ocupação histórica mais vinculada aos médicos e a pessoas vindas do Rio de Janeiro.

FIGURA 14 – Pavilhão das Fontes Gasosas, em Lambari. Cartão-postal da década de 1910

Fonte: Coleção de Antônio Carlos Rodrigues Lorette.

FIGURA 15 - Fonte Dona Leopoldina, construída em 1912, em Caxambu. Cartão-postal da década de 1910

Fonte: Coleção de Antônio Carlos Rodrigues Lorette.

No entanto, o que queremos aqui notar são as recorrências tipológicas e a organização espacial da paisagem, nas quais sempre aparecem a serra, o lago, o balneário, o parque, o passeio e o hotel principal como elementos estruturantes da paisagem termal, sendo principalmente Vichy o modelo europeu de referência. Essas cidades receberam melhoramentos para mudar a paisagem, com grandes obras de saneamento, ao mesmo tempo que se tornam lugares de cura com seu ritual; surgiram também como centros de lazer, de compartilhamento de vários costumes, como o vestuário adequado a cada programa escolhido pelos turistas.

Para Marrichi (2015, p. 136), o processo de contenção e refinamento das emoções acaba formando um sistema de apreciação em que uma nova percepção do olhar e do vivenciar essas cidades configurou-se na leitura de uma paisagem natural modificada e amparada por saberes especializados e técnicas eruditas, principalmente na construção de um novo tipo de espaço urbano, público, onde a água tornou-se processo civilizador. Pode-se perceber que uma mudança de paradigma se operou a partir do final do século XIX, nas cidades hidrotermais no Brasil, ao mesmo tempo acompanhando o ideário progressista e médico, tomando lugar dos hábitos e das imagens imperiais. O termalismo científico coincide com a instalação do regime republicano no país, tornando-se necessário preparar a sociedade para uma vida pública, com novos hábitos comportamentais. Embora a linguagem dos edifícios termais faça alusão às arquiteturas neoclássicas e ecléticas, conforme os modelos das cidades europeias, aqui a paisagem termal se estabeleceu dentro de princípios sanitaristas. As cidades vão convidar arquitetos e engenheiros para a remodelação. Em Poços de Caldas, foi sugerido o engenheiro Saturnino de Brito para obras de saneamento, embelezamento, com o traçado das vias arborizadas, e gerenciamento dos recursos hídricos, revelando aspectos visionários da personalidade dos envolvidos. Realmente era a água que civilizava o homem.

FIGURA 16 - Eixo transversal do Parque José Affonso Junqueira; ao centro, fonte luminosa, década de 1930

Fonte: Acervo do Museu Histórico e Geográfico de Poços de Caldas.

FIGURA 17 - Fonte Magnesiana de São Lourenço

Fonte: Cartão-postal da década de 1920, da coleção de Antônio Carlos Rodrigues Lorette.

Algumas aproximações de ambientes podem ser feitas entre as cidades termais europeias e o traçado urbano e desenho paisagístico do coração da cidade de Poços de Caldas, principalmente no Parque José Affonso Junqueira. As alamedas do parque, as pequenas pontes, certo "ar bucólico" trazem a ambientação necessária ao tratamento pelas águas, mas hoje significam a garantia de um bem-estar às pessoas, onde a vida contemporânea parece escapar por alguns segundos.

A descontinuidade espacial e temporal proporcionada pela vivência desses ambientes constitui, hoje, um valor imensurável e que não pode ser adquirido. Faz parte da experiência cotidiana e da rotina de muitos habitantes, que incluem na vida diária momentos de cuidados corporais, relaxamento, caminhada e lazer, fazendo desses rituais o combate contra o estresse e a ansiedade, e estimulando sua autoestima. Entendemos que a necessidade de preservação do patrimônio não afeta somente a salvaguarda de edifícios exemplares ou notáveis, mas também as necessidades ambientais e de humanização dos espaços. Um exemplo disso consiste no coreto da Praça Pedro Sanches, que resiste como um "bibelô" na vitrine urbana, por sua graça e proporção, mas que se torna o símbolo da dança que acontece todos os finais de semana ao seu redor. Esse uso peculiar da praça por casais de todas as idades é um evento que acontece desde a década de 1970. Quanto à estrutura da paisagem em Poços de Caldas, a paisagem termal também irá conjugar a Serra de São Domingos, o parque, o balneário, o Palace Hotel, o cassino e alguns ribeirões e avenidas ajardinadas. Como observamos nas Figuras 18 e 19, a análise da paisagem se dá por repetir os elementos vistos também nas outras cidades termais do Sul de Minas. Não verificamos a presença do lago, mas, no imaginário das águas, as represas que foram construídas na entrada das cidades (Represa Bortolan e Represa Saturnino de Brito) ganham esse sentido.

FIGURA 18 - Praça Pedro Sanches, em Poços de Caldas

Fonte: Casa Fora do Eixo Minas via Wikimedia Commons.

FIGURA 19 - Hóspedes usufruindo da piscina de águas sulfurosas no Palace Hotel, de Poços de Caldas

Fonte: Diego Costa, Dr. Diego viajando.

Poços de Caldas, ao mesmo tempo que refletiu os valores cosmopolitas das estações das águas, também compartilhou os valores da cultura local, que irão surgir mais fortemente em paisagens construídas depois da década de 1930. Observa-se, assim, que, diferentemente de estâncias hidrominerais europeias, as estâncias brasileiras não têm apenas nas águas seu atrativo turístico. Devemos entender que o termalismo não é mais apenas uma prática terapêutica, mas uma atividade econômica que ultrapassa os limites de um estabelecimento termal.

A tessitura da paisagem termal dessas cidades traz a possibilidade de uma interpretação de suas histórias sendo ouvidas pela posição narrativa daquele que fala de seu tempo em continuidade temporal. Esses significados, no entanto, chegam-nos de forma subjacente, uma vez que as jovens gerações experimentam de sua profundidade, mas sem ter conhecimento profundo do passado (Figuras 18 e 19). É como se observássemos a superfície de um lago, cuja imagem especular reflete o entorno, mas, se olharmos atentamente, as camadas submersas são também perceptíveis, mas congeladas na superfície da água. A cidade tem suas camadas submersas em vestígios que nos chegam, mas, diferentemente do palimpsesto, pensamos numa tapeçaria, tecida com fios de várias épocas, com seus habitantes, objetos arquitetônicos, cores sombrias da história e cores vibrantes das atividades culturais atuais. Cabe ao arquiteto extrair o melhor desenho dessa paisagem.

FIGURA 20 - Fonte Pedro Botelho, em Poços de Caldas, na atualidade

Fonte: Acervo de Esther Cervini de Melo, 2019.

Referências

Andreotti, Giuliana. O senso ético e estético da paisagem. Tradução de Beatriz Helena Furlanetto. *RAEGA*, Curitiba, n. 24, p. 5-17, 2012. Disponível em: www.geografia.ufpr.br/raega/Curitiba. Acesso em: 20 abr. 2020.

Andreotti, Giuliana. *Paisagens culturais*. Curitiba: UFPR, 2013.

Andreotti, Giuliana. Paisagens do espírito: a encenação da alma. Tradução de Kelton Gabriel. *Ateliê Geográfico*, Goiânia, v. 4, n. 4, p. 264-280, 2010.

Berque, Augustin. A ecúmena: medida terrestre do Homem, medida humana da Terra. *In*: Serrão, Adiana Veríssimo (orgs.). *Filosofia da paisagem: uma antologia*. Lisboa: Universitas; Centro de Filosofia da Universidade de Lisboa, 2011. p. 187-199.

Berque, Augustin. *Écoumène: introduction à l'étude des milieux humanis*. Paris: Belin, 2010.

Berque, Augustin. Introdução. *In*: *Cinco propostas para uma teoria da paisagem*. Tradução de Vladimir Bartalini. São Paulo: Faculdade de Arquitetura e Urbanismo da USP, 2013a. p. 25-30.

Berque, Augustin. *La Pensé e paysagère*. Paris: Aux Éditions Éoliennes, 2016.

Berque, Augustin. *Médiance: de milieux em paysages* [1990]. 10. ed. Paris: Belin, 2000.

Berque, Augustin. Paisagem, meio, história. *In*: *Cinco propostas para uma teoria da paisagem*. Tradução de Vladimir Bartalini. São Paulo: Faculdade de Arquitetura e Urbanismo da USP, 2013b. p. 31-42.

Berque, Augustin. Paisagem-marca, paisagem-matriz: elementos da problemática para uma geografia cultural. *In*: Corrêa, Roberto Lovato; Rosendahl, Zeny (orgs.). *Paisagem, tempo e cultura*. Rio de Janeiro: Eduerj, 1998. p. 84-91.

Berque, Augustin. *Poétique de la Terre: histoire naturelle et histoire humaine, essai de mesologie*. Paris: Belin, 2014.

Berutti, Ana Karenina. Governo de Minas adia privatização do Parque das Águas e Balneário de Caxambu. *O Tempo*, 26 fev. 2023. Disponível em: https://www.otempo.com.br/politica/governo-de-minas-adia-privatizacao-do-parque-das-aguas-e-balneario-de-caxambu-1.2820138. Acesso em: 26 fev. 2023.

Bollas, Christopher. A arquitetura e o inconsciente. *Revista Latinoamericana de Psicopatologia Fundamental*, São Paulo: Escuta, v. III, n. 1, 2000.

Bourdin, Alain. *A questão local*. Rio de Janeiro: DP & A, 2001.

Collot, Michel. *Poética e filosofia da paisagem*. Rio de Janeiro: Oficina Raquel, 2013.

Costa, Otávio. Memória e paisagem: em busca do simbólico dos lugares. *Espaço e Cultura*, Rio de Janeiro: UERJ, n. 15, p. 149-156, 2003.

Farré, M. Estaciones termales europeas: entre a cidade e o território. *Cuadernos de Investigación em Urbanisme*, Barcelona: Edugraf, n. 56, 2015.

Ferrão, André Munhoz de Argollo; Sabaté Bel, Joaquín. Carta Conpadre n. 01/2010: Campinas e Jaguariúna [Brasil]. *Labor & Engenho*, Campinas, v. 4, n. 1, p. 1-9, 2010. Disponível em: https://periodicos.sbu.unicamp.br/ojs/index.php/labore/article/view/1685/pdf_64. Acesso em: 20 abr. 2019.

Freud, Sigmund. *A interpretação dos sonhos*. Rio de Janeiro: Imago, 1999.

Freud, Sigmund. *O mal-estar na civilização (1930-1936)*. *In*: *O futuro de uma ilusão, O mal-estar na civilização e outros trabalhos (1927-1931)*. Rio de Janeiro: Imago, 2019. (Edição Standard Brasileira das Obras Psicológicas Completas de Sigmund Freud, XXI).

Heidegger, Martin. *Introdução à metafísica*. Tradução de Emmanuel C. Leão. Rio de Janeiro: Tempo Brasileiro, 1987.

Heidegger, Martin. *Serenidade* [1955]. Lisboa: Instituto Piaget, 2001.

Heidegger, Martin. Sobre o humanismo. *In*: *Conferências e escritos filosóficos*. Tradução de Ernildo Stein. São Paulo: Abril Cultural, 1983.

Lemos, Pedro Sanches de. *As águas thermaes de Poços de Caldas*. Belo Horizonte: Imprensa Official do Estado de Minas Geraes, 1904.

Lemos, Pedro Sanches de. *Notas de viagem: na Alemanha, na Suissa e na França*. São Paulo: Escola Typográfica Salesiana, 1903.

Lucena, Liliane Monfardini Fernandes de. *Paisagem cultural e espaço de representação: análise da colônia de Água Branca, município de São Mateus do Sul/PR*. 2015. 234 f. Tese (Doutorado em Geografia) – Setor de Ciências da Terra, Universidade Federal do Paraná, Curitiba, 2015.

Luchiari, Maria Tereza Duarte Paes. A (re)significação da paisagem no período contemporâneo. *In*: Corrêa, Roberto Lovato; Rosendahl, Zeny (orgs.). *Paisagem, imaginário e espaço*. Rio de Janeiro: Eduerj, 2001. p. 9-27.

Lynch, Kevin. *A imagem da cidade*. São Paulo: Martins Fontes, 1997.

Marras, Stelio. *A propósito de águas virtuosas: formação e ocorrências de uma estação balneária no Brasil*. Belo Horizonte: Editora UFMG, 2004.

Marrichi, Jussara Marques Oliveira. *A cidade termal: ciência das águas e sociabilidade moderna entre 1839 e 1931*. São Paulo: Annablume, 2015.

Melo, Esther Aparecida Cervini de. *Um lugar sulfuroso: paisagem e subjetividade em Poços de Caldas*. 2020. 322 f. Tese (Doutorado em Urbanismo) – Centro de Ciências Exatas, Ambientais e de Tecnologias, Pontifícia Universidade Católica de Campinas, Campinas, 2020.

Proshansky, Harold M. The City and Self-Identity. *Environment and Behavior*, v. 10, n. 2, 1978.

Rossi, Aldo. *A arquitetura da cidade*. 2. ed. Tradução de Eduardo Brandão. São Paulo: Martins Fontes, 2001.

Sabaté Bel, Joaquín. Algunas pautas metodológicas em los proyectos em paisajes culturales. *In*: *La prática del urbanismo*. Madrid: Síntesis, 2011. p. 101-124.

Sauer, Carl. Geografia cultural. *In*: Corrêa, Roberto Lovato; Rosendahl, Zeny (orgs.). *Introdução à geografia cultural*. 2. ed. Rio de Janeiro: Bertrand Brasil, 2007. p. 19-26.

Sauer, Carl. Morfologia da paisagem [1925]. *In*: Corrêa, Roberto Lovato; Rosendahl, Zeny (orgs.). *Paisagem, tempo e cultura*. Rio de Janeiro: Eduerj, 1998. p. 12-74.

Secchi, Bernardo. *Primeira lição de urbanismo*. São Paulo: Perspectiva, 2012.

UNESCO. *Operational Guidelines for the implementation of The World Heritage Convention*. Paris: Unesco, 2008. Disponível em: whc.unesco.org/archive/opguide08-pt.pdf. Acesso em: 22 set. 2011.

Winnicott, Donald Woods. *Holding e interpretação*. São Paulo: Martins Fontes, 1991.

Winnicott, Donald Woods. *Natureza humana*. Rio de Janeiro, Imago, 1990.

Winnicott, Donald Woods. *O ambiente e os processos de maturação: estudos sobre a teoria do desenvolvimento emocional*. Porto Alegre: Artes Médicas, 1983.

Crônicas sobre a utopia do chão público

Carlos Alberto Maciel

Paris, 1908. Charles-Edouard acaba de receber seu primeiro salário como desenhista em meio horário no escritório de Auguste e Gustave Perret. Com o dinheiro à mão, o jovem, a um mês de completar 21 anos, corre para comprar o *Dictionnaire raisonné de l'architecture française*, de Viollet-le-Duc. Enquanto percorria saborosamente o novo livro, deteve-se em uma ilustração de um arcobotante gótico e anotou ao lado: "a arte vive por seu esqueleto" (Curtis, 1988, p. 28 *apud* Macedo, 2008, p. 58; Fondation Le Corbusier, [s.d.]).

Charles-Edouard Jeanneret, que, 12 anos depois, autodenominou-se Le Corbusier, iniciava ali uma trajetória de aprendizado sobre as estruturas independentes em concreto armado, cuja pesquisa no campo da arquitetura teve como pioneiros os irmãos Perret. Auguste ensinava a Charles-Edouard: "apreenda o esqueleto e você apreenderá a arte...". Danilo Macedo esclarece o ensinamento: "'Apreender o esqueleto' significava mais que simplesmente projetar com esqueleto independente. Apreender o esqueleto significava extrair dele a ordenação do edifício e sua expressão plástica. E não apenas da estrutura, mas de todos os materiais" (Macedo, 2008, p. 58).

Aquele aprendizado da sua tenra juventude repercutiu na pesquisa plástica empreendida por Le Corbusier nas duas décadas seguintes, exercitando em uma série de casas distintas aplicações da estrutura em esqueleto de concreto armado. Definiu um novo repertório a partir da integração espacial interna – planta livre –, dos rasgos de iluminação contínuos – janela em fita –, das extensas fachadas envidraçadas – fachada livre –, dos terraços de cobertura, como jardins e áreas de convivência propiciados pelas lajes planas – terraço-jardim – e da liberação do solo para uso público – pilotis.[1] Publicados na revista *L'Esprit Nouveau*,[2] os "Cinco pontos para uma nova arquitetura" – pilotis, terraço-jardim, planta livre, janela em fita e fachada livre – constituiriam uma síntese formal decorrente de dois avanços das técnicas modernas: a estrutura independente em concreto armado e a impermeabilização (Boesiger; Storonov, 1995, p. 128-129).

A Villa Savoye, residência-manifesto, estava em construção quando Le Corbusier foi convidado a uma viagem à América do Sul para proferir uma série de palestras em Buenos Aires. Era um sábado, 5 de outubro de 1929, quando, no meio da sua segunda palestra, intitulada "As técnicas são a própria base do lirismo, elas abrem um novo ciclo da arquitetura", ele dá uma definição cristalina que reconhece a gênese tecnológica do pilotis:

> Com o concreto armado *suprimimos inteiramente as paredes*. Assentamos os pisos em pilares delgados, dispostos a grandes distâncias um do outro. Para fincar estes pilares, escava-se um pequenino poço para cada pilar e procura-se um solo apropriado. Em seguida tira-se o pilar da terra. Neste momento, aproveitamos as circunstâncias. Não

---

[1] Em 1914, Le Corbusier e seu primo Pierre Jeanneret propõem o Sistema Dom-ino, que pressupunha um esqueleto em concreto armado com dois pavimentos a funcionar como base infraestrutural para cada morador completar sua própria casa. Depois desse experimento não construído, ao longo da década de 1920 construíram uma série de casas enquanto amadureciam os princípios dos cinco pontos: Villa à Vaucresson (1922), Maison du Peintre Ozenfant (1922), Maison La Roche – Albert Jeanneret (1923), Maisons Lipchitz – Miestchanino à Boulogne-sur-Seine (1924), Pettit Villa au bord du Lac Léman (1925), conjunto residencial operário em Pessac (1925), Pavillon de l'Esprit Nouveau na Exposição de Artes Decorativas de Paris (1925), Petite Maison d'Artistes à Boulogne (1926), Maison Cook (1926), Maison Guiette (1926), Villa à Garches (1927), duas casas para o Weissenhof Siedlung, Stuttgart (1927), Maison Plainex (1927) e Villa Savoye (1928-30), esta última que lhes permitiu demonstrar todos os cinco pontos plenamente. Todos os projetos estão apresentados no primeiro volume da obra completa dos arquitetos (cf. Boesiger; Storonov, 1995).

[2] Revista criada e dirigida por Le Corbusier e pelo pintor Amedée Ozenfant nos anos 1920, em Paris.

> tive necessidade de remover aquele fatal núcleo de terra no centro da casa. Meu solo está intacto, ele *continua!* Farei uma bela especulação: os pilares de concreto armado (ou de ferro) não custam quase nada. Eu os levantarei 3 metros acima do solo intacto e fixarei meu piso lá no alto. *Disponibilizo assim todo o solo sob a casa.*
> Neste solo reconquistado desenho um automóvel, faço passar pro ele o ar e a relva (Le Corbusier, 2004, p. 50, grifos originais).

A passagem livre do ar e da relva sinalizava para aquele arquiteto de 40 anos um sopro de liberdade e poesia providenciado pela técnica moderna a que ele denominava "maquinismo". Tratava-se de recuperar o uso público do solo habitual, tradicionalmente ocupado por pesadas construções, e destiná-lo à livre fruição ao sol, ao ar e ao verde, por meio, inclusive e paradoxalmente, do automóvel. O que se reconhece como o primeiro automóvel – o Benz Patent-Motorwagen, construído em 1886 por Karl Benz – é apenas um ano mais velho do que o próprio Le Corbusier. O primeiro Ford completava naquele ano seu décimo primeiro aniversário, e o francês Citroën havia sido apresentado pela primeira vez no Salão do Automóvel de Paris havia então apenas sete anos. O automóvel era um marco simbólico do *Zeitgeist* – ou espírito do tempo – da primeira modernidade, representava o mesmo desenvolvimento tecnológico que produzia as novas oportunidades para a construção, e sua presença nas cidades ainda era imaginada a partir de uma chave futurista e lírica. Voltarei a ele adiante.

Retornemos ao pilotis. Se, de um lado, ele redefine a lógica da arquitetura e os modos de construir, de outro, é na cidade onde seu maior impacto se realiza, como destaca Nathalia Cantergiani de Oliveira, fazendo-nos chegar, então, à utopia do chão público:

> No extremo oposto ao modelo tradicional [de cidade], emerge o conceito de cidade ideal moderna e *a utopia do solo livre*, a qual está diretamente relacionada à ideia de pilotis. No caso do modelo de cidade moderna, o espaço vazio não construído no nível térreo tinha a pretensão de ser público e promover a acessibilidade urbana plena. Este novo modelo de cidade aberta, setorizada funcionalmente e de natureza abstrata, foi proposto por Le Corbusier desde seus primeiros projetos em escala urbana, atingindo um distanciamento máximo da cidade tradicional na Carta de Atenas (1933) (Oliveira, 2021, p. 21, grifos meus).

***

Rio de Janeiro, 1939. Tarde de outono de uma sexta-feira, Lucio Costa, principal artífice da disseminação da arquitetura moderna no Brasil, fecha o envelope da carta endereçada ao arquiteto franco-suíço Le Corbusier. Entre várias notícias sobre o urbanismo carioca e sobre sua ida ao sul do país para estudar as ruínas jesuíticas das Missões, doutor Lucio revela sua admiração pela arquitetura vernácula brasileira: "No começo de 38 fui para Minas, mais uma vez de avião e carro, mas agora às voltas com montanhas de ferro ao invés das planícies do sul. Entretanto a mesma imensidão vazia, a mesma solidão. Até Diamantina, cidade construída de madeira e barro pelos exploradores de diamantes do séc. XVII. Estruturas sobre pilotis!" (Santos *et al.*, 1987, p.190).[3]

Dezesseis anos antes, ainda em 1922, Lucio Costa iria pela primeira vez a Diamantina, comissionado pela Sociedade Brasileira de Belas Artes, com o objetivo de fazer estudos para amparar as formalizações do então estilo neocolonial, capitaneado por José Marianno Filho. Ali, diante de uma arquitetura singela, com fechamentos de pau a pique e estruturas independentes em madeira, foi surpreendido por aquele "passado no seu sentido mais despojado, mais puro; um passado de verdade", um "passado novo em folha" para ele (Costa, 1995, p. 27). A descoberta de Diamantina inoculou no arquiteto a dúvida sobre a pertinência da visão decorativa e conservadora que teria caracterizado a prática neocolonial, sem entretanto ainda definir um caminho alternativo que permitisse uma produção de caráter particularmente brasileiro.[4] Àquela altura, a presença de Le Corbusier ainda não surgira no panorama brasileiro, e aquela experiência de encontro

---

3 Carta de Lucio Costa a Le Corbusier. Rio de Janeiro, 14 de abril de 1939.

4 Yves Bruand aponta a relevância do neocolonial como uma primeira tentativa de expressão local e autônoma em oposição ao ecletismo vigente até então: "a arquitetura neocolonial foi o símbolo de uma tomada de consciência nacional, que a seguir iria se desenvolver e dar um caráter particular às realizações brasileiras. Por conseguinte, por mais estranho que possa parecer, *a priori*, o estilo neocolonial constituiu-se numa transição necessária entre o ecletismo de caráter histórico, do qual era parte intrínseca, e o advento de um racionalismo moderno, cuja origem foi a doutrina de Le Corbusier, mas cuja grande originalidade local não pode ser questionada" (Bruand, 2003, p. 58).

com certa arquitetura colonial leve, com uma "saúde plástica perfeita", de uma "beleza sem esforço", ainda não se conectara com o rigor geométrico e a aplicação, por Le Corbusier, das novas técnicas propostas na construção daquela série de casas modernas que culminou na sistematização, em 1926, dos mencionados "Cinco pontos para uma nova arquitetura". É portanto evidente que a exclamação veemente de Lucio Costa decorre da descoberta de uma antecipação: a presença de uma estrutura autônoma na arquitetura colonial brasileira, ainda que não realizada como uma liberação total do chão, como depois propôs Le Corbusier com o pilotis. Aquela conexão improvável – entre uma tradição construtiva da arquitetura civil vernácula de Minas Gerais e um princípio estruturante, em sentido amplo, da arquitetura moderna – sintetiza todo o esforço teórico de Lucio Costa na difícil conciliação entre tradição e modernidade, entre uma produção local e as ideias de além-mar.[5] Essa conciliação é um dos aspectos que distinguiu a manifestação da arquitetura moderna em terras brasileiras.

***

Voltemos 10 anos: Rio de Janeiro, 1929. Depois de passar por Buenos Aires, Montevidéu, Assunção e São Paulo, Le Corbusier é convidado a ir à capital do país para proferir duas palestras. A convite do prefeito Antônio da Silva Prado Júnior,[6] sobrevoa a cidade a bordo de um avião e reconhece a singularidade daquela paisagem, da qual lhe falara Blaise Cendrars. Influenciado pelo amigo[7] e inspirado pela

[5] Guilherme Wisnik aborda a convergência conceitual entre a produção da arquitetura vernácula de natureza coletiva e não autoral e a lógica da produção em larga escala pressuposta pela arquitetura moderna. Para aprofundar no tema, recomendo o artigo "Plástica e anonimato: modernidade e tradição em Lucio Costa e Mário de Andrade" (Wisnik, 2007). Danilo Macedo aponta uma origem comum na formação de Le Corbusier e na fundamentação teórica de José Marianno Filho, que reside na figura de Viollet-le-Duc e na criação de estilos nacionais (Macedo, 2008, p. 58).

[6] Antônio da Silva Prado Júnior (1880-1955), foi prefeito da capital federal, Rio de Janeiro (1926-1930).

[7] Elizabeth Harris destaca a importância do poeta Blaise Cendrars, que teria idealizado um esquema arquitetônico para o Rio de Janeiro em 1927, com base no comentário do teatrólogo italiano Pirandello sobre "a necessidade de criar para o

potência da relação entre a cidade e a natureza, propõe uma variação curvilínea dos edifícios-viaduto que imaginara para as cidades que havia recém-visitado.

Le Corbusier embarca no transatlântico *Lutetia* em 10 de dezembro de volta à Europa (Harris, 1987, p. 27). A bordo, elaborou o texto que sintetiza as palestras proferidas em Buenos Aires, publicado no livro *Précisions sur un état présent de l'architecture et de l'urbanisme* (Le Corbusier, 2004). Ao final, incluiu um "Corolário brasileiro... que também é uruguaio", no qual descreve a operação construtiva que seria necessária para realizar os grandes edifícios:

> Não existe nada mais fácil do que construir, sem muitos inconvenientes, pilastras de concreto armado que se elevam bem acima dos tetos dos bairros existentes, só que, quando escapar desses tetos, as pilastras começarão a ser ligadas por edificações em forma de imensos arcos planos. Assim, por exemplo, a partir de 30 metros, começam os cubos de moradias, de 30 a 100 metros, isto é, dez *andares duplos* de "edifícios-vilas".
>
> [...]
>
> À distância vi, em espírito, o amplo e magnífico circuito das edificações, com o coroamento horizontal da autoestrada que vai de um morro a outro e que estende a mão, de uma baía a outra. O avião está na iminência de sentir ciúmes, pois semelhantes liberdades pareciam estar reservadas a ele. O circuito das edificações está sobre a "colunata" (quem suporta o peso? Ela!), mergulhando entre os tetos da cidade (Le Corbusier, 2004, p. 236).

Aquele pilotis de escala arquitetônica descrito na palestra de Buenos Aires, apenas três metros acima do solo, permitindo a circulação do ar, da relva e do automóvel, é transubstanciado em "colunata", de escala monumental, que se sobrepõe a outras arquiteturas, deixando-as livres. O automóvel, ainda imaginado na cidade de modo idílico

---

Rio uma arquitetura conforme a linha da paisagem. Seria, pois, o caso de erguer edifícios da altura do Pão de Açúcar ou do Corcovado? Acho que mesmo se construíssemos aqui arranha-céus duas ou três vezes mais altos que os de Nova Iorque não comprometeríamos essa linha. A própria natureza nos dá o exemplo" (cf. Harris, 1987, p. 22).

e não impactante, passaria a circular sobre os edifícios, e a fruição da paisagem do mar e da montanha era a grande virtude, aprendida pelo arquiteto na visita às ocupações dos morros cariocas pelas favelas (Harris, 1987, p. 34). Nessa operação, um novo significado se constrói para os pilotis:

> O pilotis [...] é o elemento construtivo que permite harmonizar a necessidade de construir edifícios em escala cada vez maior e a "intenção elevada" de manter intacta a "poesia da paisagem".
> Opera-se assim a modificação da relação entre arquitetura e natureza, que já não será de domínio ou sujeição, mas de interação (Martins, 2004, p. 278).

Carlos Martins ilumina o deslocamento conceitual que a arquitetura moderna brasileira operou sobre a matriz europeia, registrando a influência seminal dos edifícios-viaduto de Le Corbusier nesse processo: um sutil, mas fundamental – e, ainda hoje, extremamente contemporâneo – reposicionamento da relação entre artefato e natureza, em que esta deixa de ser recurso para se estabelecer como parte do todo constituinte de uma paisagem modificada. Essa nova relação de interação, e não de sujeição, é um segundo aspecto que está no cerne do que distinguiu e conferiu à produção da arquitetura moderna brasileira sua mais profunda identidade e originalidade.

***

Rio de Janeiro, 1936. O jovem Oscar Soares deixa o cigarro sobre a mesa, pega um lápis e um papel transparente e esboça uma variação daquele pilotis. Em vez dos quatro metros de altura que repetiam o desenho original de Le Corbusier para o terreno a beira-mar, imagina um vão mais alto, com 10 metros de altura, a mesma do bloco baixo que atravessava o terreno. Assim a torre se destacaria, e os elementos da composição ganhavam autonomia. Carlos Leão gostou e quis mostrar ao doutor Lucio. Oscar, que não queria influenciar, joga o desenho pela janela. Doutor Lucio manda buscar e o adota.

> Assim reza a lenda, sacramentada nas memórias do arquiteto Oscar Soares, então com 29 anos, nenhuma obra construída. A partir daquele

momento, talvez pudesse ter passado a assinar Oscar Niemeyer.[8] Porque se ofereceu para trabalhar de graça no escritório de Carlos Leão e Lucio Costa, Oscar acabou de última hora incluído na equipe que desenvolveu o projeto moderno do Ministério da Educação e Saúde Pública no Rio de Janeiro.[9] Porque era o mais jovem e mais disponível, foi escalado por Lucio Costa para assessorar Le Corbusier durante sua segunda estadia na cidade, convidado para conceber aquele edifício e uma nova cidade universitária. Da generosidade de Lucio Costa e do convívio intenso com Le Corbusier floresceu o maior talento que a arquitetura brasileira já conheceu. Desse talento o pilotis, até então tratado à escala doméstica, nos seus três a quatro metros de altura nas propostas arquitetônicas ali em discussão, ganhou outra feição, de escala urbana. Impossível inferir se as colunatas dos edifícios-viaduto teriam tido qualquer influência para a imaginação do jovem arquiteto. A julgar pela visão formalista que nos anos seguintes se solidificou em sua obra, é provável que se trate de uma articulação interna à elaboração plástica do conjunto, realizando a independência volumétrica e a pureza do jogo de volumes, como preconizava Le Corbusier. Independente disso, a alteração de escala ressignificou a estrutura arquitetônica, conferindo-lhe outro sentido, tão bem sintetizado por Paulo Jobim, em depoimento

---

8 Rememora Oscar Niemeyer: "Foi durante o desenvolvimento do projeto de Le Corbusier que me senti mais confiante.
Primeiro ele projetou a Universidade e eu, por decisão de Lucio Costa, o assessorei como desenhista. [...].
Em seguida o projeto do MEC estava sendo desenhado na base do segundo projeto do velho mestre. O mesmo bloco junto ao Ministério do Trabalho, a mesma rua-corredor e os mesmos pilotis com quatro metros de altura e o brise vertical da ABI. Curioso, fiz um croqui diferente, em função do primeiro estudo de Le Corbusier. Carlos Leão gostou da solução, Lucio quis vê-la, e eu, que nenhuma pretensão tinha de mudar o projeto em execução, joguei o croqui pela janela. Lucio mandou buscá-lo e o adotou.
Nesse momento, senti que não seria um arquiteto medíocre, que compreendia a arquitetura contemporânea e nela podia atuar corajosamente" (cf. Corrêa, 2005, p. 106-107).

9 Os bastidores da realização dessa que foi a primeira grande obra moderna no Brasil, inclusive o primeiro concurso fracassado, a tentativa de um projeto conjunto pelos arquitetos modernos inscritos no concurso e o posterior convite a Le Corbusier por sugestão de Lucio Costa são detalhados em Harris (1987, p. 56-78).

sobre o edifício, ao enfatizar o caráter aberto, público e indeterminado da praça e dos pilotis: "O espaço vazio, a praça onde se circula em paz, ignorando o prédio como quem corta caminho, ou sentindo aquela presença magnífica sobre nós [...]" (Costa, 1995, p. 143).

***

Belo Horizonte, 2001. "Aquilo era uma *marravilha*: pessoas bem vestidas subiam e desciam as rampas; do *salón superrior*, se podia ver toda a lagoa. Vinham artistas de *Ólivud*... (Hollywood)", repete, com seu sotaque característico, dona Frida Bohmerwald,[10] uma senhora judia de origem croata que desembarcou em Belo Horizonte em 1938, fugindo da perseguição nazista no então Império Austro-Húngaro. "Pena que *durrou* tão pouco...". Dona Frida foi a única pessoa que conheci que teve a oportunidade de frequentar o Cassino da Pampulha, projetado por Oscar Niemeyer em 1940 e inaugurado em 1943, e que funcionou por apenas três anos, até ser repentinamente fechado, por força do Decreto-Lei n.º 9.215, de 30 de abril de 1946, assinado pelo então presidente Eurico Gaspar Dutra, que proibiu o jogo no Brasil.

Nas suas memórias, Niemeyer repetia que teria projetado o cassino numa noite, no Grande Hotel, em Belo Horizonte, após receber a demanda para criar um bairro de lazer pelo então prefeito de Belo Horizonte, Juscelino Kubitschek (Niemeyer, 1999, p. 93). Entretanto, o estudo cuidadoso dos desenhos executivos da obra de Niemeyer em Minas Gerais empreendido por Danilo Macedo nos revela um rigor geométrico com forte compromisso com um sistema de proporção áurea e um cuidado no trato dos detalhes, evidenciando a disposição do arquiteto em produzir uma obra-prima (Macedo, 2008, p. 169). Àquela altura, Oscar Niemeyer tinha 33 anos e certa reputação local por ter projetado o Grande Hotel de Ouro Preto, e algum reconhecimento nacional por ter sido premiado em segundo lugar no concurso para o Pavilhão Brasileiro na Feira Internacional de Nova York, cujo projeto acabou realizando em conjunto com o vencedor do certame, Lucio Costa, que o convidou a desenvolverem

[10] Frida Böhmerwald (Zagreb, 1916-Belo Horizonte, 2012).

juntos outra proposta. A construção do edifício do ministério se arrastava, sob sua supervisão, e a influência de Le Corbusier já se consolidara.

Na Pampulha, Oscar Niemeyer teve sua primeira grande oportunidade de experimentação, e foi a pesquisa sobre as formas livres o ponto de inflexão da sua obra, o que se reconhece na Casa do Baile e na Igreja de São Francisco de Assis. Entretanto, para conceber o cassino, Oscar parte da interpretação de princípios formais presentes em uma obra relativamente recente de Le Corbusier: a Villa Savoye, terminada em 1930, aquela que sintetizava os "Cinco pontos para uma nova arquitetura" e na qual o volume destacado na paisagem, elevado sobre pilotis, abrigava no centro uma rampa a propiciar uma experiência de circulação com variedade espacial e sequência temporal para fruição dos espaços interiores da casa: a *promenade architecturale*, ou passeio arquitetônico (Maciel, 2002). Oscar opera uma sutil transformação da escala da caixa elevada, mantendo-a sobre o mesmo número de pilares, rotaciona a rampa e, como convém ao programa mais público, esvazia a compartimentação, produzindo um espaço contínuo e integrado com grande interação visual entre os pavimentos – uma radicalização da planta livre. Adiciona dois novos volumes, rompendo o purismo apolíneo do projeto de referência em favor de uma variedade que repercute as distintas profundidades da paisagem circundante (Figura 1). Mantém, entretanto, em um dos lados – aquele que mais se abre para a vista extensa da lagoa –, a sequência ritmada de cinco colunas e quatro intercolúnios idênticos apoiando a caixa elevada com uma janela em fita (Figura 2), agora mais ampla, de modo a trazer a paisagem para o interior, e fecha o térreo com uma pele de vidro recuada, executada com perfis metálicos com paginação vertical que concorda em curva com a fachada frontal, como se fosse uma metade apenas da base envidraçada curva da Villa Savoye, ali desenhada para favorecer a circulação do automóvel à sombra da casa. No cassino são os pedestres que deambulam sob o prisma elevado em meio ao jardim exuberante, projetado por Roberto Burle Marx, em direção ao intervalo que abriga uma escada externa a permitir um acesso independente à sala de dança. A variada linha curva que coroa a cobertura da Villa Savoye é interpretada aqui em um ampliado volume anexo similar a um tambor cuja fachada semicircular descortina a paisagem da lagoa mirando outras duas obras projetadas por Oscar Niemeyer – a Casa do Baile e o Iate Clube.

FIGURA 1 - Plantas dos pavimentos térreos do Cassino da Pampulha (esquerda), cuja modulação é de 5 m x 6 m, e da Villa Savoye (direita), cuja modulação é de 4,75 m x 4,7 m

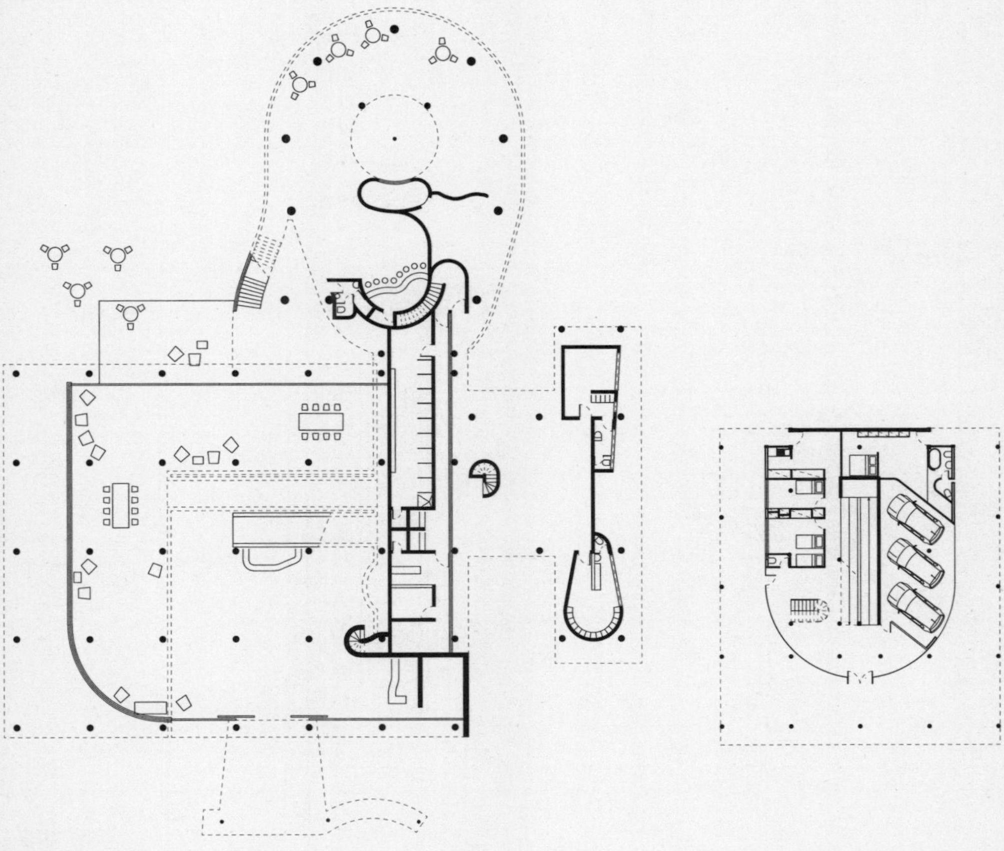

Elaboração: Luiza Souza, a partir de desenhos de Danilo Matoso Macedo, 2023.

FIGURA 2 – Comparativo em escala entre as fachadas do Cassino da Pampulha (esquerda) e da Villa Savoye (direita), destacando o esquema formal do prisma elevado sobre cinco colunas

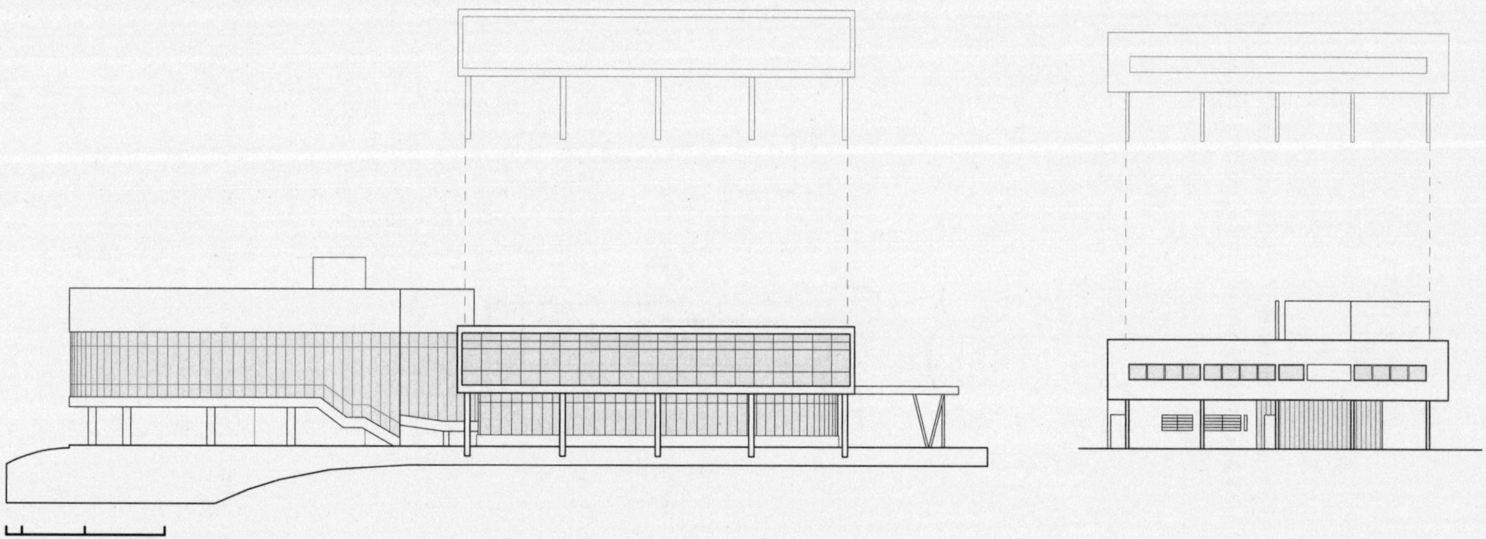

Elaboração: Luiza Souza, a partir de desenhos de Danilo Matoso Macedo, 2023.

Em ambas as obras, o pilotis é apenas parcial, pois uma parcela significativa do térreo é espaço interior, ainda que envidraçado. Na Villa Savoye, o espaço aberto destina-se ao acesso, ao giro e ao retorno do automóvel, em três das faces do volume. No cassino, ocorre na fachada sudeste com atravessamento equivalente.

A operação realizada por Oscar Niemeyer a partir da Villa Savoye é algo a que tenho denominado de "desenvolvimento tipológico". Parte do princípio de que nenhuma arquitetura se realiza a partir de uma criação descontextualizada cultural e socialmente e de que sempre há precedentes que são manipulados, consciente ou inconscientemente, para resolver novos problemas, sendo a transformação e o deslocamento de conceitos o que caracteriza o processo de concepção. Alan Colquhoun já dissera, em um artigo de 1972 intitulado "Deslocamento de conceitos em Le Corbusier", que os "Cinco pontos para uma nova arquitetura" não seriam uma invenção *ex nihilo,* ou criação pura em um vazio cultural, mas um processo de reinterpretação, naquele caso, de um repertório da alta cultura europeia de tradição clássica.[11] No caso da interpretação que vemos no cassino, trata-se de um amolecimento do rigor racionalista da matriz original em relação ao clima e à geografia, introduzindo diferenças mais circunstanciais e com mais adaptação ao lugar. Talvez seja possível reconhecer nesse deslocamento aquela sutil e fundamental redefinição da relação entre artefato e natureza

---

[11] "Le Corbusier foi o único arquiteto moderno a prescrever regras arquitetônicas para a nova arquitetura. Isso era possível para ele por ter tomado como ponto de partida o sistema regulador da tradição acadêmica [...]. Isso se demonstra pelas regras que Le Corbusier prescreveu em seus 'Cinco pontos', cada um deles extrai seu princípio de uma prática existente e promove nela uma reversão. O uso do pilotis, por exemplo, é uma reversão do pódio clássico: aceita a separação clássica entre o pavimento nobre e o chão, mas interpreta essa separação em termos de vazio ao invés de massa. A *fenêtre en longueur* é uma contradição da janela clássica. O terraço-jardim contradiz o telhado inclinado e substitui o pavimento do ático por uma sala ao ar livre. A fachada livre substitui o arranjo regular das aberturas de janelas por uma superfície de composição livre. A planta livre contradiz o princípio pelo qual a distribuição era limitada pela necessidade de paredes estruturais contínuas verticalmente e as substitui por um arranjo livre de partições não estruturais determinadas pela conveniência funcional" (Colquhoun, 1981, p. 51, tradução minha).

que distingue a produção moderna brasileira tomando forma nas mãos férteis do nosso mais prolífico arquiteto.

***

Sete Lagoas, 1991. Os ipês-amarelos exuberantes marcam o dia do início da primavera. O prefeito Sérgio Emílio[12] recebe e assina o texto final da nova Lei de Uso e Ocupação,[13] passo importante para o desenvolvimento daquela cidade de pouco mais de 280 mil almas, perto de Belo Horizonte e longe de tudo. À página 20 do caderno editado pela prefeitura, brilha, para o que nos interessa aqui, o artigo 25: "Será obrigatória a construção sobre *pilotis* sempre que a edificação destinada a uso residencial tiver mais de 02 (dois) pavimentos" (grifo meu).

Poderia ser apenas uma coincidência. Entretanto, o que se observa é uma clara disseminação de valores e conceitos que, na modernidade, operou do centro à periferia. A problematização do evidente sentido colonizador dessa operação não será levada a cabo aqui. Interessa antes o fato de que a primeira presença do pilotis – e de resto de diversos outros princípios de planejamento relacionados à Carta de Atenas – ocorreu na então capital federal, de onde irradia a influência às regulamentações em outras capitais – no caso, Belo Horizonte –, que, por sua vez, servem como modelo a ser replicado nas cidades do interior. Reforça essa influência o momento desenvolvimentista vivido pelo país nos anos 1950, com a criação da nova capital, Brasília, cujas bases, inclusive o pilotis, obrigatório em todos os edifícios das superquadras, realizam em grande parte a utopia do chão público.

Nathalia Cantergiani de Oliveira, em sua tese dedicada a desvelar o papel central do pilotis corbusiano nos desdobramentos ulteriores em solo brasileiro, ilumina como esse dispositivo, entendido como espaço livre e permeável, foi incluído em planos diretores brasileiros:

---

[12] Sérgio Emílio Brant de Vasconcelos Costa (1937-2017) foi prefeito de Sete Lagoas, MG, entre 1973 e 1976 e entre 1989 e 1993.

[13] SETE LAGOAS. *Lei Complementar n.º 8*, de 23 de setembro de 1991. Dispõe sobre o uso e a ocupação do solo no município de Sete Lagoas. Disponível em: https://sapl.setelagoas.mg.leg.br/norma/5627. Acesso em: 10 fev. 2023.

> O conceito de térreo permeável também foi absorvido por alguns planos diretores e regimes urbanísticos de cidades brasileiras, como São Paulo, Rio de Janeiro e Porto Alegre. A legislação induziu a aplicação de um modelo volumétrico com a presença de pilotis através de condicionantes legais, especificamente a partir da década de 1950 e até o final do século XX, favorecendo a renovação e às vezes o fracasso desta ideia, que buscava liberar o nível térreo das edificações promovendo algum nível de acessibilidade urbana ao miolo do quarteirão ou através dele (Oliveira, 2021, p. 15).

E conclui apontando que o pilotis teve grande disseminação graças, especialmente, aos incentivos a sua utilização nos planos diretores, mais do que pelo exemplo de algumas experiências pontuais:

> Os manifestos de Lucio Costa acerca da arquitetura moderna brasileira contribuíram para que o pilotis fosse replicado em todo o Brasil num primeiro momento. Contudo, no âmbito da arquitetura da cidade, além dos exemplares icônicos, os planos diretores locais tiveram uma influência mais significativa, incentivando e bonificando a presença do pilotis nas novas construções. As cidades brasileiras estão povoadas por milhares de pilotis anônimos inseridos nas suas malhas de quarteirões tradicionais. Apesar de geralmente isolados ou segregados do espaço público por questões de privacidade e segurança, ainda se constituem num patrimônio urbano e ambiental relevante, que pode ser resgatado através de estratégias de planejamento e incentivo específicas (Oliveira, 2021, p. 241-242).

Se quisermos concordar com Paul Valéry sobre o fato de que "o valor das obras do homem não se encontra nelas mesmas, mas no prolongamento que recebem dos demais e das circunstâncias ulteriores" (Valéry, 1994, p. 12), diremos que a presença do pilotis na legislação de uma cidade do interior de Minas Gerais ilustra de modo inequívoco a persistência e o valor da obra de Le Corbusier. Já não estamos a tratar do deslocamento de conceitos nas mãos de arquitetos notáveis, mas da plena disseminação da ideia por meio de dispositivos jurídicos, concebidos e validados coletiva e socialmente.

***

2023. São 10 horas de uma manhã de inverno em Paris. Neva, e os termômetros marcam -5 graus lá fora. A casa consome farta energia para se manter aquecida. O calor interno faz condensar uma tênue camada de vapor nas vidraças do piso ao teto, construídas ainda no tempo das vanguardas dos anos 1920. O personagem da tela purista de Le Corbusier, descansando há quase um século na única parede da sala, mira ao mesmo tempo a poltrona de tubos e tiras de couro, de um lado, e a "*arbre de la liberté*", do outro, no bosque que circunda a casa. Entretanto, a vista da janela se embaça, assim como o belo argumento da continuidade entre interior e exterior, central para os promotores da arquitetura moderna.

Em Diamantina são 2 horas da tarde. Estamos na Rua Jogo da Bola, 120, sugestivo endereço. No sertão quente do Jequitinhonha, em Minas Gerais, sol a pino de verão do primeiro dia de aula, no mês de fevereiro, na Escola Estadual Professora Júlia Kubitschek, pavilhão elevado sobre pilotis sombreado, projetado por Oscar Niemeyer a pedido do então governador, Juscelino Kubitschek.[14] As crianças entram e saem, das salas para a rampa, da rampa para o pilotis avarandado, dali para o pequeno gramado frontal da escola. Não seria difícil imaginar Tia Rosarinha, professora do 5º ano, abrindo a mangueira e produzindo frescor, chuvisco e alegria: burburinho da molecada, jogo da água. Ninguém ali teve notícias das vastas discussões sobre a liberação do solo, a elevação dos edifícios, as fachadas de vidro, a integração e a continuidade entre interior e exterior. Todas e todos, entretanto, vivem plenamente, todo dia, sem nenhum constrangimento, todas as suas virtudes.

---

[14] Projetada em 1951, junto ao Hotel Tijuco (1951) e à Praça de Esportes (1950) da cidade natal do então presidente, a escola foi batizada em homenagem a sua mãe. "A configuração inclinada da fachada, supostamente aumentando a proteção solar, foi também adotada no terceiro projeto de Diamantina: a escola Júlia Kubitschek. Porém os pilares que no hotel configuram um 'V' no pavimento térreo foram aqui transformados em mãos francesas que partem da laje de piso do pavimento superior, definindo um volume elevado sobre pilotis – talvez desejoso que estivesse o arquiteto de conferir certa unidade ao conjunto de prédios que edificava. Aqui o pilotis realmente libera o pavimento térreo para o recreio coberto dos alunos, integrado a um salão de entrada por meio de um pano de vidro" (cf. Macedo, 2008, p. 243).

Só nos trópicos a utopia do chão público imaginada pelos mestres da arquitetura moderna pôde se realizar plenamente.

***

Este texto é dedicado à família Böhmerwald, da qual fazem parte meus dois filhos, David e João, bisnetos da dona Frida.

O autor agradece ao arquiteto Danilo Matoso Macedo a gentil cessão dos desenhos do Cassino da Pampulha, e a Luiza Souza, pela edição das ilustrações.

Referências

Boesiger, Willy; Storonov, O. *Le Corbusier et Pierre Jeanneret: Œuvre complète 1920-1929*. 14. ed. Zurich: Les Editions d'Architecture, 1995.

Bruand, Yves. *Arquitetura contemporânea no Brasil*. São Paulo: Perspectiva, 2003.

Colquhoun, Alan. Displacement of Concepts in Le Corbusier. *In*: *Essays in Architectural Criticism: Modern Architecture and Historical Change*. Cambridge, MA; London: The MIT Press, 1981. p. 51-66.

Corrêa, Marcos Sá. *Oscar Niemeyer: Ribeiro de Almeida Soares*. Rio de Janeiro: Relume Dumará, 2005.

Costa, Lucio. *Registro de uma vivência*. São Paulo: Empresa das Artes, 1995.

Fondation Le Corbusier. Biographie. Disponível em: https://www.fondationlecorbusier.fr/le-corbusier/biographie/. Acesso em: 10 fev. 2023.

Harris, Elizabeth D. *Le Corbusier: riscos brasileiros*. São Paulo: Nobel, 1987.

Le Corbusier. *Precisões: sobre um estado presente da arquitetura e do urbanismo*. São Paulo: Cosac & Naify, 2004.

Macedo, Danilo Matoso. *Da matéria à invenção: as obras de Oscar Niemeyer em Minas Gerais 1938-1955*. Brasília: Câmara dos Deputados – Coordenação de Publicações, 2008.

Maciel, Carlos Alberto. Villa Savoye: arquitetura e manifesto. *Arquitextos*, São Paulo, ano 2, n. 024.07, maio 2002. Disponível em: https://vitruvius.com.br/revistas/read/arquitextos/02.024/785. Acesso em: 13 fev. 2023.

Martins, Carlos Alberto Ferreira. Uma leitura crítica (Posfácio). *In*: Le Corbusier. *Precisões: sobre um estado presente da arquitetura e do urbanismo.* São Paulo: Cosac & Naify, 2004. p. 265-287.

Niemeyer, Oscar. *As curvas do tempo: memórias*. Rio de Janeiro: Revan, 1999.

Oliveira, Nathalia Cantergiani Fagundes de. *Depois do pilotis: novas relações de permeabilidade na arquitetura brasileira.* 2021. Tese (Doutorado em Arquitetura) – Programa de Pós-Graduação e Pesquisa em Arquitetura, Universidade Federal do Rio Grande do Sul, Porto Alegre, 2021.

Santos, Cecília Rodrigues dos; Pereira, Margareth Campos da Silva. Pereira, Romão Veriano da Silva; Silva, Vasco Caldeira da. *Le Corbusier e o Brasil.* São Paulo: Tessela – Projeto, 1987. p. 190-191.

Valéry, Paul. *Apontamentos: arte, literatura, política e outros*. Lisboa: Pergaminho, 1994.

Wisnik, Guilherme. Plástica e anonimato: modernidade e tradição em Lucio Costa e Mário de Andrade. *Novos Estudos*, São Paulo: Cebrap, n. 79, p. 169-193, nov. 2007.

França e Minas Gerais na construção do patrimônio cultural brasileiro

Flavio de Lemos Carsalade

Sabemos que o patrimônio cultural de um povo é o resultado de uma escolha deliberada e discricionária feito por algum grupo, seja de especialistas, técnicos, órgãos patrimoniais ou outras formas de seleção. Essa característica subjetiva de escolha não se refere apenas a quais bens nominalmente, mas também se escora em valores e critérios subjacentes que delimitam o leque de opções. Ao serem selecionados pelos órgãos oficiais do patrimônio, esses bens passam a ser regidos por uma legislação específica que institui o quadro protetivo: por exemplo, enquanto no Brasil e na França estamos sob a égide da função social da propriedade, nos Estados Unidos da América, a proteção está fortemente vinculada à propriedade privada e sua supremacia. Assim sendo, uma pesquisa sobre a genealogia de proteção e construção do patrimônio cultural no Brasil vai revelar a presença fundante de Minas Gerais e da França, como veremos ao longo do texto.

Raízes

A história da instituição de um patrimônio histórico-artístico-cultural das nações está profundamente ligada à França, tanto aquém como além-mar, onde, mesmo na Europa, esse país marcou profundamente as práticas preservacionistas que desde o advento da modernidade passaram a se realizar.

A literatura especializada é concorde ao apontar a Revolução Francesa de 1789 como um marco especial nesse processo (Choay, 2001; Chuva, 2009). Em um primeiro momento de vandalismo ideológico (a partir de 1792), os revolucionários, aderidos ao lema de "enforcar o último nobre nas tripas do último padre", começaram a destruir edifícios e ornamentos que se referissem à nobreza e ao clero. No entanto, logo eles próprios passaram a entender que aqueles bens seriam não só representativos da nação, como também pertenciam à nova sociedade que fundavam, na medida que a posse dos bens do clero e da Coroa fora transferida para o patrimônio público. Assim, logo após as primeiras manifestações vândalas, a França reagiu. A partir de uma sugestão de Mirabeau e Talleyrand, o Estado instituiu uma comissão de monumentos históricos para avaliar o imenso patrimônio que lhe pertencia, não apenas relacionado à herança gótica, mas também a edifícios e bens contemporâneos à Revolução. Essa comissão tinha como atribuições a classificação dos bens em tipologias (desde livros a edifícios, passando por obras de arte em diferentes suportes) e, a partir dessa categorização, inventariar os bens (decreto de 13 de outubro de 1790).

Françoise Choay (2001) nos indica sobre quais valores foi erigida a seleção dos monumentos que seriam consagrados como patrimônio histórico-artístico. O primeiro deles seria o *valor nacional*, como indicador de um civismo: "os cidadãos são dotados de uma memória histórica que terá o papel efetivo de memória viva, uma vez que mobilizará o sentimento de *orgulho e superioridade nacionais*" (Choay, 2001, p. 117, grifos nossos). Esse trecho nos aponta outro valor, além do nacional: o de superioridade, condizente com a ótica pelo qual a nação via sua herança, a da *alta cultura* como legítima representante da memória de seu país. Sobre a questão da *alta cultura* nos deteremos um pouco mais adiante, cabendo, neste momento, explorar um pouco mais a ideia de nação que dali emanava:

> O movimento imediatamente subsequente [o seguinte ao vandalismo ideológico] no entanto, de acordo com Dominique Poulot, delineava novas representações a respeito do assunto, inaugurando uma leitura genealógica do nacionalismo como a expressão de uma tradição

histórica de continuidade serial, iniciando-se, assim, a produção de uma história ancestral da nação (ou seja, anterior mesmo à sua existência). Esse processo levou os franceses a "relembrarem" antigos fatos como uma história própria e familiar, passando a reconhecer, nessa história, guerras e disputas ocorridas a trezentos anos ou mais como "antigos fratricídios" (Anderson, 1991, p. 199 ss.). Como uma inversão do tempo, os recém constituídos "irmãos" franceses foram levados a atuar num tempo em que nem sequer existiam. Mas, ainda segundo Anderson, esta "reafirmação de fratricídio" não deve ser atribuída simplesmente aos frios cálculos de funcionários estatais, pois, na verdade, ela refletia uma profunda modelagem da imaginação de que o Estado era razoavelmente consciente e tinha exíguo controle. O nacionalismo que se configurou no Século XIX representou uma nova forma de consciência – uma consciência que surgiu quando não era mais possível experimentar a nação como algo novo no momento do auge da ruptura (Chuva, 2009, p. 46).

A ideia de nação era uma questão recorrente na Europa naquele momento e o foi até o século XIX e mesmo no século XX (se é que não perdura até hoje, em vários locais). Sob sua égide foram construídas várias representações do que seriam os autênticos valores nacionais e quais os liames necessários para amalgamar a sociedade em torno de uma ideia.

O segundo valor indicado por Choay é o *valor econômico*. A Itália já explorava seus monumentos, e a Inglaterra já trabalhava com a inciativa dos "grandes passeios". Os franceses viram nessas iniciativas uma oportunidade para seu próprio acervo. No entanto, segundo a autora, isso só viria a ser concretizado no século XX, sendo, até então, um problema para o Estado, por suas questões de reuso e seus custos de manutenção e conservação. Os comitês revolucionários associavam frequentemente esse patrimônio a um valor prático, o de sediar equipamentos educacionais e científicos.

Finalmente, aparece o *valor artístico*. Desde logo se instituiu o termo "monumento histórico" para designar esses bens, revelando uma imbricação entre o histórico e o artístico, em que aqueles bens eleitos para cumprir a necessidade de se criar um espírito de nação seriam exatamente aqueles que tivessem forte presença social e qualidade artística. Essa "qualidade artística" teria como medida, naqueles tempos iniciais, seu valor pedagógico e formador ou das "obras-primas de arte" que inspirariam "inveja nos vizinhos" pela beleza que ostentariam (Kersaint *apud* Choay, 2011, p. 36). Dessa maneira, o conceito de monumento, cuja origem etimológica é latina, "*monere*" – rememorar, fazer lembrar –, passa a se referir a algo que faz lembrar por sua grandeza estética ou até mesmo de tamanho, resultando na qualidade de "monumental", significado que, comumente, esconde o original. Essa foi a opção que os franceses escolheram para designar seus monumentos. Essa acepção – a substituição gradativa da ideia de monumento histórico pela de monumento artístico – ganharia feição internacional, por questões diversas, entre elas a sensibilidade reacionária à destruição do vernacular pelo industrial advindas com a Revolução Industrial e com a filosofia estética.

Todos esses valores somados resultaram, em França, na compreensão inaugural de que a gestão do patrimônio histórico e artístico seria um assunto de Estado, e assim ela se constituiu, reforçando a preponderância do valor social em detrimento da propriedade privada e repercutindo nos orçamentos governamentais que, desde logo, chamaram para si a responsabilidade de sua conservação e seu restauro.

Nota-se que a questão patrimonial na França nesse primeiro momento passa ao largo do conceito de cultura, fundamento que integra, contemporaneamente, a tríade patrimonial. É certo que a história e a arte são ingredientes importantes na constituição da cultura de um determinado povo, mas esses dois pilares, por si só, não esgotam a problemática associada ao conceito de cultura. Um dos temas que se agregam à discussão é a diferença de acepções que distingue a postura francesa da alemã: sua acepção como *civilização versus* a sua acepção como *identidade coletiva*. A ideia de *cultura como civilização* se estabelece na visão francesa de mundo ancorada na racionalidade, nas fontes geradoras do iluminismo e do cartesianismo, ou até mesmo antes, entre os gregos, que entendiam como homens livres apenas aqueles "civilizados", e a História como sendo "a história da civilização" (Le Goff, 1994, p. 62), dentro de uma compreensão de civilização como "progresso" das sociedades bárbaras e primitivas até chegarem ao nível dos povos mais "avançados". Essa é uma visão também consagrada pelos desdobramentos da Revolução Francesa, como já se viu. Essa visão se caracteriza pelo conceito de civilização como sendo o conjunto de valores supremos sobre os quais se apoia a ordem social, transmitida especialmente pelos exemplares mais nobres das manifestações de um povo, consubstanciado nas suas instituições basilares, nos seus avanços científicos e nas suas manifestações e heranças artísticas e literárias de excelência. Já a ideia de *cultura como identidade coletiva* encontra seu berço no entendimento alemão de *Kultur*, como representação de um verdadeiro *Geist* nacional, limitado no tempo e no espaço e com profunda empatia com o cotidiano do grupamento a que se refere. Os etnólogos que compartilham essa visão reconhecem a frequente vitalidade das culturas, mesmo as rudimentares.

> Essa diferença de formas de ver tem marcado de forma decisiva a maneira como diferentes sociedades lidam com aquilo que é, na realidade cotidiana, a cultura, ou seja, *a sua prática*, e a preservação de seus bens culturais. Aquelas sociedades que compartilham a visão da *civilização* tendem a definir critérios de "excelência" para a seleção dos bens a conservar, enquanto aquelas que veem a cultura como catalisadora de uma identidade coletiva tendem a ser mais abrangentes ao definir as categorias de bens a preservar (Carsalade, 2014, p. 161).

Ao destacar a questão do "reconhecimento político da cultura como questão de estado", quando André Malraux ocupou o Ministério da Cultura Francês, em 1959, Françoise Choay nos revela que este é fundado sobre uma concepção populista de cultura, que reforça a *alta cultura*, especialmente tratada como objeto de consumo:

> A acepção do termo não é mais a de *Kultur*, mantida viva na língua alemã, e desenvolvida desde o Século XIX pela etimologia e a antropologia cultural, que a tornou sinônimo de "civilização" ou, em outras palavras, de uma obra criativa e criadora. Para Malraux e seus sucessores, a cultura reduz-se a um privilégio de classe, essencialmente ligada ao lazer: "não haveria cultura se não houvesse lazeres", afirma Malraux (Choay, 2011, p. 27).

Minas Gerais como referência à nação idealizada

Como vimos anteriormente, um dos temas que mobilizaram o mundo ocidental no final do século XIX e no início do século XX foi a formação das nações. Especialmente na América Latina, recém-saída de vários movimentos de libertação da sua condição de colônia, a questão mobilizava as novas repúblicas e se apresentava como uma necessidade premente para a busca de uma "identidade nacional" que amalgamasse as comunidades locais. Muitos desses novos países encontraram fortes referências pré-colombianas nas etnias maia, asteca e inca, e elas lhes serviram como base sólida para sua compreensão, especialmente porque havia uma herança arquitetônica material que concretizava essa herança. No Brasil, as nossas comunidades indígenas, por características próprias de sua civilização, não deixaram esses grandes marcos, gerando certa vacuidade quanto ao período pré-cabralino.

Se a questão da identidade nacional já mobilizava os intelectuais nas primeiras décadas do século XX, ela tornou-se ainda mais premente no primeiro governo Getúlio Vargas (1930-1945), que a via como fundamental para concretizar sua ação política de construção de uma nova nação moderna. Assim sendo, Getúlio Vargas se apropriou dos debates que os intelectuais vinham realizando sobre o tema, até mesmo porque seu ministro da Educação e Saúde, um mineiro, Gustavo Capanema, tinha ligações com esses intelectuais através, inclusive, de seu chefe de gabinete, Carlos Drummond de Andrade, outro mineiro. A construção de uma nação, de certa maneira, inseria-se no "processo civilizador", conforme nos aponta Norbert Elias, e, no caso das referências culturais, trata-se de um processo organizador, uma espécie de espelho forjado para nele o povo se reconhecer. Embora ao longo do tempo novos agentes e interlocutores tenham aparecido, tais como imprensa, igreja, escolas, institutos de geografia e história, o primeiro caminho já havia sido desbravado.

Para contextualizar o momento, torna-se importante identificar duas vertentes: a vertente ligada aos modernistas, tendo Mário de Andrade como grande figura icônica, e a vertente de Minas Gerais, com a Inconfidência Mineira e seus ideais como referência de nação, tendo Ouro Preto como imagem focal.

Quanto à primeira vertente, é curioso que uma questão tão complexa e tão abrangente como a da identidade brasileira tenha sido definida por um grupo de intelectuais, no Estado mais rico do país, ligados a mecenas com fortunas advindas do plantio de café. É certo que Mário de Andrade estava atento à diversidade do país e de suas manifestações, aspectos que ele buscou conhecer através de viagens pelo Nordeste e pela Amazônia. Sua obra magna, *Macunaíma*, revela a riqueza do caldeirão multicultural explicitada em diferentes mitos e folclore por toda a nossa imensa extensão territorial. Ao mesmo tempo, os modernistas de 1922 tinham acesso às vanguardas artísticas e literárias dos Estados Unidos e dos países centrais da Europa, sendo críticos a elas muitas vezes, mas também atentos e com elas interagindo. "No entanto, a referência a uma possível influência estrangeira [francesa, especialmente] não foi reconhecida por aqueles que viveram de perto aquele momento, ao se contar a história da produção do texto legal [com referência ao texto-base da criação do serviço de patrimônio histórico nacional], cuja memória histórica tem priorizado a influência de Mario de Andrade nesse processo" (Chuva, 2009, p. 153). A referência de Márcia Chuva também talvez explique como os precursores modernistas se preocupavam com o patrimônio nacional como um elo de integração do país com o mundo civilizado.

Uma das questões frequentemente levantadas pela literatura especializada é relativa às diferenças entre a concepção de patrimônio nacional de Mário de Andrade – mais ligado a um acervo etnográfico – e aquela que acabou "vingando" – excessivamente voltada para o patrimônio material: "A definição de patrimônio etnográfico sempre foi um outro problema. Enquanto eu era membro do Conselho Consultivo do patrimônio, vivi reiteradamente a dificuldade prática de propor a preservação de qualquer coisa que não se referisse a barroco e a colonial, com suas igrejas e santos tidos como sinônimo do verdadeiro patrimônio" (Conselheiro Luiz de Castro Faria *apud* Chuva, 2009, p. 119).

Várias coisas contribuíram para essa ênfase na matéria. Uma delas foi a necessidade de uma representação concreta da ideia conceitual que os modernistas de 1922 (vide o "Manifesto Antropófago", de Oswald de Andrade) faziam da cultura brasileira como "antropofágica", isto é, uma cultura formada a partir da metabolização das contribuições europeia, africana e indígena em uma forma original de expressão. Ao visitarem Minas Gerais, na célebre viagem conhecida como "caravana modernista" de 1924, os intelectuais viram, nas suas igrejas e obras de arte, a personificação de suas ideias: havia ali uma "autenticidade" brasileira não encontrada na região litorânea, excessivamente contaminada pela metrópole. Passaram então a utilizar a materialidade mineira como uma sinédoque da cultura brasileira que eles mesmo haviam construído.

Por outro lado, o patrimônio de "pedra e cal" apresentava um caráter icônico que gerava imagens de consumo e de fácil circulação, além de sua base territorial, com seus significados correlatos de pertencimento e posse. Assim, "a um só tempo, o patrimônio é representado, metaforicamente, como as bases concretas de sustentação da 'identidade nacional', assim como confere objetividade à nação por meio de sua materialização em objetos, prédios, monumentos, etc." (Chuva, 2009, p. 44, 47). Há que considerar, ainda, que a vertente francesa da *alta cultura*, representada na materialidade pela valorização do monumento, apresentava-se como a noção mais clara do que seria uma cultura. Monumentos são "semióforos" (Hartog, 2013) necessários para uma compreensão mais "instantânea" dos conteúdos culturais.

Finalmente, mas não esgotando as razões, a presença dos arquitetos na gestão e na construção efetiva do serviço do patrimônio histórico e artístico nacional talvez tenha também justificado essa preferência. Há que acrescentar que os edifícios poderiam ser mais passíveis de deterioração e arruinamento do que manifestações folclóricas ou descrições etnográficas, que estariam, até certo ponto, "protegidas" da ação do tempo e não tão susceptíveis de desaparecimento quanto as manifestações materiais do patrimônio. Seja como for, a priorização do monumento material se tornou a principal vertente a mobilizar o patrimônio nacional.

Pelo exposto, vemos como as ideias iniciais de Mário de Andrade se misturaram com as referências de Minas Gerais para a consecução final do projeto do serviço nacional de patrimônio cultural e as ações subsequentes que foram realizadas. Mas convém examinar a participação de Minas Gerais e dos mineiros como essa segunda vertente formadora.

A cidade de Ouro Preto já apresentava, no início da República, uma forte imagem relacionada a uma nova nação brasileira. A cidade tinha sido palco da Inconfidência Mineira, marco histórico fundamental e fundante, considerado como um momento histórico-síntese das ações de libertação nacional. Era também associada a uma excelência artística ímpar, que ia ao encontro dos ideais de excelência e de monumentalidade então vigentes. Tanto é assim que antes mesmo da criação do

Serviço do Patrimônio Histórico e Artístico Nacional (SPHAN), em 1937, a cidade foi declarada Monumento Nacional através do Decreto n.º 22.928 de 12 de julho de 1933, assinado pelo presidente Getúlio Vargas, cuja íntegra é:

> DECRETO N.º 22.928, DE 12 DE JULHO DE 1933
> Erige a cidade de Ouro Preto em monumento nacional
>
> O Chefe do Governo Provisorio da Republica dos Estados Unidos do Brasil, usando das atribuições contidas no art. do decreto n. 19.398, de 11 de novembro de 1930;
> Considerando que é dever do Poder Público defender o patrimonio artistico da Nação e que fazem parte das tradições de um povo os lugares em que se realizaram os grandes feitos da sua historia;
> Considerando que a cidade de Ouro Preto, antiga capital do Estado de Minas Gerais, foi teatro de acontecimentos de alto relevo historico na formação da nossa nacionalidade e que possúe velhos monumentos, edificios e templos de arquitetura colonial, verdadeiras obras d'arte, que merecem defesa e conservação;
> Resolve:
> Art. 1º Fica erigida em Monumento Nacional a Cidade de Ouro Preto, sem onus para a União Federal e dentro do que determina a legislação vigente.
> Art. 2º Os monumentos ligados á Historia Patria, bem como as obras de arte, que constituem o patrimonio historico e artistico da Cidade de Ouro Preto, ficam entregues á vigilancia e guarda do Governo do Estado de Minas Gerais e da Municipalidade de Ouro Preto, dentro da orbita governamental de cada um.
> Art. 3º Os monumentos de arte religiosa, mediante acôrdos que forem firmados entre as autoridades eclesiasticas e o governo do Estado de Minas e a Municipalidade de Ouro Preto, poderão ser por estes mantidos em estado de conservação e assim incorporados ao patrimonio artistico e historico do Monumento Nacional erigido pelo presente decreto.
> Art. 4º Em virtude deste decreto nenhuma alteração ou modificação advirá no organismo municipal da Cidade de Ouro Preto e, bem assim, em todas as suas relações de dependencia administrativa com o Governo do Estado de Minas Gerais.

Art. 5º Revogam-se as disposições em contrario.
Rio de Janeiro, 12 de julho de 1933, 112º da Independencia e 45º da Republica.
GETULIO VARGAS.
Washington F. Pires.

A iniciativa reconhecia os valores, digamos, intrínsecos ao papel de Ouro Preto perante a nação brasileira e aos caminhos que o "governo provisório" já desejava para a construção de uma nação brasileira. Quando combinamos a tradição mineira com as ideias modernistas, temos que as noções de modernidade e tradição foram fundadoras das ações de proteção do patrimônio histórico e artístico nacional:

> a modernidade como "signo concreto de emancipação, autonomia e liberdade", assim como rompimento de laços, provocado pelo choque de temporalidades [...] foi buscar o "popular", o "tradicional" e o "histórico" num esforço sistemático pela instauração de um padrão de identidade no qual a época colonial passava a ser valorizada e concebida como as raízes autenticamente brasileiras, em desprezo ao europeísmo, cujas expressões modernas, até então, constituem os símbolos da modernidade e atualização (Chuva, 2009, p. 94-95).

A arquitetura e as cidades mineiras passam, então, a ganhar proeminência quanto a sua imagem e, nessa esteira, o próprio barroco como expressão da nossa nacionalidade, apesar de que, nos anos 1930, o Brasil estava encerrando seu período eclético na arquitetura, adotando o moderno e construindo em *art déco*. Nossos fundadores desprezaram todos esses estilos e elegeram a arquitetura do período colonial como sendo a nossa "autenticidade brasileira". Tanto é assim que os primeiros ensaios de uma arquitetura nacional foram em estilo neocolonial, à qual se filiou inicialmente Lucio Costa, o grande líder e pensador brasileiro do século XX. Após seus contatos com Le Corbusier e suas ideias, Lucio passa a realizar projetos sintonizados com as ideias do arquiteto franco-suíço, mas não abandona a reverência ao colonial, buscando até mesmo uma semelhança entre as duas correntes, apesar da diferença temporal, ambas dotadas de uma "saúde plástica perfeita", segundo Lucio.

> Essa adjetivação corresponde ao fato de que, para os arquitetos modernos, adeptos do racionalismo corbusiano, a arquitetura devia ser principalmente coerente e verdadeira quanto à articulação dos aspectos funcionais e plásticos. Nesse sentido, a arquitetura dos primeiros tempos de Minas, avessa a qualquer possibilidade de decorativismo que escondesse sua precariedade estética, adequava-se perfeitamente aos ideais da arquitetura modernista (Dangelo, 2022, p. 74).

Em seu célebre artigo "Documentação necessária", de 1938, escrito sob a forte influência de sua visita a Diamantina, outra cidade colonial mineira, Lucio Costa "descobre" os liames que ligam o moderno e o colonial como sequência evolutiva de uma "boa arquitetura", interrompida pela "cópia sem nenhum valor do ecletismo":

> Aliás o engenhoso processo de que são feitas [as casas coloniais brasileiras] – barro armado com madeira – tem qualquer coisa do nosso concreto armado [...] Resultariam, de um exame assim menos apressado, observações curiosas, por isto que em desacordo com certos preconceitos correntes e em apoio das experiências da moderna arquitetura, mostrando, mesmo, como ela também se enquadra dentro da evolução que se estava normalmente processando (Costa, 2018, p. 459).

É curioso como essa eleição de um estilo nacional é análoga à francesa, só que "em sinal contrário". Explicando: na França, o estilo gótico foi considerado o verdadeiro estilo nacional francês, em detrimento do barroco. Intelectuais do nível do escritor Victor Hugo e arquitetos da excelência de Viollet-le-Duc reforçavam o entendimento corrente no século XIX, na França, de que o barroco teria sido responsável pela descaracterização do patrimônio nacional francês, o qual viria do medievo, representado pelo gótico (Chuva, 2009, p. 319).

Naquele momento histórico, durante o governo Vargas, coincidiu que o prestígio do período colonial mineiro se associasse à burocracia governamental através da presença de inúmeros mineiros naquele governo centralizado. Começando por Gustavo Capanema, então ministro da Educação e Saúde, pasta na qual se instalavam as questões de cultura, passando por seu chefe de gabinete, Carlos Drummond de Andrade, pelo primeiro e longevo presidente do SPHAN, Rodrigo

Melo Franco de Andrade (gestão 1937-1967), e pelo jurista Jair Lins (que elaborou um anteprojeto de lei que inspirou o decreto criador do nosso serviço do patrimônio histórico), entre outros que se revezaram ao longo da história. Esses mineiros acabaram por constituir "uma teia de agentes cujos laços pessoais, em boa medida, passavam pelo sentimento de pertença à mineiridade" (Chuva, 2009, p. 62), elegendo o patrimônio mineiro como padrão de qualidade. Essa presença dos mineiros constitui-se no imaginário do que seria nosso patrimônio cultural, em que as cidades mineiras seriam o exemplo de brasilidade, por sua liberdade e diversidade (Chuva, 2009, p. 64, 70). Não é por acaso que dos primeiros tombamentos de núcleos históricos realizados pelo Instituto do Patrimônio Histórico e Artístico Nacional (IPHAN) entre 1938 e 1941, em um total de oito, sete estão em Minas Gerais: Diamantina, Mariana, Ouro Preto, São João del-Rei, Serro e Tiradentes, em 1938, e Congonhas, em 1941.

A redação do projeto final do Decreto-Lei n.º 25, de 30 de novembro de 1937, que organizou a proteção do patrimônio histórico e artístico nacional, muito se baseou no anteprojeto de lei federal elaborado pelo jurista mineiro Jair Lins em 1925, que o escrevera a pedido do então presidente do estado de Minas Gerais. A proposta era inovadora no sentido de que colocava a propriedade privada em segundo plano frente à necessidade de proteção patrimonial, e o mecanismo de "catalogação" como sendo o antecessor do instituto do tombamento. A ação do jurista foi reconhecida pelo próprio Rodrigo Melo Franco de Andrade, redator do decreto aprovado em 1937 (Sant'Anna, 2015, p. 105-106).

Embora o decreto-lei incorporasse muito das ideias de Mário de Andrade, ele apresentava várias diferenças, ancoradas também em conceitos diferenciados, como nos explica Márcia Chuva:

> [Mário de Andrade] Filiava-se, assim a uma matriz romântica do pensamento, que, por sua vez, opunha-se às ideias de que Carlos Drummond de Andrade seria um legítimo representante. Concebidas a partir da crença da universalidade da arte e da cultura, e preocupadas com um provincianismo que limitava as possibilidades de inserção no quadro internacional, as ideias às quais se alinhava Drummond vinculavam-se dessa forma, a uma matriz iluminista e racionalista do pensamento (Chuva, 2009, p. 107).

Assim, apesar de ter se iniciado na década de 1920, a institucionalização entre 1930 e 1940 foi tão forte que "naturalizou a ideia de patrimônio natural de tal forma que ele parece ter sempre existido. Mario tentava buscar algo em comum nos regionalismos que seria a essência da cultura brasileira e reivindicar a presença brasileira no quadro internacional, já Drummond buscava o universal na mesma cultura" (Chuva, 2009, p. 107).

Trocas culturais: as legislações

Se temos a Itália como grande referência para temas ligados ao restauro, a França se destaca quanto à legislação patrimonial. Segundo Françoise Choay (2001), a importância da legislação francesa para o mundo é fruto de sua racionalidade e clareza, tendo tido caminho aberto precocemente pelo Comitê de Instrução Pública, sob a Revolução Francesa. No entanto, só tardiamente, em 1887, promulgou-se a primeira lei sobre os monumentos históricos. Essa lei, todavia, viria sistematizar ações que já eram realizadas pelo Estado desde 1830, "quando François Guizot, historiador e ministro do interior, criou, por decreto, o cargo de inspetor-geral dos Monumentos Históricos, ocupado sucessivamente por Ludovic Vitet, historiador e crítico de arte, e Prosper Merimée, escritor, ambos apaixonados pela Idade Média, e Viollet-le-Duc, arquiteto nomeado inspetor de *Bâtiments* de França (Serviço de Edifícios Civis)" (Chuva, 2009, p. 49-50). A Comissão de Monumentos Históricos, assessora da inspetoria, trabalhou arduamente no inventariamento e na catalogação do acervo patrimonial francês e criou, em 1837, através de uma circular enviada pelo ministro do Interior aos prefeitos franceses, o termo "*classement*" – algo equivalente ao nosso futuro "tombamento" –, solicitando-lhes que identificassem os bens de interesse arquitetônico, artístico e arqueológico para serem protegidos.

Em 1887, uma primeira lei foi promulgada, quando foi criada a Comission Supérieure des Monuments Historiques (Comissão Superior de Monumentos Históricos), composta de arqueólogos e arquitetos, com o objetivo de avaliar as demandas existentes de restauração e de examinar as condições de segurança do "patrimônio nacional". Tratava-se, portanto, de um interesse nacional (Chuva, 2009, p. 50). Essa lei foi regulamentada em 1889, mas foi só em 1913 que ela ganhou sua feição definitiva, cujas características são a criação de um órgão estatal centralizado, forte infraestrutura técnica e um competente aparato jurídico (Choay, 2001, p. 148).

É através dessa lei que o *classement* ganha estatuto jurídico como proteção de bens culturais de interesse público e "a capacidade legal de intervenção do Estado junto à propriedade privada". A mesma lei criou o Inventário Suplementar, com inscrição, mas sem as restrições dos *classements* (Chuva, 2009, p. 50). A noção de "entorno" é também desse momento, e segundo ela "toda construção, restauração, destruição efetuada no campo de visibilidade de uma edificação protegida (quer dizer em um perímetro de quinhentos metros em torno do monumento histórico) deve obter autorização do arquiteto do Departamento de Edifícios da França" (Direction du Patrimoine, 1984, p. 6 *apud* Chuva, 2009, p. 50). Apesar de reconhecer a eficácia da lei, Choay volta a lamentar o vazio doutrinal sobre a qual ela se estabeleceu. Em 1930, há uma complementação da lei de 1913 que incorpora a proteção de conjuntos mais vastos, como sítios naturais e paisagens, organizando-se, então, uma Comissão de Sítios, Perspectivas e Paisagens (Chuva, 2009, p. 51).

Pelo exposto, há que reconhecer as similitudes entre a legislação francesa e a brasileira, estabelecida em 1937, mas com antecedentes em 1925 (Jair Lins) e 1922 (Mário de Andrade). Já em 1936, o Brasil tinha um serviço provisório do patrimônio histórico e artístico comandado por Rodrigo Melo Franco de Andrade, e em janeiro de 1937 ele seria transformado em órgão estatal definitivamente, o então SPHAN. Mas logo, em novembro de 1937, seria promulgada a lei de proteção patrimonial, incorporando vários instrumentos contidos na legislação francesa, como o tombamento (inspirado pelo *classement*), o inventário e a proteção do entorno. Além disso, outra característica comum com a situação francesa era a forte centralidade estatal, sendo, em nosso caso, fruto da ditadura pela qual passava o país. A diferença entre as duas legislações talvez fosse um pouco mais de aprofundamento doutrinal, do que se queixa Choay com relação à experiência de seu país, embora aqui também ainda fosse muito vaga. Por aqui, o decreto-lei caracterizava o patrimônio como "fatos memoráveis", "excepcional valor", "feição notável", em contraste com o texto legal francês, em que os imóveis passíveis de proteção seriam aqueles que apresentassem "um interesse público do ponto de vista histórico ou artístico" (Chuva, 2009, p. 167).

O Decreto-Lei n.º 25 permanece incólume até nossos dias, apesar de ter sido editado em uma ditadura, e, desde então, então sobreviveu a todas as oscilações política pelas quais passou o país. Ainda que a Constituição Brasileira de 1988 tenha alargado o conceito de bens patrimoniais e do próprio patrimônio, o decreto continuou sem alterações. O que existiu de novo, no caso brasileiro, foram uma evolução doutrinal e a criação de leis complementares nos níveis estadual e municipal, além da criação de alguns mecanismos suplementares (vide Estatuto da Cidade, Lei Federal n.º 10.257, de 10 de julho de 2001) que contribuem para a gestão da conservação.

Na França, houve também algumas suplementações legais com a Lei Malraux, de 1962, sendo digna de nota a criação dos *secteurs urbaines sauvegardés* (setores urbanos salvaguardados), os quais são escolhidos por uma comissão interministerial e posteriormente ratificados por lei municipal e sobre os quais se aplicam um conjunto de normas de proteção e incentivo. Medidas ali aplicadas também inspiram práticas brasileiras, onde é grande o conjunto de centros históricos tombados nos diversos níveis da federação. Essa característica comum na França e no Brasil, em que o patrimônio se concentra fortemente em edifícios e núcleos urbanos, gerou também uma proeminência do profissional arquiteto, uma vez que, na França, há uma obrigatoriedade de que esse seja o profissional responsável por obras de conservação e restauro, enquanto, no Brasil, essa atribuição exclusiva se dá através da regulamentação do Conselho de Arquitetura e Urbanismo.

Especialmente a partir da década de 1980, o avanço doutrinário do patrimônio histórico e artístico incorporou com mais força a terceira perna do tripé, o cultural, aqui também incluindo o patrimônio imaterial (tão presente no projeto de Mário de Andrade e já trabalhado na gestão de Aluísio de Magalhães no IPHAN, entre 1979 e 1982). Em 1980 foi criado, na França, o Conselho do Patrimônio Etnológico, e, no Brasil, a nossa legislação sobre patrimônio imaterial data de 4 de agosto de 2000, através da edição do Decreto n.º 3.551, que instituiu o Registro de Bens Culturais de Natureza Imaterial e criou o Programa Nacional do Patrimônio Imaterial (PNPI), além de consolidar o Inventário Nacional de Referências Culturais (INCR).

Hoje, na França e no Brasil, com a popularização do tema patrimônio cultural, iniciativas de preservação partem de diferentes lugares e diferentes grupos, resultado de um avanço constante de sua aplicação. Uma questão ainda em aberto no Brasil e já bem resolvida na França é a do financiamento das obras de conservação e restauro. Enquanto a legislação francesa, a partir de 2013, fez com que o governo passasse a financiar 50% dos imóveis classificados (Chuva, 2009, p. 172), no Brasil, a maior parte desse auxílio vem do nível federal, através de programas especiais como o Plano de Cidades Históricas (PCH, 1976), o Monumenta (1997) e o Plano de Aceleração de Crescimento (PAC, 2007), em que o primeiro privilegiava o preparo de núcleos históricos e monumentos para o turismo, e os outros combinavam ações federais com incentivos privados.

A questão da cidade-monumento *versus* a cidade-documento levantada por Marcia Sant'Anna (2015) também revela interfaces entre França e Brasil. A pesquisadora mostra como a origem da preservação de sítios urbanos teria nascido na França com a lei de 1930 sobre a proteção de sítios e paisagens, sob a égide da proteção de monumentos, portanto dentro de uma visão mais estetizante do que histórica. Para ela, a proteção de fragmentos urbanos teria percorrido um longo caminho, tendo recebido uma importante contribuição do italiano Gustavo Giovannoni no início do século XX (1931), contribuindo para uma função memorial, educativa e museológica. A perspectiva de Giovannoni considera o conjunto urbano como um misto de monumento e tecido vivo, tendo sido muito importante para o planejamento urbano. A Carta de Atenas, de 1933, incorporou a questão da cidade como documento histórico, embora a vertente estética ainda fosse predominante. No Brasil, são clássicas as ações barroquizantes empreendidas pelo IPHAN para garantir certa "integridade visual" do conjunto nas cidades históricas mineiras. No Brasil, custou-se muito a compreender a cidade como documento. Marcia Sant'Anna cita experiências empreendidas entre 1983 e 1986, no Brasil, onde

> o referencial teórico adotado justificava essa apropriação e a delimitação de áreas de entorno bastante largas, uma vez que se definiu o valor do ambiente não mais a partir de critérios estéticos, mas a partir das "qualidades formais historicamente sedimentadas no território". O monumento, junto com o seu entorno, constituiria, assim, um documento sobre uma formação social, a qual só poderia ser apreendida com a compreensão dos diversos estágios de sua evolução (Sant'Anna, 2015, p. 298).

Toda essa nova compreensão sobre a natureza dos conjuntos históricos ajudaria a iluminar novas práticas que, conjuntamente a novas metodologias, como a Conservação Urbana Integrada – muito utilizada nas diretrizes para os setores salvaguardados franceses –, levariam a mecanismos de gestão mais eficientes e à utilização de instrumentos urbanísticos mais apropriados, como o "aluguel social" proposto pelos franceses como reação à possível gentrificação dos espaços protegidos e a utilização da transferência do direito de construir, uma derivação importante do conceito francês de "solo criado".

A sustentabilidade do patrimônio

A sustentabilidade do patrimônio sempre foi uma questão complexa na sua agenda. Por um lado, temos a questão de recursos a serem investidos em obras de restauração e conservação dos edifícios, que muitas vezes se somam a custos de reparo e/ou instalação de infraestruturas urbanas; por outro, temos que esses investimentos geram a valorização dos bens recuperados, que, por sua vez, causa a transformação do perfil de seus ocupantes. Nesse último caso, quando há a substituição de moradores de baixa renda por classes sociais mais abastadas, dizemos que há um enobrecimento da área e um processo de gentrificação.

Equacionar investimentos para as obras necessárias está nos planos governamentais brasileiros através de uma agenda permanente de investimentos do próprio Tesouro ou de parcerias público-privadas. Há também políticas públicas que criam mecanismos de financiamento, tais como a Transferência do Direito de Construir, a isenção de impostos, só para citar algumas entre tantas existentes. Nos anos 1960-1970, tanto no Brasil quanto na França, o turismo se notabilizou como uma fonte contínua de sustentabilidade, parecendo gerar um ciclo virtuoso em que os investimentos não apenas seriam pagos, como também funcionariam para desenvolvimento econômico-social e geração de renda. Talvez isso fosse mais verdadeiro na França – já um destino mundialmente preferencial e bem estruturado para tanto – do que no Brasil, onde o desenvolvimento turístico sempre foi tímido e mal estruturado, apesar de seus tantos recursos naturais e suas atrações diversificadas.

A questão do "turismo cultural" já vinha sendo há muito debatida nos encontros internacionais relacionados ao patrimônio. Na Recomendação de Paris (1962), o turismo já estava apontado como uma das formas "protetivas" do patrimônio. Na 72ª Reunião do Conselho Executivo da Unesco (Budapeste, 1966), seu diretor-geral pautou a "preservação dos monumentos e outros bens culturais em sua relação com o desenvolvimento com o turismo" (Leal, 2008, p. 15). As Normas de Quito (1967) reforçaram o valor econômico do patrimônio para o desenvolvimento das nações (o turismo aparecia como uma dessas fontes). Como essas três, várias outras reuniões, cartas e encontros reforçavam o importante papel do turismo para o desenvolvimento econômico-social, em que o patrimônio se apresentava como grande atração.

Importante contribuição da França para o Brasil, nesse sentido, foi a vinda do consultor Michel Parent, técnico do Serviço Principal de Inspeção dos Monumentos e de Inspeção de Sítios na França que esteve no Brasil entre 1966 e 1967, em missão financiada pela Unesco. A missão foi consequência de um pedido de auxílio da então Diretoria do Patrimônio Histórico e Artístico Nacional (DPHAN) à Unesco no sentido de estabelecer uma "agenda para o futuro" quanto ao nosso patrimônio nacional, mas principalmente para estudar mecanismos de defesa dos nossos principais centros históricos frente às ameaças da urbanização acelerada que os ameaçava. Assim, a vinda do inspetor visava estudar a conservação do patrimônio histórico e artístico nacional já com vistas a um desenvolvimento do turismo cultural.

A missão de Michel Parent teve início em 24 de novembro de 1966 e teve visitas aos estados do Rio de Janeiro, Guanabara, Espírito Santo, Pernambuco, Maranhão, Pará, Distrito Federal, Goiás, Paraná, Santa Catarina, Rio Grande do Sul e Minas Gerais, foco de nosso interesse, tendo estado nas cidades de Belo Horizonte (especialmente Pampulha), Ouro Preto, Sabará, Mariana, Congonhas do Campo, São João del-Rei e Tiradentes. Sobre Minas Gerais, escreveu:

> Terra de homens trabalhadores, impregnada da nostalgia da idade do ouro, Minas Gerais, que foi no século XVIII a terra da corrida do ouro fabulosa e desordenada, transmite hoje uma impressão de gravidade ou mesmo de tristeza singularmente tocante. Sem conhecer Minas Gerais, uma dimensão do Brasil escapa ao visitante, o sentido de uma profundidade que não deixou de impressionar os maiores espíritos do Brasil, tal como o ilustre poeta Manoel Bandeira, que não deixou de escrever um guia de Ouro Preto (Parent *apud* Leal, 2008, p. 124).

Em cada uma dessas cidades, estudou monumentos e potencialidades, sempre dentro da ótica do turismo cultural, e apontou algumas diretrizes locais, tais como:

- Belo Horizonte, além da Pampulha, como *dispatching* turístico para o estado;
- a estética de Aleijadinho como "uma estética tão alta quanto a estética gótica";
- Ouro Preto como o campo de experiência e laboratório mais apropriado para o tema patrimonial;
- o Festival de Inverno de Ouro Preto;
- a aplicação de recursos em Ouro Preto para restauração de imóveis, elaboração de plano diretor, reflorestamento, infraestrutura urbana e para o próprio festival;
- um plano diretor para Sabará e para Mariana, frente aos impactos da expansão industrial;
- um programa global de restauro para o Conjunto de Senhor Bom Jesus do Matozinhos, em Congonhas.

E como diretrizes gerais:

- a complementação dos tombamentos integrais;
- a elaboração de planos diretores para as cidades-patrimônio;

- o restauro de imóveis públicos e particulares;
- a melhoria das estradas;
- o desenvolvimento da infraestrutura hoteleira;
- a implementação de programações culturais.

O relatório de Parent, com data de apresentação em março de 1968, não se atém apenas ao diagnóstico; ao final, ele faz um estudo de rentabilidade do turismo em valores quantificados para um período de 10 anos, a partir do qual os investimentos apresentariam retorno. Para Minas Gerais, ele propõe um investimento total de 10 milhões de dólares, obviamente não efetivado.

Apesar de as coisas não terem corrido no Brasil conforme planejado por Michel Parent, seu trabalho teve o mérito de se desdobrar em planos governamentais que unem patrimônio e turismo, como o Plano de Cidades Históricas (PCH) e seus sucessores, os Monumenta I e II e o PAC (eixo Patrimônio Cultural).

O efeito perverso do turismo, a gentrificação, foi bastante estudado pelos especialistas franceses que enfrentaram o problema em seus *secteurs sauvegardés* , buscando mecanismos urbanísticos e de gestão inovadores, alguns deles aproveitados em soluções brasileiras, especialmente aqueles ligados à habitação social.

Entre as diversas outras tangências de estudos patrimoniais envolvendo França e Brasil, duas outras merecem menção neste estudo: o registro do processo artesanal de fabricação do queijo e as questões ligadas à mineração.

Minas e França têm no queijo uma grande identidade. De certa maneira, o queijo representa muito bem a cultura dos dois territórios. Quando, em 2001, foi criada a normativa nacional brasileira sobre o patrimônio imaterial, o Instituto Estadual do Patrimônio Histórico e Artístico de Minas Gerais (Iepha-MG) logo criou também a sua normativa estadual e apontou o registro do modo artesanal de preparo do queijo do Serro, da Serra da Canastra e da Serra do Salitre como primeiros bens a serem registrados, embora na sua versão final tenha restado apenas o queijo do Serro.

O registro do queijo do Serro como patrimônio cultural de caráter imaterial de Minas Gerais significou, para o Iepha-MG e para a cultura do estado, o início dos trabalhos de pesquisa e classificação dos bens culturais de natureza imaterial de Minas Gerais, uma fonte tão rica quanto a dos bens móveis e imóveis. Se considerarmos o patrimônio cultural de um povo como sua "carteira de identidade", os bens intangíveis complementam de forma significativa a especificidade e a riqueza de uma dada cultura. Do ponto de vista simbólico, o queijo tem sido usado como metonímia do povo mineiro, sendo frequentemente associado a Minas Gerais no imaginário nacional. Nada mais natural, portanto, que ele abrisse o Livro dos Saberes do estado. O registro do queijo do Serro trata de seu modo específico e particular de preparo, que o distingue de outros queijos, conferindo-lhe uma unicidade só encontrada naquele local, como fruto de uma tradição histórica e geográfica. O que é registrado, portanto, é o modo particular de preparo do queijo, respaldado por uma importância histórico-cultural bicentenária. O queijo surgiu como alternativa econômica quando o final do ciclo do ouro tornou as sociedades mais fixadas à terra e possibilitou a conservação láctea durante a maior período de tempo, favorecendo seu transporte e sua comercialização. Significou, ao longo da história, importante fator de sobrevivência econômica e também social, na medida em que se tornava o centro de organização da vida de várias famílias em diferentes regiões mineiras, com uma grande variedade nos seus modos de preparo e sabor.

O registro do queijo como patrimônio mineiro de caráter imaterial cria uma chancela histórico-cultural que o distingue e, portanto, agrega-lhe valor, diversificando-o no mercado e possibilitando um retorno econômico maior ao pequeno produtor desses queijos artesanais. Convém lembrar que essa produção ocupa em Minas milhares de famílias de pequenos proprietários de baixa renda que muitas vezes dependem da sua produção para sobrevivência. Essa valorização, além dos inegáveis benefícios socioeconômicos, contribui também para a continuidade de sua produção, o que significa a permanência viva do bem. Um exemplo de sustentabilidade importante também para os bens de caráter material, que muitas vezes carecem de boas condições de permanência ao longo do tempo.

De uma maneira geral, os registros de patrimônio imaterial relacionados à gastronomia são ligados a um modo particular de trabalhar os produtos da terra, referenciando-se à ação do homem sobre a natureza, na indissociabilidade original entre cultura, arte e técnica, imbricadas pela construção coletiva dos grupamentos humanos que se aperfeiçoa a cada geração. Se considerarmos que esses diversificados grupos humanos se diferenciam em função das características peculiares de sua resposta às várias solicitações climáticas, geográficas, históricas, etc., teremos que o berço das alteridades culturais não se dissocia da geografia e da história. Assim, a partir da noção de território como delimitação física de um determinado contexto geográfico definido pelas suas características climáticas ou morfológicas é que se constrói a noção francesa de *terroir*, que abriga a ocupação humana com suas características peculiares e a ambiência gerada pela relação homem-lugar, expressão importante para o entendimento cultural da gastronomia. É como se cada porção de terra do planeta estivesse gravando uma mensagem a ser expressa pelos seus frutos, resultado da sedimentação das diferentes épocas geológicas e de processos histórico-culturais. Assim, pelo *terroir*, cada produto é único, porque resultante de um terreno específico sob condições de trato também específicos de determinado grupamento humano. Essa diversidade é que faz a riqueza dos diferentes sabores e variedades produzidos. Esse tipo de patrimônio cultural se contrapõe, portanto, à vocação homogeneizadora da produção industrial de larga escala e sujeita a normas tão abrangentes que não contemplam as diferentes especificidades dos diferentes produtos da terra, assim como os da cultura, riqueza do homem lapidada no transcurso do tempo.

Uma das motivações do instituto, à época, era exatamente mostrar que a cultura não era atributo de uma única classe social ou de artistas inspirados, mas algo ligado ao cotidiano, motivo de dignidade social e de sentimentos de brio de um povo. Essa noção de cultura, mais próxima do seu conceito antropológico, liga-se à ideia de *cultura como identidade coletiva*, que encontra seu berço no entendimento alemão de *Kultur*, ao qual anteriormente nos referimos. A partir do reconhecimento do seu modo de preparação artesanal, os "queijeiros" começaram a mostrar com orgulho o seu trabalho e ficaram mais felizes ainda quando, após o seu reconhecimento como patrimônio cultural, o preço de venda do produto quase dobrou no mercado, além de se abrirem portas para a solução de vários problemas que a produção enfrentava. Os problemas eram de toda ordem, desde a produção até o transporte, sendo o vendedor de queijo muitas vezes detido quase como um traficante de mercadoria ilícita, em função das questões de segurança alimentar, apesar de "não se conhecer ninguém que tivesse morrido de queijo", no dizer de um produtor local.

De fato, após o seu reconhecimento, abriram-se muitos canais de apoio às iniciativas da Empresa de Assistência Técnica e Extensão Rural do Estado de Minas Gerais (Emater-MG) (órgão estatal de apoio à produção rural) e de outras entidades que lutavam pela melhoria da legislação a respeito e por outras formas de apoio ao pequeno produtor rural. Aí residia, aliás, a segunda motivação do Iepha-MG para o registro do queijo: mostrar como o patrimônio cultural poderia ser útil ao desenvolvimento econômico-social das comunidades e não ser um "peso morto" a ser sustentado eternamente a fundo perdido, apenas para ajudar as pessoas a se lembrarem do passado.

A experiência mineira com relação ao queijo artesanal gerou trocas importantes com a França, que viu, nessa iniciativa, uma coincidência com suas próprias lutas, no sentido de demonstrar que o selo de origem e o sabor do queijo artesanal suplantavam em muito a sua produção industrial e a sua circulação, inclusive no mercado comum europeu.

O estado de Minas Gerais e a França apresentam algumas semelhanças além da extensão territorial. Pelo menos duas dessas semelhanças, fundamentadas na diversidade, são importantes para embasar programas de ações conjuntas.

A primeira delas diz respeito à diversidade geográfica. A França apresenta fronteiras diversas com vários países (dos quais sofre influências regionais) e com diferentes massas d'água (como Oceano Atlântico, Canal da Mancha e Mar Mediterrâneo). Suas características geográficas, geológicas e climáticas são também diversas, resultando em uma diferença grande entre diversos territórios existentes no país. Aí existem grandes cadeias de montanhas como os Pirineus (divisa com Espanha), os Alpes (divisa com Suíça e Itália), o Jura (divisa com Suíça), zonas quentes (sul da França) e zonas frias (regiões de altitude), terras agricultáveis ricas (como a Normandia e Borgonha) e terras pobres (Centro-Sudeste). Minas Gerais também apresenta uma grande diversidade geográfica, com a presença de cadeias de montanhas, regiões de solo rico e regiões de solo pobre, diferentes situações climáticas (regiões frias e extremamente quentes).

A segunda semelhança diz respeito à diversidade sociocultural e à formação histórica do país. A França é uma região de articulação e encontro de diversos povos, pela sua situação central na Europa Ocidental e pelo grande número de suas fronteiras. Realiza uma transição importante dos povos latinos da Itália e da Espanha para os anglo-saxões, germânicos e ingleses. Recebe influências, portanto, de diferentes povos que, durante a história, ocuparam o país de formas variadas. Minas Gerais também tem uma diferenciação regional visível, e é conhecida a velha frase de Guimarães Rosa que diz que "Minas são várias", para demonstrar essas diferenças regionais. Em Minas são claras as influências de São Paulo, no Sul de Minas, do Rio de Janeiro, na Zona da Mata, do Centro-Oeste, no Alto Paranaíba, e do Nordeste, no Norte do estado.

Essas diferenças geográficas e socioculturais que caracterizam Minas e a França, resultantes da sua situação como zonas de transição nesses dois aspectos, fazem com que as manifestações de seu patrimônio material e imaterial apresentem também uma grande diversidade, reforcem a ideia de *terroir* e se apresentem como uma riqueza importante a ser valorizada. Da mesma forma como Minas se apresenta no cenário nacional como uma síntese do Brasil, a França tem importante papel na comunidade europeia como equilíbrio das influências latinas e anglo-saxônicas. Enquanto a França tem uma tendência histórica de valorização, inclusive econômica, de sua diversidade associada ao *terroir*, Minas só começou a entender essa diversidade como bem a ser valorizado a partir da experiência com o registro do queijo do Serro.

Amparado por essas semelhanças geográficas e socioculturais, que resultam no objetivo comum de valorização das diversidades regionais, foi possível o estabelecimento de uma cooperação internacional França--Minas Gerais. A primeira delas foi o Programa de Cooperação Técnica França/Brasil/Minas Gerais, na área da Agricultura, criado em 2000 e no qual se insere o Programa de Melhoria da Qualidade de Queijos Tradicionais de Fabricação Artesanal de Minas Gerais. A extensão desse programa tem claros reflexos no campo do patrimônio cultural de natureza imaterial, mas tem também um potencial enorme a ser desenvolvido no campo econômico, com a valorização da diversidade regional, atributo e riqueza do estado de Minas Gerais.

Outro tema que une Minas Gerais e França é a mineração. No quadro brasileiro, Minas Gerais se destaca por ser, historicamente, o estado minerário do país. Embora o Pará venha se apresentando como importante sítio de jazidas minerárias, é em território mineiro que se assentam a maior parte delas, correspondendo a quase 60% da exportação brasileira de metais. Situação similar ostentava a região de Nord-Pas-de-Calais, na França, onde se situavam as maiores explorações de carvão mineral até 1984, quando a Charbonnages de France terminou com seus contratos, e 1990, quando foi realizada a última extração do último poço de Nord-Pas-de-Calais, o 10 d'Oignies.

Essa história comum fez com que Minas e Nord-Pas-de-Calais se aproximassem e realizassem uma intensiva parceria a partir de 2011, buscando trocas de informações sobre o problema do pós-mina. A experiência francesa partiu de um amplo trabalho de reconversão das minas e aplicação intensiva de políticas públicas na recuperação socioeconômica da Bassin Minier du Nord-Pas-de-Calais. Passo muito importante para todo esse trabalho foi o reconhecimento da bacia como Patrimônio Cultural da Humanidade, em 2012. Da recuperação da área fizeram parte algumas ações importantes, como a instalação de uma filial do Louvre na região, o Louvre-Lens, o incentivo à indústria criativa como medida de reconversão econômica e o controle estatal de terras para evitar especulação imobiliária. Entre os planos urbanísticos, destacou-se o conceito de Trama Verde e Azul, uma continuidade territorial de matas e cursos d'água, aproveitado no Plano Diretor da Região Metropolitana de Belo Horizonte.

Por sua vez, Minas Gerais apresentou os problemas de reconversão da Mina de Águas Claras e do Pico de Itabirito, ambas no Quadrilátero Ferrífero, e a experiência positiva de Inhotim, maior museu de arte a céu aberto das Américas, instalado em área antes minerada. Enquanto a França já se encontra no momento de requalificação territorial pós-mineração, Minas começa a enfrentar essa questão, e a experiência da região irmã de Nord-Pas-de-Calais é muito importante para as iniciativas que vierem a ser tomadas por aqui.

***

Minas Gerais e França, tão próximas em tamanho territorial, tão semelhantes em aspectos culturais, mas por outro lado tão diferentes em aspectos socioeconômicos, irmanam-se na construção da defesa de um patrimônio cultural que as represente. É gratificante constatar que, ao longo de 300 anos, essa fraternidade deu bons frutos e que apontam para um futuro ainda pleno de possibilidades e trocas.

Referências

Bosredon, Pauline; Carsalade, Flavio de Lemos. Culture, patrimoine et développement métropolitain: les exemples du bassin minier du Nord-Pas de Calais (France) et du quadrilatère ferreux du Minas Gerais (Brésil). *In*: Seminário Construir a Metrópole Contemporânea: Diálogos Brasil-França, 2012, São Paulo.

Carsalade, Flavio de Lemos. *A pedra e o tempo: arquitetura como patrimônio cultural*. Belo Horizonte: Editora UFMG, 2014.

Choay, Françoise. *A alegoria do patrimônio*. São Paulo: Unesp, 2001.

Choay, Françoise. *O patrimônio em questão*. Belo Horizonte: Fino Traço, 2011.

Chuva, Márcia Regina Romeiro. *Os arquitetos da memória*. Rio de Janeiro: Editora UFRJ, 2009.

Costa, Lucio. *Registro de uma vivência*. São Paulo: Editora 34; SESC, 2018.

Dangelo, André Guilherme Dornelles. *A cultura arquitetônica em Minas Gerais no século XVIII: engenheiros, mestres de obras e arquitetos*. Belo Horizonte: NPGAU, 2022. (Coleção NPGAU).

Hartog, François. *Regimes de historicidade, presentismo e experiências do tempo*. Belo Horizonte: Autêntica, 2013.

Le Goff, Jacques. *História e memória*. São Paulo: Unicamp, 1994.

Leal, Claudia Feierabend Baeta. *As missões da UNESCO no Brasil: Michel Parent*. Rio de Janeiro: IPHAN, 2008.

Sant'Anna, Marcia. *Da cidade-monumento à cidade-documento*. Salvador: Oiti, 2015.

Da Trama Verde e Azul ao tecido urbano-natural

Roberto Luís Monte-Mór

Introdução: territórios minerários e Trama Verde e Azul, lá e cá

A ampla planície de Douai, em Nord-Pas-de-Calais, e as íngremes montanhas de Minas Gerais têm, quase surpreendentemente, vários pontos de contato. Os convênios celebrados nos anos 2010 entre o governo estadual de Minas Gerais e a região de Nord-Pas-de-Calais,[1] bem como entre a Universidade de Lille e a Universidade Federal de Minas Gerais (UFMG), mostraram aspectos em comum entre esses dois territórios minerários. Economia, ambiente e cultura são questões que aproximam essas duas sociedades mineradoras, em que pesem suas naturezas, seus povos e suas histórias distintas. O caráter provinciano e reservado da população, os espaços degradados pela mineração, a longa tradição de luta política, o exemplo regional que é difundido para o resto do país, entre outras características – inclusive a culinária, que privilegia queijos e carne de porco, além da cerveja –, fazem com que os mineiros de Minas Gerais se sintam em casa na terra dos "mineiros" daquela região, onde o *ch'ti*,[2] dialeto regional picardo, poderia ser comparado ao "mineirês".

---

[1] Desde 2014, Nord-Pas-de-Calais são departamentos que integram a grande região Hauts de France.

[2] O dialeto *ch'ti* ou *ch'ti mi* tem origem na Picardia e é falado nas regiões Nord--Pas-de-Calais, com peculiaridades marcantes. Uma comédia francesa de 2008

Na região de Nord-Pas-de-Calais (NPC), a mineração se concentrou no carvão mineral – *houille* ou *coke* – ao longo de uma bacia minerária – *bassin minier* – de cerca de 120 quilômetros de comprimento por até 7,5 quilômetros de largura. A região se situa no norte da França, bordejando a Bélgica, e sua capital, Lille, dista 100 quilômetros de Bruxelas. Esse território minerário, explorado por quase três séculos, ganhou intensidade na Revolução Industrial, implicando a concentração de capitais e trabalhadores (mineiros) em pequenas cidades como Lens, Douai, Béthune e Valenciennes, além de Arras.[3] No século XIX, as *company towns* proliferaram e deram origem a uma paisagem onde vilas operárias ladeavam as minas profundas (chegando a 800 metros) e as colinas formadas pelos rejeitos das minas – os *terrils*.

Em 1946, De Gaulle nacionalizou todas as minas francesas e criou a empresa pública estatal Charbonnages de France, que foi extinta em 1990, em Nord-Pas-de-Calais. Nesse mesmo ano, foi criada a empresa pública Établissement Public Foncier Nord-Pas-de-Calais (EPF/NPC), que passou a gerir as terras da Charbonnages de France na NPC, com o objetivo de promover a reconversão dos territórios minerados, das grandes indústrias abandonadas na região e, já dentro do novo marco ambiental, o desenvolvimento sustentável através de programas habitacionais, criação de áreas de comércio e de serviços, e implantação de indústrias não poluentes.

O fortalecimento de políticas integradas na Europa desde o pós-guerra, que acabaram por dar origem à União Europeia, em 1993, teve por referência inicial organismos como a Comunidade Europeia do Carvão e do Aço (CECA, 1951) e a Comunidade Econômica Europeia (CEE, 1957), que envolviam então apenas seis países. Desde então, e particularmente neste século, tanto o governo central francês quanto o governo regional de NPC têm tratado a questão mineral do carvão como política de recuperação de áreas degradadas e de revitalização

– *Bienvenues chez les Ch'tis*, ou, em português, *A Riviera não é aqui* – ironiza os preconceitos nacionais contra essa parte "atrasada" da França.

[3] Talvez por sua importância estratégica, por ali os alemães avançaram sobre o território francês nas duas grandes guerras do século passado. Milhares de soldados enterrados em cemitérios de vários países (em particular, o Canadá) nas colinas de Vimy (*ridge* ou *crête*) atestam a crueldade das batalhas ali ocorridas.

das economias regionais de base mineradora. Para tanto, desenvolvem ações diversas e integradas de fortalecimento econômico e cultural e de valorização ecológica, sendo a região de NPC um exemplo para outras áreas do país. A *trame verte et bleue* é um desses exemplos.

Em Minas Gerais, a mineração do ouro e das gemas que marcou o nome do estado no século XVIII se impôs como atividade principal, gerando uma economia urbano-industrial que organizou parte expressiva do território brasileiro (Monte-Mór, 2018a). No entanto, esse intenso ciclo produtivo minerador se esgotou na parte final daquele século. Hoje, o ferro é o principal minério extraído, ainda que inúmeros outros minerais sejam também explorados. Seu ciclo de exploração continua ativo e, diferentemente da região de NPC, tem se intensificado diante da demanda chinesa e do alto preço das *commodities*. Minas Gerais está, portanto, em fase de expansão da sua produção para exportação, e, particularmente na Região Metropolitana de Belo Horizonte (RMBH), e no Quadrilátero Ferrífero que lhe é adjacente, as atividades minerárias estão em crescimento.

São, assim, momentos distintos que marcam as duas regiões referidas: enquanto a região de NPC esgotou as atividades minerárias e cuida da recuperação socioeconômica e ambiental pós-mineração, Minas Gerais expande suas atividades mineradoras, particularmente na sua principal região metropolitana. Grandes e pequenas mineradoras disputam o espaço metropolitano, gerando intensa degradação ambiental e provocando desastres fatais, como os recentes rompimentos de barragens de rejeitos em Mariana e Brumadinho, com terríveis impactos sobre as populações, as águas, a natureza e os espaços de vida, na RMBH e no vale do rio Doce.

Em que pese a diferença de momentos das atividades minerárias entre as duas regiões, a equipe da UFMG que conduziu o planejamento metropolitano em Belo Horizonte pôde beber da experiência de Nord-Pas-de-Calais através de pesquisas, seminários e trocas diversas com as equipes acadêmicas e técnicas da Université de Lille, da Mission Bassin Minier e do governo daquela região francesa.

No processo de planejamento metropolitano conduzido pela equipe da UFMG, que se iniciou em 2009 e teve três etapas,[4] envolvendo mais

---

[4] O Plano Metropolitano (PDDI/RMBH) foi elaborado entre 2009 e 2011; o Macrozoneamento Metropolitano (MZ) foi elaborado entre 2013 e 2015; em 2016,

de 200 professores e alunos de 14 departamentos da UFMG, além de professores da Pontifícia Universidade Católica de Minas Gerais (PUC Minas) e da Universidade do Estado de Minas Gerais (UEMG), a questão da mineração foi tratada com ênfase especial. O eixo da Sustentabilidade, um dos quatro eixos estruturantes das propostas,[5] foi pensado de modo a incluir uma política específica sobre territórios minerários, reconhecendo, de um lado, sua importância econômica na região, e, de outro, seus impactos negativos cada vez maiores sobre o espaço e o ambiente metropolitanos, e também sobre as populações.

Entretanto, foi durante a fase do Macrozoneamento Metropolitano que a proposta da Trama Verde e Azul (TVA), inspirada na experiência francesa,[6] ganhou força entre as propostas de políticas e ações. Inicialmente apresentada como uma proposta secundária, voltada principalmente para a proteção das serras e dos rios e para a criação de um parque metropolitano linear – uma espécie de *rodovia-parque* – ao longo do grande anel rodoviário já em processo de contratação (Rodoanel metropolitano), foi ganhando visibilidade e importância durante as audiências públicas e as oficinas participativas do processo de planejamento. A presença dos movimentos ambientalistas e habitacionais, sem dúvida as mobilizações populares mais importantes no processo de planejamento participativo adotado, certamente contribuiu para o "encantamento" das populações – e dos técnicos também – com a proposta da Trama. Assim, além de incluída como zoneamento central para as Serras e para o Rodoanel, acabou por ser ampliada e

a equipe da UFMG foi novamente contratada para elaborar Planos Diretores para 11 municípios da RMBH, concluindo-os em 2019.

5 As propostas das 28 políticas, e seus inúmeros programas, projetos e ações de curto e médio prazo, foram organizadas segundo duas dimensões estruturantes – Territorialidade e Institucionalidade – e quatro eixos estruturantes – Acessibilidade, Seguridade, Sustentabilidade e Urbanidade.

6 Oliveira (2019) explorou, em sua tese de doutorado, as origens da proposta da Trama Verde e Azul em maior detalhe na proposta original francesa (e também em experiência no País Basco), como também os desdobramentos da proposta metropolitana nos 11 municípios metropolitanos onde a equipe da UFMG fez a revisão dos Planos Diretores, entre 2016 e 2019.

expandida a toda a Região, sendo então proposta quase como uma utopia referencial, visando à reestruturação metropolitana a partir da Trama Verde e Azul.

Lefebvreando a Trama Verde e Azul?

A Trama Verde e Azul inicialmente proposta para a Região Metropolitana de Belo Horizonte ampliava uma primeira ideia de um parque linear metropolitano tomado como laboratório de planejamento que integrasse o espaço urbano e o espaço natural. Algumas das discussões sobre integração das diversas áreas temáticas transversais contempladas no escopo e na metodologia do PDDI/RMBH para análise e diagnóstico da região utilizaram o parque linear urbano como um elemento possível de articulação transdisciplinar dos vários campos de conhecimento envolvidos no plano.[7]

No MacroZoneamento foram propostas Zonas de Interesse Metropolitano (ZIMs), delimitadas rigorosamente junto aos municípios e objetos de zoneamentos específicos, mas também Áreas de Interesse Metropolitano (AIMs), ligadas a atividades prioritárias definidas no planejamento para implementação de políticas e programas do PDDI. Habitação, Complexos Ambientais Culturais (CACs), espaços de ruralidade para incentivo à agroecologia e a primeira proposta da Trama Verde e Azul são algumas das AIMs.

De fato, o Plano Metropolitano e seus desdobramentos, incluindo o Programa do MacroZoneamento, buscaram transcender em vários aspectos os limites de um planejamento hegemônico e de caráter burocrático para imaginar e propor utopias experimentais. A Trama

---

[7] A primeira etapa do PDDI/RMBH foi realizada segundo 10 áreas temáticas transversais que cobriam todo o espectro das "funções públicas de interesse comum", os vários setores exigidos pelo Termo de Referência da contratação do plano e outros setores considerados importantes, como os complexos ambientais culturais, a economia de baixo carbono, entre outros. O caráter transdisciplinar dessas 10 áreas temáticas transversais foi fundamental para demarcar a natureza transdisciplinar das propostas, então organizadas segundo as duas dimensões e os quatro eixos estruturantes mencionados anteriormente.

Verde e Azul representa, desde suas formulações iniciais, talvez o principal esforço de transcender os limites do empírico imediato, mobilizando o imaginário coletivo e propondo caminhar na direção da utopia. Não se trata, entretanto, de utopias abstratas, mas sim de utopias experimentais (Lefebvre, 1978; 1999) e concretas (Bloch, 2006), buscando lefebvreanamente a exploração do (im)possível que já se anuncia como virtualidade.

Como ressalta Ana Carolina Euclydes (2016) em sua tese de doutorado, há versões distintas da proposta da TVA nos cinco produtos do MacroZoneamento. Algumas são mais restritas a aspectos de preservação do espaço natural e a ações diretas sobre controle do uso do solo – as quais ela denomina *trama pragmática* –, enquanto outras ressaltam aspectos ligados à apropriação transformadora do espaço de vida – as quais ela denomina *trama utópica*. Nesse sentido, podemos também relacionar a trama utópica à famosa proposta de Lefebvre d'*O direito à cidade*. Entretanto, não se trata mais apenas do direito à *cidade,* entendida como o espaço construído e adensado de uma cidade, mas sim do direito ao *urbano*, entendido como o espaço resultante do tecido urbano-industrial que se estende sobre todo o espaço social a partir das cidades, tornado então ubíquo e extensivo (Lefebvre, 1999; Monte-Mór, 2005).

A Trama propõe integrar espaços urbanos e rurais, espaços construídos e naturais, criando percursos, modos de apropriação e de encontros, privilegiando contatos sociais e suas relações com a natureza, seja aquela já presente nos espaços de vida, como parques, matas, coleções de água, entre outros, seja aquela a ser resgatada, como rios e córregos canalizados, áreas de mineração degradadas, espaços desertificados, etc. "Mas o mérito diz respeito, sobretudo, ao resultado esboçado nessa utopia experimental: um processo de reestruturação regional do tecido urbano capitaneado por uma trama verde e azul que é, ao mesmo tempo, cidade e campo, primeira e segunda natureza, área verde/protegida e área não-verde/desprotegida. Compreendida sob essa perspectiva utópica, a trama revela sua potência" (Euclydes, 2016, p. 179).

Aos poucos se foi construindo um modo de colocar no centro da estruturação metropolitana elementos alternativos que se somariam àqueles que tradicionalmente assumem essa posição, nomeadamente o sistema viário e centros de comércio e serviço (as centralidades). Pretendia-se incluir também uma articulação de outros elementos, como áreas livres, vegetadas, permeáveis e, também, os rios e suas margens, assegurando a continuidade entre espaços naturais e rurais na dinâmica urbana da metrópole, incentivando seu uso, sua diversificação e sua proteção. A intenção era, através dessa articulação, fortalecer o potencial que esses espaços podem ter na conformação de uma condição urbana mais diversa e democrática, oposta à lógica atual, em que o espaço produzido pelo mercado imobiliário assume o protagonismo na orientação da ocupação urbana, enquanto essas outras espacialidades ficam relegadas a uma condição residual.

> Ao reposicionar simbólica e conceitualmente a natureza no espaço urbano-regional, a trama verde e azul propõe iluminar, interligar e fortalecer práticas de apropriação da natureza em espaços submetidos a variados graus de intervenção humana – tanto naqueles onde predominam práticas associadas à ruralidade como nos mais ligados à urbanidade, tanto naqueles onde estão presentes os mais recentes avanços tecnológicos quanto nos que resistiram à modernização – sinalizando a superação da oposição cidade-isotopia x natureza/campo-heterotopia e favorecendo a percepção da natureza enquanto lugar de vida, de trabalho e de fruição. Nessa perspectiva, a trama esboça o processo de *naturalização extensiva* que Monte-Mór (1994, p. 178) defende como necessário para acompanhar a urbanização extensiva, "tanto para enfrentar problemas urbanos e ambientais ao nível micro, da vida quotidiana, quanto para enfrentar as questões globais da crise ambiental e societal" (Euclydes, 2016, p. 179-180).

Essa é a *trama utópica* implícita na proposta da Trama Verde e Azul para a RMBH. De caráter multiescalar, abrange a escala regional metropolitana, integrando centralidades urbanas a espaços ruralizados, englobando desde o Parque Municipal, no hipercentro de Belo Horizonte, até os parques, as praças e os espaços comuns diversos nos municípios periféricos, além das áreas de produção agropecuária, dos caminhos, das ruas e das estradas que os interligam, dos espaços de cultura e lazer, dos pontos de encontro da vida urbana (e rural), dos meios de vida e de produção variados distribuídos nesse amplo e diverso território metropolitano.

A Trama no urbano-industrial

A explosão da metrópole sobre sua região complementar e a resultante extensão do tecido urbano-industrial a todo o território metropolitano – e virtualmente a todo o espaço social – levaram consigo não apenas a infraestrutura urbano-industrial, mas também o Estado, serviços sociais, culturais e jurídicos e, mais do que isso, o próprio sentido e a prática da política e da cidadania, estendendo assim a *polis* e a *civitas*. Enfim, essa *revolução urbana virtual* que Lefebvre (1999) anunciou, e que chamei de *urbanização extensiva* ao tentar compreender sua manifestação na fronteira amazônica brasileira e, posteriormente, em outros contextos mais amplos (Monte-Mór, 1994; 2005), fez-se realidade praticamente em todo o país. Hoje, com a rápida e ampla expansão do *meio técnico-científico informacional* (Santos, 1994), mesmo os confins da Amazônia ou as *ilhas de ruralidade* no interior do país (Monte-Mór, 1994) que permaneciam isoladas do tecido urbano-industrial, estão a ele interligadas.

O movimento centrífugo de extensão do *urbano* – termo-síntese para esse tecido urbano-industrial que tem origem nas metrópoles e em grandes projetos industriais – avança sobre os antigos espaços rurais, redefinindo-os como parte integrante do *urbano*, seja como extensão de moradias, isto é, urbanizando-os, seja como apropriação por parte da indústria, isto é, industrializando-os. Nesse sentido, a antiga dicotomia campo-cidade vem sendo superada por esse terceiro termo, o *urbano*, que engloba os dois termos anteriores, mas não se confunde inteiramente com eles. Trata-se do que Lefebvre (1991) chamou "dialética da tríade", e Soja (1996) denominou *trialética*. À dialética binária se articula um terceiro termo, que não elimina os outros dois, mas os redefine; esse termo é o *urbano*, terceiro elemento da díade campo-cidade.

A urbanização extensiva e a própria extensão do meio técnico-científico e informacional redefinem as relações socioespaciais em todo o espaço social, aproximando o espectro campo-cidade e atuando diretamente sobre a natureza e sua apropriação. A identificação da necessidade de uma contrapartida dialética ao movimento centrífugo da urbanização extensiva por um movimento centrípeto de *naturalização extensiva* (Monte-Mór, 1994) apontava para a necessidade de repensar, a partir da redefinição das relações campo-cidade no bojo da extensão do *urbano*, as relações sociedade urbana-natureza.

Desde então, vários aspectos da relação sociedade-natureza se transformaram, ganhando importância e visibilidade, tanto em face da crise ambiental que recolocou essa relação no centro das preocupações humanas, quanto em resposta à crise do capitalismo industrial, particularmente na sua versão privilegiada da acumulação fordista. No Brasil, o esforço dos governos militares para consolidar e estender ao interior a industrialização fordista (pelo menos, enquanto consumo de massa) resultou na ocupação e na exploração de novos territórios e recursos naturais, entre os quais se destacam os biomas do Cerrado e da Amazônia. Sua incorporação ao tecido urbano-industrial se deu, todavia, quando no mundo desenvolvido a questão ambiental já ganhava centralidade nos debates. Apenas com a redemocratização do país, em 1985, as questões ambientais começaram a ganhar protagonismo e visibilidade no país. A conferência mundial da Eco-92 – ou Rio-92, como ficou também conhecida, por ser realizada no Rio de Janeiro, em 1992 – marcou uma virada no tratamento dessas questões no país (Viola; Leis, 1992).

De outra parte, a crise do capitalismo industrial e a emergência do capitalismo financeiro e do neoliberalismo para ocuparem o centro da cena globalizada evidenciaram a derrota do projeto fordista de inclusão do pós-guerra, no qual produção e consumo de massa, com ganhos crescentes de produtividade transferidos ao salário real, acabariam por incluir todo o espaço social ao espaço abstrato do capital (Lefebvre, 1991). O novo regime de acumulação flexível capitalista (Harvey, 1989) trazia em si um caráter excludente, no qual uma parcela significativa de países e populações estaria excluída do pacto capital-trabalho incentivado no fordismo, tendo o Estado (do bem-estar) como o grande mediador e responsável pelas condições de reprodução da massa trabalhadora.

Nesse novo contexto, alguns elementos de análise trazidos por Lefebvre (1971; 1976) ressaltando a importância da reprodução coletiva no mundo contemporâneo e, assim, a centralidade da vida cotidiana e da reprodução das relações sociais de produção na sobrevivência do capitalismo ganharam importância e visibilidade. É nesse cenário que a explosão da cidade industrial sobre o espaço social sob a forma de tecido urbano-industrial – a urbanização extensiva – ganha ímpeto para dar origem a um processo de urbanização planetária (Brenner; Schmid, 2011; Brenner, 2014). A sociedade urbana descrita por Lefebvre como virtualidade, em 1970, ganhou concretude na virada do milênio, com o avanço da "nova indústria motriz" baseada nas tecnologias da comunicação. As preocupações com a reprodução coletiva, que tinham as cidades como seu cenário privilegiado (Castells, [1972] 1983), agora se estendem a todo o território, integrando-se à dinâmica urbano-industrial das regiões metropolitanas.

Os impactos sobre a natureza são vários e complexos. De um lado, aprofunda-se em vários contextos a sua destruição, desde o desmatamento para ocupação de novas terras para cultivo até a apropriação, majoritariamente predatória, dos seus recursos naturais; de outro, aprofunda-se a consciência da necessidade da sua valorização e seu resgate ambiental. As preocupações crescentes com a reprodução coletiva, manifestadas na importância da "qualidade de vida", impactando a vida cotidiana e os imaginários urbanos, ganham nova parceria com a crescente ameaça ambiental, qual seja, a reprodução coletiva da vida no próprio planeta Terra. Movimentos sociais agora voltados para a questão ambiental proliferam em todo o mundo, inclusive fortemente no Brasil.

No processo de planejamento metropolitano em Belo Horizonte, atribuímos parte do "encantamento" das pessoas nas oficinas públicas com a proposta da Trama Verde e Azul à presença expressiva de integrantes dos movimentos ambientalistas da Região. Questões como o resgate da vegetação, a preocupação com a alimentação saudável, a valorização da qualidade ambiental em face da dinâmica imobiliária, a preocupação com a qualidade do ar e da água, com a presença de agrotóxicos nos alimentos, com a geração e a disposição do lixo, entre várias outras, atestam uma crescente consciência ambiental e desalienação diante dos espaços de vida.

A Trama Verde e Azul, seja na versão ecológica francesa que nos inspirou, seja na versão "lefebvreana" proposta para a RMBH, onde espaços para encontros e para a produção sustentável e onde a intervenção e apropriação de espaços diferenciais[8] (Lefebvre, 1991) são incluídos e incentivados, aparece como antídoto para a hegemonia absoluta do domínio do industrial sobre a vida urbana (já aqui tomando a vida urbana para além das cidades). Se a urbanização extensiva traz consigo o espaço abstrato que leva a lógica da produção e da acumulação capitalista a todo o espaço social, subordinando definitivamente a natureza às demandas do capital, traz também consigo o processo de politização e de construção da cidadania em todo o espaço social. No Brasil, desde a redemocratização e a Constituinte, nos anos 1980, vimos crescer os movimentos sociais de todo tipo, dos seringueiros e indígenas aos sem-terra, aos quilombolas e muitos outros. Não estavam mais nas cidades, não eram mais "movimentos sociais urbanos", como nos anos 1960 e 1970; eram movimentos sociais que surgiam, cresciam e se consolidavam em todo o território nacional.

Repensar a presença e a importância do verde e das águas no equilíbrio do tecido urbano-industrial, e consequentemente a própria natureza da natureza no contexto urbano-industrial generalizado, começava a ganhar importância nas discussões da questão urbana. Entretanto, a oposição entre o ambiental e o urbano ainda era dominante (Costa, 2000). A própria proposta de se pensar a naturalização extensiva como um movimento do campo e da natureza em direção à cidade e aos espaços urbanizados periféricos não encontrava eco nas discussões sobre planejamento urbano. O tecido urbano-industrial não deixava espaço para pensar a natureza, diante da hegemonia absoluta da lógica da produção e do industrialismo. Somente no início deste século essas articulações entre o espaço construído e o espaço natural começaram a ser consideradas seriamente. Mesmo a vanguarda de pensamento expressa por Lefebvre nos seus vários escritos sobre a questão urbana, ainda que articulasse a produção diretamente com a reprodução e conferisse centralidade à dimensão da reprodução, repousava na crítica do urbano-industrial, sem

8 Lefebvre (1991) utiliza conceitos diversos para pensar o espaço e sua produção. Espaço diferencial é um dos conceitos mais importantes, expressando a potencialidade da apropriação social e reinvenção do espaço vivido, opondo-se assim ao espaço abstrato gerado e gerido pelo capital que constitui uma constante ameaça de subordinar a vida coletiva e cotidiana aos seus desígnios.

explicitar suas relações com a natureza e o espaço natural. A proposta da Trama Verde e Azul, no contexto do planejamento metropolitano iniciado ao final da primeira década deste século, significou, portanto, um avanço e certa audácia no planejar de forma participativa. Nesse sentido, a pressão dos movimentos ambientalistas foi central para o sucesso e a consecução da proposta da TVA na RMBH.

A Trama no urbano-natural

A urbanização e a naturalização extensivas propostas como instrumentos de compreensão e análise dos processos contemporâneos de urbanização e, no caso, da metropolização em Belo Horizonte podem ter uma expressão concreta e experimental na Trama Verde e Azul. Inicialmente proposta como um elemento para a proteção ambiental das Serras e o tratamento da estrada-parque do Rodoanel proposto para eventualmente circundar o arco Sudoeste-Noroeste-Nordeste da RMBH, a Trama ganhou protagonismo no decorrer das oficinas e propostas participativas, no que diz respeito tanto à natureza do espaço urbano quanto à questão ambiental, e, mais do que isso, à própria natureza.

No primeiro caso, integra uma proposta de fortalecimento dos espaços diferenciais, espaços de apropriação efetiva a partir da vida cotidiana e de reinvenção e representação das práticas sociais e culturais metropolitanas. Nesse sentido, fortaleceria os "espaços de representação" ou "espaços vividos", citados por Lefebvre (1999; 1991) como uma das manifestações da dialética da sua tríade espacial, ou do "terceiro espaço", como propõe Soja (1996) a partir do próprio Lefebvre.[9] O espaço vivido, ou terceiro espaço, não apenas incorpora uma apropriação criativa através da vivência, mas também integra o "primeiro espaço", ou espaço percebido pelos sentidos e resultante das práticas espaciais imediatas, e também o "segundo espaço", ou as representações do

[9] Lefebvre (1991) cria três categorias para a compreensão da totalidade do espaço social: espaço percebido (*perçu*), espaço concebido (*conçu*) e espaço vivido (*vécu*). Soja (1996) explora em profundidade a categoria do espaço vivido (*lived space*) como elemento central da transformação do cotidiano e da apropriação criativa e transformadora da vida contemporânea.

espaço na forma de projetos, poemas, textos, pinturas, e muitas mais. O terceiro espaço, o espaço vivido, além de incluir os outros dois, traz para a prática espacial as representações outras das vivências e apropriações diversas, a multiplicação e a integração do real e do imaginado. É o espaço da reinvenção da vida a partir de uma práxis espacial urbana (coletiva) e contém o gérmen do urbano-utopia, da manifestação desalienada da vida cotidiana e da produção e apropriação dos espaços de vida. Esse seria o urbano-utopia lefebvriano, espaço referencial de uma era urbana que se anuncia (Monte-Mór, 2018b).

No segundo caso, todavia, a natureza não tem o mesmo protagonismo na proposta da urbano-utopia lefebvreana. Talvez premido pela necessidade de combater a hegemonia do industrial sobre o urbano e evidenciar o caráter de valor de uso implícito na apropriação coletiva da obra urbana enquanto espaço do encontro e da desalienação, Lefebvre não deu a mesma atenção ao espaço natural, assumindo por vezes sua destruição a partir da acumulação capitalista. Hoje, entretanto, não haveria como deixar no campo cego a centralidade das preocupações com a natureza e seu resgate e incorporação na vida cotidiana. A ênfase contemporânea na reprodução coletiva, em detrimento da ênfase na produção, particularmente industrial – cada vez sofrendo mais limitações –, traz a questão ambiental, e consequentemente a natureza, para o centro das atenções. Do ponto de vista da produção e da apropriação do espaço, pode-se argumentar que é necessária, sem perdas para o conjunto socioespacial e tecnológico já desenvolvido, a superação do tecido urbano-industrial por um tecido urbano-natural, que confira centralidade às questões ligadas à reprodução em articulação com o resgate da natureza. O novo protagonismo das populações tradicionais e a valorização das suas práticas vêm também se somando a essa transformação anunciada das relações sociedade-natureza. Além das inúmeras vozes de populações indígenas e quilombolas, trabalhadores rurais, populações caboclas, ribeirinhas e outras, hoje empoderadas pelo acesso ao meio técnico-científico informacional e ao tecido urbano-industrial (política e cidadania), a própria academia (e partes do aparato estatal) vem incorporando novos saberes e novas relações com não humanos e a natureza. Nesse sentido, cabe ressaltar o conceito de cosmopolítica, criado por Isabelle Stengers (2018), que, ao ampliar o sentido da política para incluir os não humanos, cria condições para apropriações teóricas e avanços na própria gestão e política urbanas (Azalim; Monte-Mór, 2022).

A sustentabilidade da vida urbana implica o resgate radical da natureza, uma imbricação do tecido urbano-industrial com um novo tecido urbano-natural. A Trama Verde e Azul é uma proposta de política pública, nos níveis metropolitano e municipal, para fortalecer esse processo que se manifesta de forma incipiente e virtual.[10] Já se pode notar com clareza a extensão da natureza dentro do urbano extensivo, e mesmo crescentemente no "urbano intensivo", qual seja, nas grandes cidades, onde predomina o espaço construído. Cada dia mais vemos tentativas de verdejar as cidades, no esforço de ideologicamente explorar o que Lefebvre (1991) chamou de "ilusão realista",[11] combinando novas experiências tecnológicas e o resgate de formas tidas como arcaicas, como hortas coletivas e quintais urbanos.

Assim, o urbano que hoje se anuncia é o urbano-natural, cada vez mais comprometido com a reprodução (coletiva), a vida quotidiana, a produção de alimentos, parques lineares, matas urbanas, espaços (e objetos) comuns. Parece que a naturalização do espaço urbano vem caminhando celeremente, trazendo novas experiências e práticas de inclusão da natureza no espaço de vida, e mesmo nos espaços da produção capitalista. De outra parte, a extensão do espaço abstrato do capital parece ainda mais célere e impositiva, tendo o tecido urbano-industrial (e o meio técnico-científico informacional) como seus veículos principais. Ou seja, a produção do espaço social está ainda subordinada diretamente à lógica urbano-industrial, e a emergência de um novo tecido urbano-natural que lhe seja justaposto ou mesmo sobreposto traz consigo uma miríade de conflitos e contradições.

---

[10] Virtual é aqui usado no sentido lefebvreano, qual seja, do futuro que já se anuncia como parte do presente, do impossível de hoje que será o possível de amanhã (Lefebvre, 1999).

[11] Wachsmuth e Angelo (2018) distinguem uma natureza urbana verde (*green urban nature*) e uma natureza urbana cinza (*grey urban nature*), relacionando-as respectivamente com a "ilusão realista" e "ilusão de transparência" definidas por Lefebvre como manifestações ideológicas em face do espaço concreto.

Em países como o Brasil, diante da fragilidade da democracia e da consequente intensa desigualdade social e econômica (entre outras), onde a população vive mais alienada e impotente em face do seu espaço de vida, a natureza é quase sempre apropriada de forma destrutiva e degradante. Ainda assim, são inúmeras as tentativas de reestruturar o espaço urbano-industrial em bases "sustentáveis", das ocupações urbanas periféricas aos assentamentos dos Trabalhadores sem Terra, das iniciativas estatais ainda tímidas às organizações não governamentais solidárias e/ou de movimentos comunitários ligados à agricultura urbana, particularmente à agroecologia, inclusive na própria universidade, que se volta cada vez mais para trabalhos de extensão integrados ao ensino e à pesquisa.[12]

Portanto, a Trama Verde e Azul proposta para a Região Metropolitana de Belo Horizonte – caracterizada e desenhada mais especificamente nos 11 municípios onde a equipe da UFMG atualizou os Planos Diretores – é uma representação do espaço resultante de um processo de planejamento participativo, dentro dos limites dados a essa participação. Ainda que possa ser tomada como mais uma "ilusão de transparência" (Wachsmuth; Angelo, 2018; Lefebvre, 1991), manifestação voluntarista de certo imaginário tecnocrático, sua proposta foi definida em discussões sucessivas, por alguns anos, com alguns milhares de moradores da RMBH. Aponta para um futuro possível e orienta um conjunto de ações pontuais que se articulam cada dia mais, ainda que não configurem efetivamente um programa ou uma política metropolitana em curso (ainda que proposta nos níveis metropolitano e local e aprovada em lei, em alguns casos). Mesmo não sendo ainda capaz

[12] Daniela Almeida (2015) discutiu a agricultura urbana em articulação com a Trama na tese de doutorado e coordena, com Heloisa Costa, o Grupo AUÊ! – Estudos em Agricultura Urbana, no Instituto de Geociências da UFMG. Outras iniciativas avançam na UFMG: na Faculdade de Economia, o Grupo Colmeia Solidária promove feiras e dá assessoria a grupos de economia popular e solidária; na Escola de Arquitetura, Freitas e Chiquito (2022) usam a TVA como instrumento para discussão de escalas de planejamento e projeto; também na Escola de Arquitetura e na Faculdade de Economia, o programa metropolitano dos Lumes – Lugares de Urbanidade Metropolitana desenvolve, há vários anos, ações ligadas à TVA em municípios da RMBH (Libânio, 2019; Monte-Mór; Libânio, 2021).

de mobilizar a população organizada para sua efetiva implementação, diversas ações nos municípios e na própria universidade vêm dando continuidade à proposta da Trama, construindo um consenso em torno da sua inspiração e referencial. Se a Trama Verde e Azul ganhar força, legitimidade, e corações e mentes, podemos imaginar que a produção de um tecido urbano-natural estará em curso em um futuro próximo, dando efetiva continuidade ao processo de naturalização extensiva. Essa parece ser a virtualidade que se anuncia.

Referências

Almeida, Daniela A. O. Agricultura urbana: isto e aquilo. *In*: Costa, Geraldo Magela; Costa, Heloisa; Monte-Mór, Roberto L. *Teorias e práticas urbanas: condições para a sociedade urbana*. Belo Horizonte: C/Arte, 2015. p. 419-448.

Azalim, Pedro H. C.; Monte-Mór, Roberto L. Por una gestión urbana cosmopolítica: de la naturalización extensiva a los derechos de la naturaleza. *Revista Latino-americana de Ambiente Construído & Sustentabilidade*, v. 3, n. 10, 2022.

Bloch, Ernst. *O princípio esperança*. Rio de Janeiro: EdUERJ; Contraponto, 2006.

Brenner, Neil. *Implosions / Explosions Towards a Study of Planetary Urbanization*. Berlin: Jovis Verlag, 2014.

Brenner, Neil; Schmid, Christian. Planetary Urbanization. *In*: Gandy, Matthew (ed.). *Urban Constellations*. Berlin: Jovis, 2011. p. 10-13.

Castells, Manuel. *A questão urbana* [1972]. Rio de Janeiro: Paz e Terra, 1983.

Costa, Heloisa S. M. Desenvolvimento urbano sustentável: uma contradição em termos?. *Revista Brasileira de Estudos Urbanos e Regionais*, n. 2, p. 55-71, 2000. Disponível em: https://rbeur.anpur.org.br/rbeur/article/view/37. Acesso em: 10 fev. 2024.

Euclydes, Ana C. P. *A hipótese otimista: dialética e utopia das áreas verdes, das áreas protegidas e da trama verde e azul*. 2016. 270 f. Tese (Doutorado em Arquitetura e Urbanismo) – Escola de Arquitetura e Urbanismo, Universidade Federal de Minas Gerais, Belo Horizonte, 2016.

Freitas, Daniel; Chiquito, Elisângela. A Trama Verde Azul da Região Metropolitana de Belo Horizonte como dispositivo de integração entre escalas de planejamento e projeto no ensino de urbanismo. *Paisagens Híbridas*, v. 2, n. 1, jan.-jun. 2022.

Harvey, David. *The Condition of Postmodernity: An Enquiry into the Origins of Cultural Change*. Oxford; Cambridge, MA: Blackwell, 1989.

Lefebvre, Henri. *A revolução urbana* [1970]. Belo Horizonte: Editora UFMG, 1999.

Lefebvre, Henri. *Everyday Life in the Modern World*. New York: Harper & Row, 1971.

Lefebvre, Henri. *The Production of Space*. Oxford; Cambridge, MA: Blackwell, 1991.

Lefebvre, Henri. *The Survival of Capitalism: Reproduction of the Relations of Production*. London: Allison & Busby, 1976.

Lefebvre, Henri. Utopía experimental: por um nuevo urbanismo. *In*: *De lo rural a lo urbano*. Antología preparada por Mario Gaviria. Barcelona: Ediciones Peninsula, 1978.

Libânio, Clarice A. Lumes: lugares de urbanidade metropolitana – planejamento compartilhado e extensão universitária na Região Metropolitana de Belo Horizonte *In*: Encontro Nacional da Associação Nacional De Pós-Graduação e Pesquisa em Planejamento Urbano e Regional, 18., 2019, Natal. *Anais*... Disponível em: https://anpur.org.br/enanpur-xviii/. Acesso em: 10 fev. 2024.

Monte-MÓR, Roberto L. Urbanização extensiva e novas lógicas de povoamento: um olhar ambiental. *In*: Santos, Milton; Souza, Maria Adélia Aparecida de; SILVEIRA, Maria Laura (eds.). *Território: globalização e fragmentação*. São Paulo: Hucitec; Anpur, 1994. p. 169-181.

Monte-Mór, Roberto L. What Is the Urban in the Contemporary World? *Cadernos de Saúde Pública*, v. 21, n. 3, p. 942-948, 2005.

Monte-Mór, Roberto L. Urbanização mineira: precocidades e modernidades. *In*: Boshi, Caio César; Dutra, Eliana de Freitas (orgs.). *Estudos sobre Belo Horizonte e Minas Gerais nos trinta anos do BDMG Cultural*. Belo Horizonte: BDMG Cultural, 2018a. v. 1. p. 293-308.

Monte-Mór, Roberto, Urbanisation, Sustainability, Development: Contemporary Complexities and Diversities in the Production of Urban Space. *In*: Horn, Philipp; Alfaro D'alencon, Paola; Cardoso, Ana Claudia Duarte. *Emerging Urban Spaces: A Planetary Perspective*. Springer E-book, 2018b. p. 201-215.

Monte-Mór, Roberto L.; Libânio, Clarice. Lumes, um instrumento para um planejamento inclusivo e permanente. *In*: Limonad, Ester; Monteiro, João C.; Mansilla, Pablo (org.). *Planejamento territorial: reflexões críticas e práticas alternativas*. São Paulo: Max Limonad, 2021. v. 2. p. 58-82.

Oliveira, Ana M. *A Trama Verde e Azul: transitando entre a abstração e a experiência urbana*. 2019. Tese (Doutorado em Geografia) – Instituto de Geociências, Universidade Federal de Minas Gerais, Belo Horizonte, 2019.

Santos, Milton. *Técnica, espaço, tempo: globalização e meio técnico-científico informacional*. São Paulo: Hucitec, 1994.

Soja, Edward W. *Thirdspace: Journeys to Los Angeles and Other Real-and-imagined Places*. Cambridge, MA: Blackwell, 1996.

stengers, Isabelle. A proposição cosmopolítica. *Revista do Instituto de Estudos Brasileiros*, n. 69, 2018. DOI: 10.11606/issn.2316-901X.v0i69p442-464.

Universidade Federal de Minas Gerais (UFMG). Centro de Desenvolvimento e Planejamento Regional (Cedeplar). *Plano Metropolitano – Macrozoneamento RMBH. Produto 3: Avaliação dos marcos normativos e projetos estruturantes federais, estaduais e municipais referentes ao ordenamento territorial da RMBH*. Belo Horizonte, 2014. Disponível em: http://rmbh.org.br/pt-br/repositorio/temas/mz-rmbh. Acesso em: 10 fev. 2024.

Viola, Eduardo; Leis, Hector. A evolução das políticas ambientais no Brasil, 1971-1991: do bissetorialismo preservacionista para o multisetorialismo orientado para o desenvolvimento sustentável. *In*: Hogan, Daniel J.; Vieira, Paulo Freire (org.). *Dilemas socioambientais e desenvolvimento sustentável*. Campinas: Editora da Unicamp, 1992. p. 73-102.

Wachsmuth, David; Angelo, Hillary. Green and Gray: New Ideologies of Nature in Urban Sustainability Policy. *Annals of the American Association of Geographers*, v. 108, n. 4, 2018. DOI: 10.1080/24694452.2017.1417819.

Habitar a fricção entre Paris e Belo Horizonte

Carlos Antônio Leite Brandão

A mes amis parisiens
P. Caye, F. Furlan, Max, Agnès et Lutèce,
avec l'espoir de vous rencontrer
après la pandemie.

Como Diógenes carregando a sua lanterna, saio por Paris procurando a "origem" da Cidade, tema de pesquisa que desenvolvo junto ao CNPq e à UFMG e cujos papéis me servem de fonte para este texto. Como belo-horizontino que sou, o motivo maior que me leva à rua é fazer amigos e amigas. Fazer e procurar. E quem mais procuro, hoje, um belo dia de outono, é uma vizinha de porta do *studio* que aluguei, na Rue des Ursulines. Suponho que ela seja austríaca ou ucraniana. Onde será que ela toma o seu café da manhã?

Levo comigo um livro que contém fotografias do Quartier Latin tiradas há um século (Radwan, 2008). Encontrei-o numa caixa de papelão ao lado da lata de lixo, na esquina da rua onde moro com a Gay-Lussac. Ele estava disponível para quem tivesse algum interesse nele ou em outros livros que, provavelmente, não mais cabiam na estante de um *studio* pequeno como o meu: a Cidade nutre a si própria, se for generosa e se a sua *paideia* estender-se para os cidadãos e transeuntes que estão fora de suas instituições e bibliotecas públicas. E Paris é uma cidade generosa. Entre os acervos e as estantes de suas bibliotecas, tento alinhavar as razões pelas quais os seres humanos inventaram a Cidade, reuniram-se nela e mantêm-se nela reunidos. Continuo a tentar fazer essa costura também quando saio delas, ao final da tarde, e caio na Rue d'Ulm ou na Place du Trocadéro. Este é o meu trabalho: alfaiatar ideias, regar hipóteses, divagar devagar como Deus ao fazer o mundo: urgente, mas sem pressa.

Que bases nitrogenadas compõem o DNA da instituição Cidade, da qual Paris é um belo exemplo, além do vazio e do silêncio que há entre elas? A Cidade foi inventada. Estamos desinventando-a, penso eu enquanto meus olhos pesquisam um café perto da casa onde moraram Verlaine e Hemingway, na Rue Descartes. A Zobeide, vizinha minha, não está lá. Depois que a ajudei a levar o lixo do seu apartamento para a rua, nunca mais trocamos uma só palavra. As muralhas da minha timidez são da cor ocre (ou será bege?), como a da muralha formada pelo plano contínuo e sem afastamentos laterais das fachadas dos prédios do Quartier Latin. Hoje, a dignidade dessas fachadas e do conjunto que elas formam me encanta. Têm uma beleza moral. É sobre essas montanhas ocres de cinco ou seis andares que eu gostaria de escrever, mas meu imaginário e meus olhos estão demasiadamente guiados pelas rédeas que Eros traz em suas mãos. Cadê Zobeide? A mente belo-horizontina está sempre vacilando, como se estivesse numa esquina sem saber qual rua tomar. Os parisienses, ao contrário, parecem ter poucas dúvidas e não divagar tanto. Eles são mais decididos quando dobram as esquinas do que um belo-horizontino.

No livro que carrego há uma terna dedicatória à mão. A julgar por ela, trata-se, provavelmente, de um presente de J. L. para alguma vizinha sua. Pelo visto e lido, J. L. não era tão tímido quanto eu. Carrego também uma edição de bolso de *Les Femmes savantes*, de Molière, igualmente oferecida ao ar livre por uma mureta próxima do Observatoire de Paris. Pequenos livros como esse servem de companhia para eu ler a minha solidão no bistrô do Max, amigo argelino, aonde vou antes de regressar, com passos de Guimarães Rosa, "para casa, a casa, à casa, em casa", à noite. Como *As preciosas ridículas*, essa comédia do filho do tapeceiro do rei mostra o quanto ainda resta na cultura, no saber e na polidez atuais um verniz "precioso", "ridículo" e "obeso": *Ah! de l'esprit partout!* (Molière, 1971, p. 83). Uma Cidade mais seca e um teatro mais viril, como propunha Platão, retomariam o caráter mineral e pétreo das tragédias de Ésquilo, como *Os persas*, em vez de dar volteios arbitrários como os que temo estar cometendo. Esse caráter mineral e pétreo condiz com a província exportadora de ferro e outros entes oníricos chamada Minas Gerais, de onde eu parti para vir até essas montanhas ocres que me rodeiam. Quem já começa pensando em acabar não pode nem começar, não é mesmo?[1] Pensar é dar voltas, ao menos quando se refere à Cidade. O devaneio ocupa um lugar central nos genes encadeados no DNA da *polis* e da *urbs*, às quais demos o nome de Cidade, *cité* et *ville*, *city* and *town*, *comuna* e *città*, *civitas* e *asty*.

Quando me convidaram para escrever este texto sobre a relação entre França e Brasil, pensei em explicitar o parentesco entre Machado de Assis (1839-1908) e Molière (1622-1673), cujos *Doente imaginário* e *As preciosas ridículas* haviam sido objeto de adaptações que fiz para o Grupo Galpão, no final do século passado, e para o Grupontapé, mais recentemente. Machado citou o comediante francês, filho do tapeceiro do rei, várias vezes. Ambos escreveram "com a pena da galhofa e com a tinta da melancolia", como se lê em *Memórias póstumas de Brás Cubas*. Trilhando esse filão, eu seguiria traçando um paralelo entre Montaigne (1533-1592) e Cyro dos Anjos (1906-1994), cujo *O amanuense Belmiro* é o melhor romance sobre BH que eu já li. Ele começa citando os *Ensaios* do filósofo francês. Outro caminho era mostrar o parentesco entre os traçados de Belo Horizonte e do Jardim de Versalhes: ambos são artifícios com que a régua, o esquadro e o compasso tentaram dominar cartesianamente as curvas e os declives das montanhas e o horizonte infinito. Mas, como as neblinas e nostalgias belo-horizontinas não se harmonizam bem com o jardim projetado por André Le Nôtre (1613-1700), desisti de seguir esse caminho. Por fim, para atender a sugestão feita com aquele convite, pensei em relacionar a filosofia de Deleuze, Guattari e Lyotard com o pluralismo da arquitetura pós-moderna belo-horizontina. Essa arquitetura desviou-se das escolas paulista e carioca, que imperavam na tradição arquitetônica brasileira há 50 anos, e abriu caminhos novos em meio a um modernismo que se embalsamara e banalizara. Os arquitetos belo-horizontinos deram um frescor para a arquitetura nacional nos anos 1980, tal como Niemeyer fizera na capital mineira quando de suas obras

[1] Parodio Alain (1956, p. 281) e seu *propos* "La Soupe de Cailloux": "*Qui ne commence par finir ne sait plus commencer*".

na Pampulha e nos anos 1960. Desisti de fazer tal relação: tenho muitas dificuldades com os filósofos pós-estruturalistas e desconstrutivista herdeiros de Lacan e Foucault e pouco interesse em estudá-los, hoje. O Parc de la Villette foi uma obra que me encantou quando o vi nas páginas de revistas e depois pessoalmente. Ainda me encanta quando lá eu vou fazer piquenique ou nadar no Sena. Mas no texto que me foi solicitado eu não teria fôlego para ir muito além de algumas braçadas.

Saindo pelas ruas do Quartier Latin, deparo-me com as fachadas ocres ou beges de Paris. Tento penetrar nelas e ouvir o que elas me dizem que possa ser útil a este texto, mesmo que isso prejudique um pouco a originalidade do quinto capítulo do Livro I de minha *Genealogia da Cidade*, há quase três anos no prelo da Editora UFMG. Praias imensas desse capítulo esboçado em 2018, ao morar na "Cidade-Luz", poderiam ser trazidas para cá, se o diretor da Editora UFMG me autorizasse. Ele me autoriza, e eu prossigo tentando ouvir o *Om* das fachadas ocres parisienses. A Cidade tem várias portas, e pode-se entrar nela de várias maneiras, além de atravessando as suas muralhas e a imigração dos aeroportos. As fotografias antigas são uma delas. Acostumamo-nos a vê-las com a nostalgia de um "passado passado". Essa nostalgia é a mesma que é despertada pelos retratos dos pais e avós dependurados nas paredes da sala das pequenas casas do interior de Minas Gerais, a interrogarem o visitante e a responderem as dúvidas dos seus moradores e os consolarem. Mas há também "passado presente" e "passado futuro": o fotógrafo que fez essas imagens do livro que carrego em Paris e aquele que as encomendou e retocou queriam destinar o retratado para o amanhã. Se comparadas com fotografias de um século atrás, as ruas atuais de Belo Horizonte pouco ou nada preservaram do que havia nelas. Minha cidade, apesar de recente, muda ininterruptamente, como se ainda obedecesse à ordem que a fundou: a ordem do progresso. Parece que ela ainda está sendo implementada e conquistando o seu sítio. No entanto, ela misturou-se com outras cidades, e não se sabe mais onde ela começa e onde ela acaba. Exceto pelos vestígios da Serra do Curral, ao sul, Belo Horizonte não faz mais soleira com nenhum outro lugar. E, sem soleiras que distingam o "dentro" do "fora", não há algo que se possa chamar de um "lugar próprio" a alguma coisa ou a alguém. O que se tornou permanente em BH foi a provisoriedade de sua *urbs*. Já nem percebemos mais o que nela entra, sai ou se altera por lhe faltarem referências que, tendo se mantido estáveis e atravessado o tempo, sirvam para medir o movimento e a mudança. Sem o jogo entre permanência e mudança, não há cidade nem há qualquer outro tipo de "lugar".

Para dizer a verdade, meu caro leitor, o urbanismo e a arquitetura de BH, de Brasília e de Paris nunca me afetaram muito. À primeira vista, as aventuras em suas avenidas e esplanadas compridas parecem-me previsíveis e cansativas. Prefiro, como L. B. Alberti (1404-1472), as ruas que fazem curvas suaves e que revelam seus lugares pouco a pouco, como a São José, em Ouro Preto, e a rua que liga a porta da cidade de Loreto, na Itália, e a pracinha do teatro junto dela à surpreendente Piazza della Madonna. Essas ruas sinuosas revelam-se devagar, são mais eróticas e desejáveis, têm as texturas, as estrias, os relevos e a profundidade de um claro-escuro que se refaz sucessivamente ao longo de seus corpos. Vestem-se com hábitos de seda que, balançados pela brisa, revelam umas partes do corpo enquanto escondem outras. A luz canta de diversas formas na matéria e na disposição das fachadas dessas ruas sinuosas. Nelas, eu consigo prestar atenção nas pedras que ornamentam o seu pavimento e que, vez por outra, parecem-me a ponto de saltar e dançar. Não me sinto medieval ou romântico por preferir esse tipo de arruamento. Considerada isoladamente, a fachada de um edifício neoclássico ou eclético parisiense afigurava-se monótona, mais como um longo monólogo ou uma lição catequética do que como uma conversa, um canto ou uma dança. O mundo já está repleto de Tartufos, não é mesmo, meu caro leitor? Ao contrário da fachada da Escola de Arquitetura, onde eu trabalho, em Belo Horizonte, essa fachada parisiense não me parecia sorrir. À primeira vista, ela não tem qualquer humor, como a da Sorbonne, faltando-lhe um jogo de cheios e vazados para refinar a luz e "divertir-me". A disposição de sua matéria me soava inicialmente banal, sem design e charme. Não via, a princípio, essa fachada fazer a luz nem dançar, nem cantar, nem sorrir, nem revelar umas partes e esconder outras. Elas me pareciam opacas e impenetráveis, incapazes de emitir o *Om* que tentava ouvir. Ao contrário da arquitetura de Brunelleschi, de Alberti ou de algumas obras modernistas de BH, os ornamentos dessas fachadas pouco revelam os princípios do edifício e parecem desligados de um esqueleto que os justificaria. São como espíritos sem carne: *de l'esprit partout*! Ou carne sem espírito, como a dos músculos de um atleta, como o que vejo tomar café com a minha vizinha, do outro lado do passeio de onde os miro e guardo. Falta-lhes a "graça" e a "inspiração" de dizer algo que seja "originário", de falar sem grandiloquência e sem historicismos e de ser aptos para compor um cosmos onde alguém se sinta à vontade para penetrá-los. São ornamentos heroicos demais para a minha timidez.

Caminhando pelo Quartier Latin, investigo o conúbio possível entre espaço e tempo. Quando ele se dá, um sítio se torna um "lugar" onde se pode "habitar". E o habitar é a minha matéria e a matéria de todos nós. Enquanto penso nisso andando pelas ruas d'Ulm, onde trabalho este mês, e des Ursulines, onde moro, os ornamentos das fachadas e a sucessão de janelas vão se repetindo sob a linha dos telhados. Eles me olham meio que me vigiando e meio que indiferentes, enquanto eu os vejo de soslaio, a 15 graus, desviando-me de linhas tão retas e de esplanadas tão compridas. Eles insistem, e essa insistência refina o meu olhar e estaca o meu passo. Vejo, então, haver outra beleza na montanha ocre ou bege formada pelas fachadas justapostas. Essa montanha tem olhos bem abertos sobre os transeuntes – janelas, varandas, sacadas e balcões – e é composta pela sucessão de fachadas sem afastamentos laterais entre elas, de modo a formarem um só conjunto que parece debruçar-se sobre as ruas e as avenidas de Paris. Essa outra forma da beleza eu não notara à primeira vista. Belo Horizonte é avessa a conjuntos: cada edifício, ao menos os mais recentes, quer se mostrar como se fosse um *self-made man*. Mas um *self-made man* não sabe inventar nem habitar a Cidade, pois crê não precisar dela, sobretudo daquela onde ele mora.

Através de suas janelas e seus balcões, as fachadas contínuas de Paris invertem o jogo que faço com elas: são elas que me examinam no momento mesmo em que as vejo. Edifícios que envelhecem bem, esses sim, tocam-me. Além da minha vizinha, é uma das coisas que mais admiro em Paris. Mire e veja: eles conquistam uma beleza, uma dignidade e um decoro admiráveis ao se obstinarem em enfrentar o *tempus edax rerum*, "o tempo que devora tudo", e resistirem ao desgaste do seu uso por gerações sucessivas. Gratas pelo uso que os edifícios lhes permitem, nobreza correspondente é conferida às gerações que cuidaram deles e os mantiveram cotidianamente, de modo a permitir que eles chegassem sãos e salvos até nós. Os parisienses sabem do valor de sua capital e são gentis com ela.

Talvez nem eles mesmos percebam isso. Há um respeito recíproco entre as construções e aqueles que investiram muito trabalho para erguê-las e mantê-las. Isso é raro no Brasil e em Belo Horizonte, onde a Cidade é vista mais como um resíduo dos espaços privados do que como a sede de um espaço público. Cuida-se pouco dela e dos seus edifícios, praças e parques.

Comparemos os retratos do prédio onde ficava o Hôtel des Étrangers, na esquina da Rue de l'École de Médecine com a Rue Racine, ou o conjunto urbano formado no cruzamento das ruas Monsieur le Prince, Médicis e Boulevard Saint-Michel ou a Rue de l'Ancienne Comédie, que abriga o mais antigo café de Paris, o Le Procope, fundado em 1689, e por onde passaram Voltaire, D'Alembert, Rousseau, Danton, Marat, Robespierre, Bonaparte, Sand, Musset e Balzac.[2] Sinto aí também a presença de Molière e Montaigne andando na companhia de Machado e Cyro. Eles capturaram os homens tais como eles são para fazer disso a matéria-prima do seu humor galhofeiro, cético e melancólico e de suas "filosofias da suspeita". Ir até esses lugares é reencontrar tais personagens e ver como as construções suportam o tempo, tempo que lhes dá a beleza, o decoro e o ornamento que não são percebidos pela estética sensorial da "carne sem espírito" e das arquiteturas narcísicas que nos encantam nas páginas dos magazines, antes de elas se tornarem enjoativas e banais. Há uma *durée* do tempo, como observou o filósofo francês Henri Bergson (1859-1941), que só se revela na simpatia e na reflexão paciente que essas construções exercem sobre nós, e não à primeira vista. São edificações aptas para suportar essa *durée*, ao contrário da maioria das feitas nos últimos 50 anos pelo mundo afora, as quais ou ficam combalidas depois de um decênio ou menos de uso ou exigem recursos de manutenção maiores do que os da sua construção. Já carregamos pesos demais nesta vida, não é, leitor? Não conviria diminuí-los?

Suportar a "duração" e a história significa suportar a vida com suas mudanças e seus movimentos, e não petrificá-la e enrijecê-la. A generosidade dos conjuntos formados à beira das ruas parisienses, e de outras cidades francesas, emudece a grandiloquência que poderia ser emitida por cada edifício tomado isoladamente. Como a presença "silenciosa" de

---

2 Cf. Radwan (2008, p. 18, 70, 79).

uma montanha, essa "serra de prédios, pedras, tijolos e vidros" suporta tanto a voracidade do olhar dos turistas, a impaciência dos imigrantes à espera do visto, a inclemência do sol e a fúria do temporal que cai sobre Paris neste momento quanto as placas molhadas que persistem informando: aqui se reuniram os revolucionários de 1789; aqui Sartre, Simone e Apollinaire beberam; aqui moraram Delacroix, Durkhéim, Valéry; aqui, nesta casa, Jean de Meung compôs *Le Roman de la Rose*; aqui havia uma terma romana; aqui havia um museu, uma catedral gótica e o acervo de uma nação que foi incendiado pela incúria humana; neste cais Anne Frank escreveu seu diário; aqui trabalharam Pierre e Marie Curie; por esta escola passaram Pasteur e Hugo tentando adivinhar o que gostariam de ser quando crescessem.

Há 100 anos, à frente ou abaixo dos prédios, homens de bigode posaram para que uma câmera os enviasse até nós por meio de um livro de fotografias descartado perto do meu *studio*. Outros, também de bigodes, passaram correndo com um guarda-chuva no Boulevard Saint-Michel ou registraram as manchas deixadas quando o Sena inundou a Rue Hautefeuille, em janeiro de 1910. Sob as vistas desses prédios dispostos ombro a ombro, *grisettes* cruzavam as ruas para ir ao Jardin du Luxembourg, onde meninas e meninos compreendiam a urbanidade, *urbanitas*, ao competirem, brincarem ou narrarem histórias junto do Père Guignol. Os games eletrônicos e as séries de TV não são capazes de ensinar isso e, agora, temos de inventar regras de etiqueta e do que, circunstancialmente, é "politicamente correto". O ancião que hoje toca harpa no metrô de Paris deve ter sido um dos meninos que ouviram uma harpa ser tocada pela primeira vez naquele Jardin.[3] Ao fundo desses personagens de um século atrás, a montanha ocre de tijolos, pedras e esquadrias parece imóvel com seus olhos abertos, se não nos movemos no passeio. Ocre, bege ou branco-gelo? Não sei bem, leitor. Sou meio daltônico e contento-me com ocre. Essa montanha olha para baixo e para o horizonte, mas já encontrou aquilo que ela, um edifício composto, queria ser. Os coroamentos dos prédios – horizontais, inclinados, balaustrados, em cúpula ou com

---

3 Cf. Radwan (2008, p. 38, 50, 85, 99-107, 157).

mansardas – formam um conjunto que sustenta o céu. Compreendo finalmente que essas construções não dizem nada e de pouco servem à semiótica e a superinterpretações. Elas estão apenas presentes, dadas e previamente doadas para que possamos existir e nos educar por meio delas. Antes de sermos lançados ao mundo e na história, nascemos numa casa, numa região e numa cidade.

A estrutura edificada de todo o Quartier Latin é quase igual à de 100 anos atrás, mesmo quando o retrato parece ter sido tirado após uma guerra ou um bombardeio, como o que vejo num bistrô da Rue de L'Abbé de L'Épée. Isso é praticamente impossível de se verificar em qualquer bairro, rua ou esquina de Belo Horizonte. Não há nisso uma crítica à cidade onde passei a adolescência e a vida adulta, pois se trata de contextos incomparáveis em quase todos os aspectos, à exceção do traçado urbanístico "barroco".[4] A comparação entre as fotos do passado belo-horizontino e as de hoje documenta a impermanência, e não a durabilidade e a continuidade. Não vemos um "lugar" que irmane tais fotos em BH, mas apenas retratações de sítios sem relação entre si, como instantâneos desgarrados uns dos outros. Não há espaço-temporalidade que as encadeie e moldure o vivido, até quando retratam a mesma esquina, o mesmo quarteirão, o mesmo sítio: são dois presentes, o de ontem e o de hoje, sem passado nem futuro, que não duram mais do que o clique do fotógrafo, sem *durée*, sem continuidade, sem estabilidade, sem a duração que é necessária, tanto quanto o uso, para a familiaridade e a harmonia que convertem em cosmos o caos à nossa volta. Tais instantâneos não apenas são estranhos entre si, mas também são estranhos para nós. São

---

4 Sobre o parentesco entre o traçado urbanístico do barroco francês e o de Belo Horizonte Beatriz Magalhães e Rodrigo Andrade (1989, p. 133) esclarecem: "A construção da sede do governo de um Estado significativo do novo regime [republicano] vai inaugurar a prática da visualização pública do poder no país emergente e a analogia com a renovação do espaço da cidade capital no período do fortalecimento dos Estados Nacionais pode ser feita com facilidade. Esse é o aspecto barroco primordial que se pode detectar na criação de Belo Horizonte, ao que vão se acrescentar as características, também barrocas, de sua configuração espacial. O *L'État c'est moi* do monarca absoluto se traduzirá aqui por *O Estado somos nós* das oligarquias representadas no poder, quando a *Cena Trágica* e barroca de Belo Horizonte substituir a *Cena Cômica* e medieval de Ouro Preto".

como cartões-postais enviados por engano pelo passado e pelo presente por remetentes completamente desconhecidos. Sem essa continuidade e estabilidade, não percebemos o movimento e a passagem do tempo e não percebemos que a cidade mudou, pois o que temos são duas cidades totalmente distintas e incomunicáveis. Também não percebemos o movimento e o tempo, pois não há movimento e tempo sem a estabilidade que o *décor* da arquitetura proporciona. Talvez por isso a conjugação dos verbos deste capítulo penduleie entre o passado e o presente: estou em 2018 ou 2021, agora?

As rugas e os traços da vida e da história de uma cidade e de uma rua, e não de um só momento delas, inscrevem-se, compõem-se e se imobilizam, para além do provisório, ao longo dos rostos das fachadas em suas margens direita e esquerda. O que há de verdadeiro nessa história edifica outro tipo de beleza, uma beleza que é acentuada por ornamentos, tais como as placas informativas da história da edificação, a assinatura de quem a projetou ou construiu, as esquadrias restauradas ou substituídas e outras modificações pequenas e necessárias, mas que nunca desfiguram o rosto no qual se inserem. Esse rosto é o que nos permite reconhecer a identidade que une o que foi, o que é e o que será, como os traços na face humana. É para o futuro que se projeta o retrato daqueles personagens de bigode ou de chapéu em frente ou sob os prédios de Paris, assim como é para o futuro que se lançam as obras de arquitetura, mesmo as neoclássicas e ecléticas, por mais que elas, por falta de opções da época quando foram projetadas, mirassem-se em um estilo passado. Elas documentam uma maneira de a Cidade ser através da história, e essa maneira enquadra suas mudanças e seu movimento: o ordinário delas é o que permite vir a acontecer algo até extraordinário. Quando tudo parece extraordinário e espetacular, como Las Vegas, Dubai ou as páginas das revistas sobre a arquitetura contemporânea, nada mais temos do que um novo tipo de banalidade. A *urbs* é o retrato que a *polis* faz de si, hoje ou um século atrás, para o amanhã.

O que encontro, então, na montanha ocre formada pelas fachadas? O tempo. Pediram-me para falar da arquitetura e da filosofia contemporânea, e tudo o que encontro nelas é o tempo em ato de resistir a si próprio e às intempéries naturais e humanas. “Antes de ser lançado no mundo o homem é situado no berço de sua Casa”, escreveu Bachelard em 1957, n'*A poética do espaço*.[5] Nascemos em um lugar, antes de sermos projetados para fora dele, no espaço e no tempo. Esse livro de Bachelard me ensinou a ver uma geometria de esperanças, devaneios, memórias e lembranças ativar o espaço mais do que a geometria da régua, do esquadro e do compasso que cortaram as colinas de Versalhes e a Serra do Curral, que demarca o limite sul de Belo Horizonte. Não há habitar sem essa geometria que cunha o espaço abstrato com aquilo que foi vivido e se espera viver. No meu caso, uma esperança de viver até mesmo sem a companhia da minha vizinha de porta, ela sim uma "abstração". Com Bachelard (1884-1962), e depois com Merleau-Ponty (1908-1961) e com o norueguês Norberg-Schulz (1926-2000), comecei a aprender que a arquitetura e a cidade são as moradas do tempo passado, presente e futuro, tanto quanto as do espaço. Pelas ruas da cidade, diria o arquiteto L. Kahn, os pedestres aprendem um jeito de andar, os modos de cumprimentar uns aos outros e até, se for uma criança, a descobrir aquilo que ela gostaria de ser ao crescer. É a experiência do "habitar" um Tempo e um Espaço conjugados a que nos faz sentir-nos verdadeiramente humanos e mortais. O Espaço e o Tempo formam uma unidade indivisível, como o Tao do *yin-yang*. O Espaço curva-se ao Tempo. O Tempo é cunhado pelo Espaço.

A segunda e longa estadia em Paris deu-me saudades de Belo Horizonte, de meus filhos, de minha casa e da esposa que eu ainda tinha em 2018 e que me largou no ano seguinte, talvez por eu ser excessivamente melancólico e levar a vida de um modo muito pouco prático. Por ser aquilo que é e pela saudade que me despertou de BH, a capital francesa, suas bibliotecas e suas montanhas ocres mostraram melhor para mim o que é o "habitar". Norberg-Schulz definia o habitar como ter um "lugar-próprio".

---

[5] "*Avant d'être jeté dans le monde, l'homme est placé dans le berceau de sa Maison*" (Bachelard, 1957). Na edição brasileira, traduzida por Antônio Leal e Lídia Leal, lemos: "Antes de ser 'atirado ao mundo' como o professam os metafísicos apressados, o homem é colocado no berço da casa. E sempre, em nossos devaneios, a casa é um grande berço. [...] A vida começa bem; começa fechada, protegida, agasalhada no seio da casa" (Bachelard, [s.d.], p. 23). Essa frase também serve para Norberg-Schulz introduzir suas considerações sobre o papel da casa na construção do habitar integral. Cf. Norberg-Schulz (1985, p. 89).

Ele tem razão, e mostrarei isso, em companhia da minha vizinha loura de olhos azuis e do pequeno Knut, quando for publicado o referido capítulo de *A genealogia da cidade*, do qual, repito, sirvo-me aqui. Por ora, no entanto, prefiro definir o "lugar que habito" como aquele com o qual eu "renasço". Por isso habito a minha casa, em Belo Horizonte. É nela que renasço todas as noites, quando para ela retorno depois de vividas as aventuras e frustrações do dia, das ruas e das viagens. É nela que também renasço todas as manhãs, depois de ter cavalgado sonhos dos quais nunca me lembro, tentando emendar a cabeça e o corpo recém-despertos àqueles que eu tinha ontem e às tarefas que restam cumprir hoje e amanhã.

Habitei Paris; Paris habita e sempre habitará em mim, como o resto da França que ela traz ao seu redor e como o traje justo com que a minha vizinha toma o seu café, do outro lado da rua, alheia ao *voyeur* que a vê através das lentes grossas de seus óculos. A gente "habita uma Cidade" quando ela começa a entrar em ressonância com outra que ficou para trás e com aquela que desejaríamos encontrar mais à frente. É como a musa de olhos verdes que me acompanha desde quando eu era estudante de Arquitetura em Belo Horizonte. É ela quem, na verdade, reverbera na vizinha que vejo tomando café, de blusa branca e minissaia preta. É a silhueta dessa musa da minha adolescência o que, na verdade, persegue-me desde o meu futuro. Não digo nem para mim mesmo o nome dela, para não a perder dentro de mim ou por medo de convertê-la de musa em mulher, de carne e osso. Tenho receio também de que a pandemia que me confina em casa neste início da década de 2020 me impeça de rever Paris e os amigos a quem dedico este texto, à distância.

Habitar não é estar abrigado entre tetos e paredes ou em um nicho ecológico, como designamos os hábitats naturais das plantas e dos animais, mas encontrar o nosso "próprio lugar" dentro de um mundo em-comum e "co-nascer" com ele, modelando-o e sendo musicalmente modulado por ele. Por isso, é importante que esse "lugar", como faz Paris, ofereça-nos várias possibilidades de ser. Para tanto, temos de habitar três níveis: o do "mundo comum", coabitado por todas as pessoas e no qual ocupamos um lugar; o do nosso pequeno "mundo pessoal e privado", no qual habitamos nós mesmos; e, entre esses dois níveis, o do "mundo público", compartilhado pelas pessoas que têm valores fundamentais em comum e acordados, ou seja, pelos cidadãos. O espaço da Cidade, a *urbs*, corresponde àquele primeiro nível do habitar. O espaço público corresponde ao nível intermediário entre o "comum" e o "privado". O espaço da casa e do lar corresponde ao nível pessoal. Nós habitamos, moldamos e edificamos esses três mundos e, reciprocamente, eles nos moldam e nos edificam. O habitar requer algo tanto de nós quanto do mundo que "co-nasce" conosco e com nossos movimentos. Conhecer e atravessar esses três mundos e suas "soleiras" é fundamental para encontrarmos o "lugar próprio" e a nossa identidade e para conhecermos nós mesmos. Dentro dessa moldura transcorre tanto a vida da Cidade, a vida pública e a vida privada presentes quanto também as vidas herdadas do passado e as que lançamos para o futuro. Alberti diria que tetos e paredes são "lugares" porque nos providenciam as reuniões que devemos fazer com a humanidade em geral, com a comunidade na qual estamos acordados, conosco mesmos e com as recordações que os "ornamentos" imantam em nossa "morada", atrás das montanhas ocres e das cortinas que fecham os seus olhos.

Em frente a essas montanhas, vejo-me na urbe parisiense, confronto a minha diferença com os outros e provo as possibilidades de conhecimento e aprendizado que ela me oferece e que, muitas vezes, minha timidez desperdiça. Mesmo assim, as montanhas ocres me colocam "em reunião" com as outras pessoas, tal como elas faziam com os personagens de bigode e chapéu que pousaram para um retrato que me chegaria às mãos um século depois. Essas estruturas arquitetônicas e urbanas me ligam também aos que me precederam e aos pósteros. A Cidade reúne as pessoas e a paisagem em torno dela, como BH faz com a Serra do Curral.

O monumento público congrega um destino, uma história e os genes da Cidade que são compartilhados pelos concidadãos. No nosso lar, o ornamento reúne o mundo e a história privada. Quando os ornamentos se encontram dispersos na Cidade ou na Casa, sem falarem entre si e sem "se reunirem" entre si, com simpatia, a morada se dispersa. Belo Horizonte é exemplo dessa fragmentação, uma fragmentação que as leis de uso e ocupação do solo tentam evitar que ocorra em Paris. Na frente das fachadas parisienses vejo-me no passeio, a fumar, inserido no campo comum da visibilidade que elas traçam entre eu, um goliardo contemporâneo e tímido, e os outros. Nesse campo balançam tanto os cabelos louros da musa inominável em ressonância com os da minha vizinha de porta quanto o longo rabo de cavalo da garçonete do café onde faço meu desjejum antes de ir para a biblioteca da ENS, na Rue d'Ulm. A familiaridade com uma cidade constrói-se aos poucos e com recato, como a amizade.

Paris ensina a urbanidade de que carece Belo Horizonte, uma capital ainda nova, mas já envelhecida. As montanhas ocres da capital francesa não são apenas o resultado de ações construtivas passadas, mas também um código genético que educa uma maneira de ser no mundo e de habitar nela. Mais do que ajuntar as pessoas em seu colo, elas fazem com nos vejamos e nos camparemos uns com os outros, como se em volta de uma mesa de bar ou no coreto de uma praça, como o da Praça da Liberdade, em BH. A "reunião" da *polis* permite as coisas, as pessoas e as nossas possibilidades apresentarem-se, refletirem entre si e, pela diferença e diversidade preservadas, esclarecerem-se, distinguirem--se reciprocamente e traçarem um fundo comum e acordado sobre o qual figurarem, como o das fachadas parisienses. Não se trata de mera justaposição de coisas, construções e fachadas amontoadas umas sobre as outras, como no depósito cinzento e sem fim da paisagem da Los Angeles de *Blade Runner*, ou sucedendo-se solipsistas como na Avenida Paulista e nas arquiteturas contemporâneas da Arábia Saudita ou da Ásia, ou entrincheirando-se nos condomínios fechados como os que se multiplicam em Belo Horizonte e outras metrópoles brasileiras. Coisas, ornamentos e prédios devem "comedir-se" entre si. Uma criança escolhe o que será quando crescer quando compara os vários ofícios refletindo-se e "co-medindo-se" diante dela. É por comparação que ela escolhe, e, para que haja essa comparação e esse "co-medimento", a diversidade tem de estar presente. Os prédios devem conversar e ser amigos entre si, para que os homens também o sejam. Esse "co-medimento" aprende-se tanto com os prédios da Cidade-Luz quanto no capítulo sobre os selvagens descritos nos *Ensaios*, de Montaigne, cuja estátua vejo passar por mim, perto do Collège de France e da Sorbonne, em companhia de Cyro dos Anjos. Sem esse comedimento, não há nem um habitar nem um "lugar próprio" no meio da floresta de prédios e monumentos.

As velhas fotografias do livro que achei na esquina em frente ao bistrô do Max, meu amigo argelino, colocam em correspondência a continuidade do tempo e a continuidade do espaço. Essa continuidade espaçotemporal mantém os homens reunidos e sustenta a possibilidade de escolher um caminho, entre os variados percursos que a *urbs* me oferece, para desviar-me da vizinha que termina o seu café no bar do outro lado da Gay-Lussac. "Amor preso range na boca e tem vontade de fim."[6] Dizia um amigo meu que a vertical na arquitetura é igual a uma mulher bonita: a gente vai andando sem parar, "pré-ocupado" e aflito até que passe uma mulher bonita, como a vizinha dele. Aí, ele dizia, a gente ralenta o passo para observar, repousar, ver e até, se for o caso, cantar, dançar e sorrir, ainda que só na morada da alma: "a beleza é [o] fundamental", dizia ele parodiando Vinícius de Moraes (1913-1980).

Devo retomar meu caminho e retornar à casa para reabrir outro tipo de percurso, outro tipo de destino e outro encontro. Ando sobre o desenho das ruas que me levam para casa e sob as fotografias que trago debaixo do braço.

Para nascermos de novo na Cidade e andarmos por seus percursos variados e diferentes, trocamos a segurança do lar por outras jornadas e experimentamos o mundo em-comum sem o qual não temos um "lugar próprio" e apropriado. As *gated communities* e os condomínios fechados que proliferam em Belo Horizonte priorizam exclusivamente a segurança e o conforto privado. Paris ainda prioriza a liberdade. Ela nos convida permanentemente a sair das bolhas nas quais as comunidades fechadas e os guetos nos obrigam a ficar. Paris é, por excelência, uma cidade avessa à pandemia do isolamento. O interior do *studio* ao qual regresso tem poucos ornamentos familiares. Apenas os retratos dos meus filhos e dos netos que espero ter. Como um lar, ele "reúne" as aventuras do dia às certezas e incertezas que carrego pela vida afora. A casa sou eu, e ambos somos partes do mundo mais vasto onde me aventuro. "A casa é uma pequena cidade e a cidade é uma grande casa", repetia Alberti. Mas nem tanto: o modo como habitamos a casa complementa os modos como habitamos o espaço público, a Cidade e o mundo, mas não é igual a eles. Gosto das estações bem definidas, como ocorre na Europa. E também gosto da distinção sutil que a *polis* deve estabelecer entre o espaço urbano e o espaço do lar. No lar eu elaboro a resposta que devo dar à interrogação da

---

[6] Parodio Guimarães Rosa (1972, p. 51): "E a vontade de fim, que me ora vinha ranger na boca, me levou num avanço".

Cidade e do mundo. E essa resposta não é tão evidente em uma cidade onde se perde o sentido do habitar, seja na morada privada, seja no espaço público e na Cidade em torno dela. Gostaria muito de que Belo Horizonte aprendesse esse sentido, mas ela é, como disse, uma capital ainda nova se comparada com a da França. Espero que o leitor a compreenda.

Examinando as fotografias de Paris, vemos algo permanecer estável nas suas feições, atrás das mudanças aparentes e de suas fachadas. Essa *stabilitas loci* é essencial para a constituição de um lugar específico dentro do espaço homogêneo e geral da Cidade, da paisagem e dos territórios, pois é ela a condição de sua identidade. A Cidade, antes de ser uma obra de arte, em que pese o título de famoso livro de G. C. Argan,[7] é um equipamento que, como outros instrumentos que usamos diariamente, dão uma estabilidade necessária à nossa vida comum e em comum. A cadeira na qual assento e a mesa sobre a qual escrevo, este computador e essa tesoura, este sapato e essa mochila que jogo no canapé quando retorno ao meu *studio* conferem uma estabilidade e uma familiaridade ao meu cotidiano e não chamam a atenção sobre si mesmos. A Cidade também cumpre essa função. Entre ela e o edifício onde moro há uma soleira que marca a transição entre dois espaços e dois modos de estar no mundo, como em Paris. Entre Paris e Belo Horizonte também havia uma soleira quando fui para ela buscar, com a ajuda de Pierre Caye e Agnès, a "genealogia da Cidade", como um Diógenes com sua lanterna, em meio a ruas e praças, bibliotecas e bistrôs. Expectativas e encontros interessantes são o que a Cidade mais promete, sobretudo para quem foi parido em uma pequena cidadezinha do interior de Minas Gerais e foi devotado a Santo Antônio.

Chegar a algum lugar não é cair de paraquedas nele, mas atravessar uma soleira para ir ao encontro de algo ou alguém que está em outro lugar, como a minha austríaca ou ucraniana Zobeide. Talvez a tua vizinha,

---

[7] *Storia dell'arte come storia della città* (Roma, 1983). "A cidade não é uma obra de arte", foi o título de conferência que pronunciei no Curso de Gestão do Patrimônio Histórico e Cultural da UFMG, em Tiradentes, Minas Gerais (Hotel Mãe D'Água, 26 fev. 2011). Espero publicá-la em breve, para nuançar um pouco algumas interpretações, a meu ver equivocadas, desse título do livro do excepcional historiador e crítico da arte e da arquitetura Giulio Carlo Argan.

meu caro leitor, também esteja por lá. Mas vá devagar e não seja afoito. Divagar devagar. Faça a passagem entre um lugar e outro e experimente a soleira entre o que ficou para trás e o que se adentra. Ao serem expulsos do paraíso, Adão e Eva foram os primeiros que atravessaram uma soleira e viram haver um "dentro" e um "fora", que se avizinham. Quando eu vim para Belo Horizonte, lembro-me de chegar pelo seu lado sul. Sentado atrás no banco do carro do meu pai, uma Variant, vi a Cidade aparecer, emoldurada pelo viaduto de Nova Lima. BH se apresentava para mim. Essa experiência da passagem não existe mais, pois a BH se esparramou e foi ao aquém do viaduto, por onde eu passara, e ao além do meu olhar. Dentro em breve ela estará misturada com Juiz de Fora e São João Nepomuceno. Um menino que vier dessas cidades do interior de Minas acabará sem chegar a um "outro" lugar, sem sair do "mesmo" que se esparramou como o líquido de um jarro quebrado ou como uma barragem que se rompeu, como a de Brumadinho. Num mundo sem limites e cheio de trincheiras, é impossível fazer contato com vizinha alguma, pois ela estará sempre falando no celular, correndo, viajando ou trancada na bolha onde as "máquinas celibatárias" nos colocaram. Em um mundo sem soleiras, não há mais nem vizinha nem vizinhança.

Entramos na Cidade como em um corpo estranho. Tentamos descobrir, inutilmente, como conquistá-la e desnudá-la. Cada uma tem a sua própria chave. A Cidade é um mistério que sempre nos escapa das mãos, como os raios de sol por entre os dedos quando tentamos prendê-los. Andamos por suas ruas e nos estranhamos nos primeiros dias em que ainda não reinventamos o nosso cotidiano nela. Alguns dias mais tarde começamos a nos reconhecer, a saber onde comprar frutas frescas e lavar a roupa, a cumprimentar e agendar encontros, a escolher um banco no jardim ou na praça onde ler e ver as estações se sucederem bem definidas, aonde ir para beber em paz depois de passar o dia inteiro confinado entre as estantes de uma biblioteca e para ver as pessoas passearem. A "rua" é a célula básica da *urbs*, tal como o cidadão, e não o indivíduo, é a unidade básica da *polis*, a julgar pelo que aprendi andando com o livro de fotografias do Quartier Latin. Mora-se em casa e "demora-se" na rua, não é? A liberdade oferecida pela rua refere-se ao domínio que conquistamos sobre nós mesmos, a um autoconhecimento e a uma exploração de nossas possibilidades, como cidadãos e como *res publica*, feitos sob a norma da urbanidade, do diálogo e do decoro. A Belo Horizonte de onde eu vim é atravessada por gritos e carros que passam com o som alto a noite inteira, como se fôssemos obrigados a sofrer a invasão que eles fazem sobre o universo íntimo da casa. Sob trajes *softs* e *hi-techs*, a barbárie tem preponderado sobre a urbanidade, em Belo Horizonte. É verdade que o mundo continua dentro da casa, mas aí ele é "domesticado" por ornamentos e símbolos conjugados com as panelas, com as roupas no armário, com a escova de dente e com o leito onde se faz amor. A rememoração do mundo aí se "refina" em referências que são revisitadas e ajudam a compreender melhor as aventuras do seu exterior. Na casa, o conhecimento do mundo amadurece o "autorreconhecimento" latente naquelas aventuras. Esse "refinamento" não é permitido quando o mundo – em vez de passar pela "soleira" da porta e das janelas e pela concentração simbólica providenciada pela morada – violenta o privado através do *écran* da televisão, do celular, do computador, das gritarias e do som dos carros que passam de madrugada sob a janela. Até o amor fica, então, à deriva no leito invadido.

O(A) amado(a) e a Cidade são objetos de uma permanente reconquista. Nunca são possuídos para sempre, pois eles voltam à terra e ao silêncio, tal como o conjunto das fachadas ocres parisienses sob o qual eu corro para comprar cigarro antes que a tabacaria feche. As aventuras que me levaram de BH para Paris e do meu *studio* para as ruas ganham sentido quando atravesso, simultaneamente, as soleiras do espaço e do tempo. Um ambiente fricciona o outro, tal como a imagem da musa que me acompanha desde a adolescência (eu era estudante de Arquitetura) e desde o futuro é friccionada com a da vizinha que não tornarei a ver, uma vez que ela terá regressado à sua terra e ao seu silêncio. A transespacialidade é a face inseparável da transtemporalidade em que vivemos sempre. Atravessamos soleiras diversas e friccionamos ininterruptamente o que somos ao que fomos e ao que gostaríamos de ser. Quanto mais as atravessamos, mais desvelamos aquilo que "se-quer-ser". "Queremos-ser", assim como o edifício e o tijolo querem Ser. O tijolo quer ser arco, o arco que já estava latente nele. A Cidade, ao edificar a dialética entre "recolhimento" e "exposição", "privado" e "público", leva o barro do qual nascemos a reconhecer o arco que habita silenciosamente nele. Ela nos leva a inventar ou a rememorar a *structurans* que deve estar além das zilhentas formas *structuratas* aparentes da Cidade, tal como a vizinha Zobeide rememora Lutécia,[8] a minha musa de BH, que agora ouso nomear. Helênica, Lutécia tem olhos de Capitu, mas verdes como o mar que não existe nem em Paris nem em BH. Zobeide só serviu para despertá-la em mim, aqui em Paris. Por isso apaixonei-me por ela; mas Lutécia é imbatível. Ela é a referência feminina que ainda me (des) orienta. Apaixonamo-nos por uma cidade quando ela desperta a Cidade que trazemos adormecida em nós, pedindo para ser despertada. Apaixono-me tão facilmente que fica difícil amar concretamente alguém, sofro de "perdências" e "despertencimentos" sucessivos, como todo aquele que vive para a musa que pende no quarto do seu imaginário.

Lutécia me diz que a fricção que fiz entre Paris e Belo Horizonte é injusta com a capital mineira. Respondo-lhe que a crise civilizatória mundial fere menos Paris do que Belo Horizonte, uma capital juvenil onde a urbanidade ainda é a haste tênue de um caule que a custo tenta soerguer-se da terra do vaso, como os do pequeno pé de jequitibá que plantei e da rosa que ganhei. Pegando a minha mão esquerda (a direita continua segurando a lanterna de Diógenes a buscar a "origem" da Cidade), Lutécia me desvela a Serra do Curral vestida com a luz dourada do poente. O horizonte de Belo Horizonte foi feito para o sol penetrar nele e *arroser les âmes*. Quando transposto para BH, o verbo "*arroser*" passou a significar para mim tanto regar plantas quanto ver o mundo tão róseo quanto a cor que tinge os lábios de Lutécia, a minha "musa helênica". Ela – que foi musa de muitos, mas por pouco tempo, enquanto de mim foi pela vida inteira, como Beatriz para Dante – mostra-me o céu estrelado sendo estendido como um lençol quando a noite cai. Na Cidade-Luz não se consegue ver nem as constelações nem a distância silenciosa entre elas. Com o lápis dos meus olhos traço as linhas que, unindo as estrelas como pontos dispersos no lençol do céu, desenham epopeias cometidas e em vias de cometer. O progresso em Belo Horizonte foi misturado com as neblinas que vieram de Ouro Preto para a nova capital desenhada por Aarão Reis (1853-1936). E daqui nunca mais saíram. Por isso, anda-se em Belo Horizonte como sobre nuvens, e não

8 Lutetia (*Lutèce*, em francês) era o nome antigo de Paris. Em latim, "*lutetia*" significava "cidade do pântano, do brejo, da lama", e essa foi a designação dada a essa localidade até que o rei Clóvis, ao final do século V, decidiu fazer dela a sede do seu reino.

apenas sobre o minério de ferro de suas calçadas. Anda-se por ela como um manco: "uma perna bate com dureza no piso do presente; a outra procura um apoio nas pedras antigas" (Campos, 1971, p. 11).

Esse modo de andar compensa, na alma, a ortogonalidade com que BH foi traçada. E faz isso de forma tão sutil que nem os magníficos jardins du Luxembourg e des Plantes conseguiriam reproduzir esse balanço sobre o Plano Haussmann (1809-1891). Lamento que tanta sutilidade ainda não tenha encontrado um modo de evitar o exílio da urbanidade e da civilidade que germinavam em BH. Em Paris, feita de linhas retas e *rond-points*, caminha-se decididamente para frente, como se não se escapasse nunca dos seus longos bulevares nem fosse aceitável qualquer desvio. Em BH, mesmo nos *rettifili* de suas principais avenidas (Afonso Pena e Amazonas), caminhamos sempre como se estivéssemos dobrando esquinas. BH é a "cidade das esquinas", local preferido por seus inúmeros bares e botequins. Essas esquinas são de diversos tipos, e não são só as formadas pelas ruas e pelo encontro do ferro com a neblina. São, por exemplo, as esquinas da metrópole cortada pelo cerrado, pelo sertão e pelos currais de onde eu parti. São essas esquinas e essa mistura de odores que experimentamos no Mercado Central, por exemplo. Não vejo como Guimarães Rosa pudesse brotar em outro lugar. Isso não faz de BH nem melhor nem pior do que a capital francesa. Apenas diferente. Quanto mais habitamos lugares, tempos e culturas diferentes, se possível simultaneamente, mais urbanos somos. Em BH não há tantos monumentos turísticos. Navega-se por ela com menos faróis a nos guiar. Vai-se à igreja mais para orar do que para a visitar e fotografar, às escolas tradicionais para estudar, às velhas casas porque nelas ainda moram alguns amigos e aos botequins mais pelo prazer de "demorar" neles com os companheiros de prosa e gole do que por algum concurso gastronômico ou outro apelo midiático. Pouco sabemos das celebridades que frequentaram os bares e cafés de BH, ao contrário daquelas registradas nas paredes do Le Procope, onde eu como meu *coq au vin* preferido quando sobra algum dinheiro no final de semana. Isso faria Belo Horizonte uma cidade mais sensual para J. Gracq?

> A ausência de belezas arquitetônicas e monumentais a reverenciar torna a cidade sensualmente mais próxima para mim: os lugares que preferimos em um corpo que nos é amigável são aqueles sem ligação com os

> cânones da estética. Ainda hoje, a meu ver, a cidade é povoada não por lugares célebres, mas por lugares onde amo me deter, às vezes (tanto o presente quanto o passado se misturam confusamente no sentimento que trago de Nantes) materialmente, às vezes em lembranças.[9]

Além de estrelas, Paris também não dá jabuticabas. Lembro-me de quando Alain, um conhecido parisiense, veio passar férias em BH e se encantou com as jabuticabas tanto quanto com a goiabada e a cachaça.

---

[9] "Quem revê em sua memória uma cidade que visitou, seja enquanto turista seja enquanto 'peregrino da arte', habitualmente se fixa em alguns focos claramente distintos da massa construída, tal como os *amers* [construções de referência nas costas marítimas] servem para guiar o marinheiro que se aproxima do porto. Quase todos esses focos são monumentos. Assim, é singular que concentremos, por um movimento que é menos natural do que nos parece, o caráter e quase a essência de uma cidade em algumas construções tidas geralmente como emblemáticas, sem imaginar que a cidade, assim representada 'por delegação', tenda a perder em nós sua densidade própria, que subtraímos de sua presença global e familiar todo o conjunto de sonhos, de simpatia, de exaltação – os quais se fixarão apenas nos pontos a que nos tornamos sensíveis. No limite, uma sensibilização desse tipo, exacerbada e sistematizada pela cultura do Guide Bleu, que hoje se alastra por todos os lugares, acaba por tornar uma *ville d'art* quase exangue para o visitante. [...] Em nossa época, na qual o *must* arquitetônico, em toda cidade que se visita, é imposto antecipadamente ao turista pelas várias *media*, somos algumas vezes levados a imaginar outra abordagem mais funcional, mais natural e menos supersticiosa, onde se visitariam as catedrais somente quando se fosse à missa; se iria às velhas moradias apenas porque nelas habitam amigos. [...] Como um pequeno selvagem eu ia para as aventuras através de ruas de uma cidade ainda não selecionada, não etiquetada, não repertoriada, permitindo que me impregnasse indistintamente das massas de pedras desiguais, de seus buracos de luz, de seus caminhos d'água, das fatias sombreadas de suas ruas encaixotadas, como nos impregnamos de uma paisagem sem a menor preocupação de organizar seus elementos segundo uma ordem de excelência, a fim de lhes fazer reverência hierarquicamente. Sempre me pareceu que tudo o que não é reanimado e refrescado, dia após dia, pelo movimento da vida cotidiana carrega consigo, mais rapidamente do que em outros lugares, a marca do total abandono. [...] Na realidade, a ausência de belezas arquitetônicas e monumentais a reverenciar torna a cidade sensualmente mais próxima para mim: os lugares que preferimos em um corpo que nos é amigável são aqueles sem ligação com os cânones da estética. Ainda hoje, a meu ver, a cidade é povoada não por lugares célebres, mas por lugares onde amo me deter, às vezes (tanto o presente quanto o passado se misturam confusamente no sentimento que trago de Nantes) materialmente, às vezes em lembranças" (Gracq, 1995, v. II, p. 824-826).

Acabou arrumando uma namorada sabaraense. Como Minas e eu, BH também é híbrida. Até para as perguntas mais fáceis os belo-horizontinos elaboram respostas complexas: desconfiamos ser minério de neblina aquilo que achamos ser de ferro. Esse hibridismo é difícil para um francês e uma vizinha austríaca ou ucraniana compreenderem. Entendo e me aceito tímido goliardo em meio às certezas eurocêntricas: quem nunca se sentiu vil e ridículo? O poema em Minas não é feito por linhas retas, mas turvas, curvas e dobradas, como o corpo da Serra do Curral, algumas ruas de Sabará e as colinas daquela que me leva pelas mãos, Lutécia. Alain gostou muito da comida mineira. O sabor do prato mineiro provém da pródiga mistura de ingredientes que foi exigida para desbravar o sertão no meio do qual Belo Horizonte e Lutécia cresceram e adquiriram seus corpos. Essa mistura tornou-nos hábeis em friccionar, misturar coisas que se tinha como incompatíveis entre si e reinventá-las. É esse o projeto que os belo-horizontinos desenvolvem nos bares e nas praças que lhes servem de praias, praias que Paris também não tem. Nesses bares encontro os amigos que ando sempre procurando e dos quais não pretendo me afastar, nem em tempos de barbárie. Neles eu busco o meu tempo perdido lendo Proust, como se ele fosse meu contemporâneo e conterrâneo.

Lutécia solta a minha mão e me deixa com a sensação de que habitar Paris é uma alegria. Voltar para BH é outra ainda maior. Mesmo que lá eu não encontre mais nem meu pai nem minha mãe, que faleceram, nem a esposa que me deixou, nem meus filhos, que foram morar em outras cidades, nem, muito menos, Zobeide, não há contentamento maior do que aquele de quem regressa ao lar e atravessa a soleira no sentido contrário ao que o levou a sair pelo mundo afora. Esse contentamento não é menor do que o de Marco Polo ao rever Veneza ou o de Ulisses ao regressar para o colo de Penélope. Pois, com ele, como quando chego em casa, depois das peripécias do dia e da noite, reencontro a história e o lugar que me são próprios. Quem dera algum dia eu encontrasse também nessa casa, ao regressar, as minhas certezas e a musa helênica que a lanterna de Diógenes busca sem nunca conseguir achar.

Quando voltar para Belo Horizonte e regressar "para casa, a casa, à casa, em casa", será hora de desfazer as malas e reordenar os ornamentos que deixei quando parti, fazendo-os conviver com os que levarei das montanhas ocres para o sopé da Serra do Curral. Fui convidado para escrever sobre o parentesco da arquitetura entre Belo Horizonte e Paris, entre o Brasil e a França, mas, ao tentar fazê-lo, neste estudo, aprendi que o "gene" da arquitetura não está no que é mensurável. Os edifícios e seus projetos tentam dar visibilidade a esse gene através das ordens da medida e da matéria, *ineamenta* e *materia*, como escrito no começo do *De re aedificatoria.*[10] Eles não têm sentido se não instaurarem a presença, a imagem e a figuração dessa *arché* imensurável, tal como a vizinha que friccionou a musa para a qual eu sempre regresso, como Ulisses a Penélope e Marco Polo à sua Veneza. Pediram-me para escrever sobre o espaço e a arquitetura, acabei escrevendo sobre o tempo e a neblina. Pediram-me para escrever sobre as influências recíprocas entre o Brasil e a França, mas só encontrei as influências que Paris e seus habitantes tiveram sobre mim. Quando é que a gente começa a sair da dimensão do espaço e a entrar na dimensão do tempo? Soleiras... Soleiras e fricções entre a minha terra e a Gália, entre o frango ao molho pardo e o *coq au vin*, entre a feijoada preta e o branco do *cassoulet*, entre o lençol estrelado de Belo Horizonte e as luzes de Paris, entre o Sena e o rio que eu não vejo correr mais pela capital mineira.

Ao final da viagem, quando damos as costas para os lugares, edifícios e ornamentos da cidade para onde carregáramos as nossas expectativas, de que aprendemos a gostar e que passamos a habitar, tomamos o avião, regressamos à nossa casa e vemos que o que eles mais fizeram foi reconduzir-nos de novo ao não mensurável da terra e do silêncio que habita em nós e na poesia que o poema traduz. Alguém só pode conhecer plenamente alguém, inclusive si mesmo, depois de morto, como prova o Neophronus

---

[10] "Já sublinhamos que o edifício é uma espécie de corpo e que, como todos os outros corpos, ele consiste de delineamento (*lineamentis*) e matéria (*materia*). O primeiro desses elementos é obra da inteligência (*ab ingenio*) e o segundo é engendrado pela natureza. O espírito e a reflexão se aplicam ao primeiro enquanto o segundo requer seleção e preparação. Mas averiguamos também que esses dois elementos não são, por si sós, suficientes para realizar o empreendimento se a mão de um artífice (*artificis*) experiente (*periti*) não intervier para adaptar a matéria ao delineamento" (*"Nam aedificium quidem corpus quoddam esse animadvertimus, quod lineamentis veluti alia corpora constaret et materia, quorum alterum istic ab ingenio produceretur, alterum a natura susciperetur: huic mentem cogitationemque, huic alteri parationem selectionemque adhibendam; sed utrorumque per se neutrum satis ad rem valere intelleximus, ni et periti artificis manus, quae lineamentis materiam conformaret, accesserit"*) (Alberti, 1966, prólogo, p. 15).

do *intercoenale Defunctus*, de Alberti (1988). Eu não poderia esperar tanto tempo para dar-me a conhecer para a minha vizinha austríaca ou ucraniana. Mas esperei, e a perdi de vista, em um café do outro lado da Gay-Lussac. E, não a tendo nunca mais ao alcance do olhar, vi terminada a minha pesquisa na Cidade-Luz e regressei para Belo Horizonte, ainda como Diógenes com a sua lanterna, a procurar nas ruas de BH, onde não existem montanhas ocres, a "origem" da Cidade que é comum também ao ornamento, ao decoro e à arquitetura. Pode ser que a minha vizinha Zobeide também tenha vindo para cá e se misturado com Lutécia, a invisível musa nunca encontrada, que ou segue habitando no sopé da Serra do Curral ou partiu para os confins interiores de Minas.

Referências

Alain. *Propos*. Paris: Gallimard, 1956.

Alberti, Leon Battista. *De commodis litterarum atque incomodis * Defunctus*. Genova: Tilgher-Genova, 1988.

Alberti, Leon Battista. *De re aedificatoria: l'architettura*. Organização de Renato Bonelli e Paolo Portoghesi. Texto latino e tradução italiana de Giovanni Orlandi. Milano: Il Polifilo, 1966.

Bachelard, Gaston. *A poética do espaço*. Rio de Janeiro: Eldorado Tijuca, [s.d.].

Bachelard, Gaston. *La Poétique de l'espace*. Paris: Presses Universitaires de France, 1957.

Campos, Paulo Mendes. Belo Horizonte. *Minas Gerais*, Belo Horizonte, 28 ago. 1971. Suplemento Literário, n. 261.

Gracq, Julien. *La Forme d'une ville*. *In*: *Œuvres complètes*. Paris: Gallimard, 1995. t. II.

Magalhães, Beatriz de Almeida; Andrade, Rodrigo Ferreira. *Belo Horizonte: um espaço para a República*. Belo Horizonte: Universidade Federal de Minas Gerais, 1989.

Molière. *Les Femmes savantes*. Paris: Librairie Larousse, 1971.

Norberg-Schulz, Christian. *Habiter: vers une architecture figurative*. Milan; Paris: Electa Moniteur, 1985.

Radwan, Anna. *Memoire des rues: Paris 6e. arrondissement 1900-1940*. Paris: Parisimagine, 2008.

Rosa, João Guimarães. *Grande sertão: veredas*. Rio de Janeiro: José Olympio, 1972.

Sobre os autores

Angelo Oswaldo de Araújo Santos

Graduado pela Faculdade de Direito da Universidade Federal de Minas Gerais (UFMG) – turma de 1971. Jornalista profissional, escritor e advogado. Trabalhou em diversos órgãos de comunicação mineiros e nacionais, tendo sido editor do *Suplemento Literário de Minas Gerais*. Presidiu o Instituto do Patrimônio Histórico e Artístico Nacional (IPHAN) e foi chefe de gabinete do Ministério da Cultura, quando atuou como ministro interino, na gestão do professor Celso Furtado (1986 a 1988). Exerceu três mandatos de prefeito municipal de Ouro Preto. Foi secretário de Estado de Cultura de Minas Gerais, entre 1999 e 2002, no governo Itamar Franco. Em 2003, foi assessor do embaixador Itamar Franco na embaixada do Brasil em Roma. É membro da Academia Mineira de Letras, sucessor de Oscar Dias Correia na cadeira que tem como fundador Alphonsus de Guimaraens. Em 2013, ocupou a presidência do Instituto Brasileiro de Museus (Ibram). Entre 2015 e 2019, foi novamente secretário de Estado de Cultura de Minas Gerais e atualmente é prefeito de Ouro Preto. Foi condecorado com a Ordem Nacional da Legião de Honra da França.

Carlos Alberto Maciel

Arquiteto e urbanista (1997), mestre (2000) e doutor em Arquitetura e Urbanismo (2015) pela Universidade Federal de Minas Gerais

(UFMG), onde é professor titular-livre de Projeto. É coautor de *Territórios da universidade: permanências e transformações* (Editora UFMG, 2012) e autor da trilogia *Arquitetura como infraestrutura* (Miguilim, 2019). É sócio-fundador do coletivo Arquitetos Associados, sediado em Belo Horizonte, Minas Gerais.

Carlos Antônio Leite Brandão

Graduado em Arquitetura e Urbanismo pela Universidade Federal de Minas Gerais (UFMG, 1981), mestre em Filosofia pela UFMG (1987), doutor em Filosofia pela UFMG (1997), especialista em Cultura e Arte Barroca pela Universidade Federal de Ouro Preto (UFOP, 1985) e pós-doutor (estágio sênior) junto à Fondation Maison des Sciences de l'Homme e École des Hautes Études en Sciences Sociales (Paris, 2010, bolsa CAPES) e junto ao CNRS-Paris (2018). Atualmente, é professor voluntário (Escola de Arquitetura da UFMG), aposentado da UFMG (titular) e pesquisador do CNPq (no qual foi membro do Comitê Assessor da área de Ciências Sociais Aplicadas). Entre suas inúmeras publicações, destacam-se os livros *Arquitetura, humanismo e república: a atualidade do De re aedificatoria*, *Na gênese das racionalidades modernas: em torno de Alberti* (v. I e II), *Quid tum? O combate da arte em Leon Battista Alberti*, *A formação do homem moderno vista através da arquitetura*, *As cidades da cidade*, *A república dos saberes*, *Profissões do futuro*, *Arquitetura vertical*, *Lojas: arquitetura* e *Memória histórica de Nova Ponte*. Editou a revista *Interpretar Arquitetura*, produção do grupo de pesquisa Arquitetura, humanismo erepública (AHR), por ele fundado e liderado até 2019, bem como os seus sites, nos quais são disponibilizados os textos e vídeos realizados pelo grupo AHR. Atua, principalmente, nas áreas de arquitetura, urbanismo e filosofia, com ênfase em história, teoria e filosofia da arte, da arquitetura e da cidade, em história e filosofia da arte e da arquitetura e em Renascimento. Temas principais de pesquisa: Renascimento, barroco, humanismo, república, L. B. Alberti, filosofia da arquitetura, da cidade e da arte, hermenêutica e transdisciplinaridade. Dirigiu a Escola de Arquitetura da UFMG (1998-2002), onde também foi coordenador da pós-graduação, e presidiu o Instituto de Estudos Avançados Transdisciplinares da UFMG de 2005 a 2009. Junto ao CNPq, desenvolve, desde 1998, as pesquisas "Hermenêutica e arquitetura", "Humanismo e arquitetura", "Arquitetura, humanismo e república", "A atualidade de Leon Battista Alberti", "Uma filosofia possível da arquitetura, da cidade e do decoro" e "Genealogia da cidade". Junto à Fapemig, desenvolveu a pesquisa "Arquitetura, humanismo e república em vídeo".

Celina Borges Lemos

Professora titular do Departamento de Análise Crítica e Histórica da Arquitetura e do Urbanismo da Escola de Arquitetura da Universidade Federal de Minas Gerais (UFMG). Integra o corpo docente permanente do Programa de Pós-Graduação em Arquitetura e Urbanismo (NPGAU/UFMG) e tem atuado nos níveis de mestrado e doutorado. Graduada em Arquitetura e Urbanismo, é mestre em Sociologia pela Faculdade de Filosofia e Ciências Humanas da UFMG e doutora em Ciências Sociais pelo Instituto de Filosofia e Ciências Humanas da Universidade Estadual de Campinas (Unicamp). Realizou o pós-doutorado na Faculdade de Arquitetura e Urbanismo da Universidade de São Paulo (USP). No âmbito acadêmico, desenvolve ações de ensino, pesquisa e extensão junto aos cursos de graduação e pós-graduação da UFMG e é parecerista *ad hoc* da Coordenação de Aperfeiçoamento de Pessoal de Nível Superior (CAPES). Coordena o laboratório do Programa de Educação Tutorial (PET) Arquitetura UFMG e tem realizado publicações e atividades acadêmicas integradas aos fundamentos e à teoria da arquitetura e do urbanismo, história, cultura e política e patrimônio arquitetônico e urbano.

Danilo Matoso Macedo

Graduado (UFMG, 1997), mestre (UFMG, 2003) e doutor em Arquitetura e Urbanismo (UnB, 2017) – com a tese *Biblioteca brasileira de arquitetura – 1571-1750*. Especialista em Políticas Públicas e Gestão Governamental (ENAP, 2004). É arquiteto da Câmara dos Deputados desde 2004. Possui escritório próprio desde 1996. É autor de várias publicações sobre arquitetura e urbanismo, atuando ainda junto a entidades profissionais.

Esther Aparecida Cervini de Melo

Arquiteta e urbanista, graduou-se pela Faculdade de Arquitetura e Urbanismo da Pontifícia Universidade Católica de Campinas (FAU-PUCCamp) em 1989, continuando seus estudos no mestrado, realizado em 1996, no Instituto de Artes da Universidade Estadual Paulista "Júlio de Mesquita Filho" (Unesp). Após passagem pelo programa de doutorado em Psicologia Clínica na PUC-SP, em 2005, concluiu seu processo de doutoramento em Urbanismo na FAU-PUCCamp em 2020, trabalhando em pesquisa sobre paisagens culturais. Desde 1999 é docente do curso de Arquitetura e Urbanismo da PUC Minas, *campus* Poços de Caldas, cidade em que atua também como profissional liberal e artista plástica.

Flavio de Lemos Carsalade

Arquiteto e urbanista (UFMG, 1980), mestre (UFMG, 1997) e doutor (UFBA, 2007) em Arquitetura e Urbanismo, é professor titular de Projeto na UFMG. Foi presidente do Instituto de Arquitetos do Brasil (IABMG, 1997-1999) e do Instituto Estadual do Patrimônio Histórico e Artístico de Minas Gerais (Iepha-MG, 1999-2002), secretário municipal de Administração Regional Pampulha (2004-2007), diretor da Escola de Arquitetura da UFMG (2008-2011), diretor da Editora UFMG (2015-2024) e é presidente do Icomos Brasil (desde 2021). Autor de vários livros e artigos sobre arquitetura e urbanismo e de projetos arquitetônicos, urbanísticos e de restauração-conservação.

Jean-Pierre Blay

Historiador e professor associado na Universidade Paris-Nanterre e na Sports Management School, onde leciona História do Esporte e Culturas Corporais. Seu seminário de MBA aborda as relações entre moda, alta costura e esporte na história, bem como sua utilização na comunicação empresarial, temas inspirados por suas atividades de consultoria.

Roberto Luís Monte-Mór

Graduado em Arquitetura (1970) e Urbanismo (1971) pela Universidade Federal de Minas Gerais (UFMG), mestre em Planejamento Urbano e Regional (1980) pela Universidade Federal do Rio de Janeiro

(UFRJ) e Ph.D. em Planejamento Urbano (2004) pela Universidade da California, Los Angeles (UCLA). Atualmente é professor titular no Centro de Desenvolvimento e Planejamento Regional (Cedeplar), da Faculdade de Ciências Econômicas (Face), e no Núcleo de Pós-Graduação em Arquitetura e Urbanismo (NPGAU), da Escola de Arquitetura, ambas da UFMG. Leciona e pesquisa nas áreas de economia e de urbanismo, com ênfase em teorias da urbanização e do planejamento urbano e regional, atuando principalmente nos seguintes temas: planejamento urbano e regional, planejamento metropolitano, economia regional e urbana, economia popular e solidária, urbanização (extensiva e intensiva), organização do espaço e meio ambiente, produção do espaço entre populações tradicionais, urbanização e alternativas de desenvolvimento na Amazônia.

FSC
www.fsc.org
MISTO
Papel | Apoiando o manejo florestal responsável
FSC® C092828

2023
CARBON NEUTRAL
SAVE cerrado

Este livro foi composto com tipografia Adobe Garamond Pro
e impresso em papel Off-White 80 g/m² na Formato Artes Gráficas.